Perspectives Beyond the Classroom

课堂之外

我的哈佛记忆

王可 著

The Commercial Press

2017年·北京

图书在版编目(CIP)数据

课堂之外:我的哈佛记忆 / 王可著. —北京:商务印书馆,2017
ISBN 978-7-100-12557-4

Ⅰ.①课… Ⅱ.①王… Ⅲ.①哈佛大学—学校管理—概况 Ⅳ.①G649.712.8

中国版本图书馆 CIP 数据核字(2016)第 218284 号

权利保留,侵权必究。

课堂之外
——我的哈佛记忆
王可 著

商务印书馆出版
(北京王府井大街36号 邮政编码100710)
商务印书馆发行
北京冠中印刷厂印刷
ISBN 978-7-100-12557-4

2017年4月第1版　开本 880×1230 1/32
2017年4月北京第1次印刷　印张 11 7/8
定价:32.00元

[代序]

条条大路通罗马

菲利普·J. 斯通

即便已在哈佛任教多年,每次开研讨课我还是会有新鲜体验——在了解学生的过程中,逐步发掘其独特之处,认识到他们每一位都是那么不同于自己以前遇到的任何人。了解王可,就是这样一个让我获得全新体验的过程,如同你在阅读她写的书时,会不断有新发现一样。

自王可进入哈佛的那一刻起,理所当然地,所有大门都向她敞开了。呃,也不尽然。以我开的一门新生研讨课为例,就有七十多名学生想坐上有限的一打席位,王可仅是其中之一。申请的学生需要以电子邮件的形式提交三篇短文,讲讲自己能够给研讨课带来什么,又希望从中获得什么。如此之多杰出的学生申请了这门课,学校因而允许我超出规定的名额上限,接收了14名学生,王可名列其中。

"人才"还需"不拘一格",没有什么比"多样性"更能让聪明睿智、能言善辩的学生凝聚成一个活跃的研讨班了。正如王可所说,多样性是人性的养分。我们研讨课上的7名女生和7名男生来自美国的不同地区——包括西部的加利福尼亚和王可所在的华盛顿州，中西部的威斯康星，南部的北卡罗来纳、阿肯色，以及东部的马萨诸塞、康涅狄格和纽约州，还有的来自保加利亚、韩国、斯里兰卡等国家，以及加拿大的两个极其不同的地区。他们中间，有的擅长体育，有的强项在数学、音乐、新闻和戏剧。就他们提交的申请短文来看，对于研讨主题显然也持有各种各样的观点。后来事实证明，这的确是一个活跃的研讨班。

我认为，使哈佛学院的本科经历与众不同的，是那些学生们共同积极参与的活动，无论是研讨课、运动队，还是戏剧演出。如果从繁忙的日程安排中抽出些许时间，努力为自己创造机会参与其中，他们就可以从彼此身上学到许多。

经历高中的辉煌后，来到哈佛或许像进入了可怕的"禁忌之地"：这是一个人人不在这儿就在那儿表现出过人才华的地方。有些学生"隐姓埋名"，"避世"般遁入哈佛的讲座"大班"，那里甚至连亲兄弟也注意不到你是否逃课。一些学生告诉我，到大四他们也没在课堂上发过言。对大多数学生来说，运动场、学生报刊的办公室才是他们更愿意接触别人并从别人身上学习的地方。

当然，至少在某一方面有特长——无论是运动、音乐、数学或者其他——都可以为你跻身哈佛增添胜算。为此，许多哈佛学生已经学会了去习惯并自律地保持这样的状态：练习，练习，练习。在我的应用心理学课上，曾让二百多名学生记录下好几天的时间安排，交上来的很多日志看上去就是周密的训练日程。就对他们技能的挑战性而言，每天的重头戏不是在上午的课堂，而是在下午五花八门的活动上，其中最主要就是体育运动。另有测验显示，这些学生中，通常更愿意坚持"脚踏实地"的学生与致力于追求可能性的学生相比，其比率大约为3∶1。许多"成就"斐然、竞争力强的学生，在所谓的"精通"标准被严格定义的情况下，更觉得自在。那会让竞争更加直接明了。诚然，也有不少学生将探索新疆界、拓展新领域放在首位。但是，在大学生中普遍流行的文化，我敢说，就是训练。

令我高兴的是，几个研讨课上跟王可同班的同学，他们不只在至少一个领域里刻苦用功，还利用大学时光探索新的领域。我们的国际数学竞赛冠军开始"沉迷"于人格心理学；我们的大师级音乐家正在探究政治，并将成为一位国会议员的暑期实习生；我们的校游泳队队员在赛季刚一结束，便开始寻求新的冒险征程。像王可这样自然而然热衷于各种各样活动的学生，会不时地激励他人跳出自己得心应手的日常轨迹，特别是在他们被"传染"到王可身上那极富感召力的热情之后。

然而，正如王可向我指出的那样，按部就班地全神贯注于学业也有问题，那可能会使你没有足够的闲暇和精力去发展更为成熟、更有意义的人际关系，而这本该是大学生活的一部分。王可注意到自己在奥林匹亚高中的一些朋友（如艾米丽）选择了近旁压力较小的大学，他们因此能够有充足的精力去发展这些社会关系，从而从中受益。

当然，对某些学生而言，他们进入哈佛最重要的意义在于它是一条通往"事业有成"的康庄大道。招聘者发现，哈佛学院招生办公室已经替他们做了大量的遴选工作，这里是卓越人才的荟水池，是胜利者的家园，这些招聘者没必要再浪费时间去面试那些已经与成功失之交臂的人。好些高端投资公司和咨询公司从在哈佛的招聘中受益匪浅。事实上，他们愿意给出如此之高的薪水，使得许多其他值得尊敬但薪资不那么羡煞旁人的公司对哈佛绕道而行。由此带来的结果就是，哈佛的校园招聘会成为那些比你想象中还要急功近利的美国职业机会的集中展示。如果投资银行或咨询公司是你的事业沃土，那这里可算得人间天堂；但如果你的实力在另外几千家营利或非营利组织中更能施展开来的话，那么你就碰到问题了。

倘若你只将哈佛视作开启"高端"职业的金钥匙，头等大事只是拿到 B 以上的成绩，以跟自己在其他地方取得的眩目成就相互辉映，就很可能通过选那些容易打发的课程来包装起令人肃然起敬的成绩单。每年，食堂里都有学生倾诉自己几乎逃了每一节课的窃窃私语。爱丝特·迪森，一名哈佛学院的本科毕业生，曾写到她妈妈期中来学校看她时，想上一节她修的课，为此自己不得不询问同学才知道课在哪间教室上。学费在现实生活中成为通往理想工作之路的"买路钱"，成为获得享有盛望的哈佛文凭、参加哈佛各种课外活动的"投资"。

但是，只有哈佛文凭才能帮你在美国获得非凡成就，其他学校的证书就不行吗？没被哈佛录取就该垂头丧气吗？

并非如此。即便你没进哈佛学院的门，你一样可能有杰出满意的职业生涯，如医生或是律师。美国大多数出色的医生和律师事实上都在其他学校读的本科。很多州立大学都有医学院、法学院，它们优先录取本州居民，而不只看是否毕业于哈佛这样的著名本科学府。甚至在哈佛自己的研究生院，绝大多数学生也并非哈佛或其他常青藤院校的本科出身。这不大可能是一条排他的传送带。

再来看看那些在商业或政治领域有所建树的人。虽然不巧的是，最近的总统候选人戈尔毕业于哈佛，布什、迪安、克里毕业于耶鲁，人们由此容易产生这样的错觉：这年头，常青藤学校的毕业证几乎是成为总统候选人的"标准配备"之一；但是，到网上看看国会议员们的履历，他们当中，又有多少人是毕业于哈佛学院的呢？真的没几个。

若想成为一位显耀当世的商业领袖呢？无疑进入哈佛会有明显优势。但这种优势是不是哈佛"独家"的呢？

最近，哈佛商学院汇编了一份美国历史上的杰出商业领袖名单，往上可追溯到乔治·威斯汀豪斯和安德鲁·普勒斯顿，两人均出生于1846年，前者创办了掀起电力产业革命性风暴的西屋电气公司，后者建造了联合水果公司帝国。往近了看，它囊括了1990年代许多著名的互联网传奇故事。这个被称为哈佛商学院领导力计划的"20世纪杰出美国商业领袖数据库"，你可以在互联网上搜到。在它聚焦的这段历史的早期，那些为数不多读了大学的杰出美国商业领袖们，有相当部分就读于哈佛、耶鲁这样历史悠久的高等教育机构。那时候，大学还没现在这么多，高中毕业后上大学的人也没这么多，录取竞争也没有如今这么激烈。

然而，看看这个数据库名单中时间最靠后的几位，他们在

2000年时都已接近65岁，已奋斗了足够长的时间才榜上有名。他们中间，有多少人就读过哈佛呢？我让哈佛本科生猜时，他们总认为这是一个可观的比例。

既然这个数据库是在哈佛商学院集结的，收录的早期人物中包含了许多哈佛毕业生，我们或许应该当心它对哈佛和其他常青藤院校持有偏心的态度。但事实上，数据库中毕业于哈佛和其他常青藤院校的后期杰出商业领袖出人意料的少。斯科特·麦克尼利，生于1954年，美国太阳微系统公司创始人，哈佛毕业生；史蒂夫·凯斯，生于1955年，美国在线服务公司创始人，曾就读于威廉姆斯学院；弗雷德里克·史密斯，生于1944，联邦快递公司创始人，曾就读于耶鲁；名单中当然也包括创办微软公司的比尔·盖茨和创办CNN的特德·特纳，他俩曾分别为哈佛和布朗的学生，但都没有完成学业。

再来看看这个年龄段的后期杰出的美国商业领袖们上过哪些大学。霍华德·舒尔茨，开拓星巴克帝国的先驱，曾在北密西根大学接受高等教育；思科公司的约翰·钱伯斯，毕业于西弗吉尼亚大学；欧特克公司的卡萝·巴茨，毕业于威斯康星大学；玛莎·斯图尔特公司的玛莎·斯图尔特（不管这个公司的前景如何），毕业于巴纳德；其他这个年龄段的后期杰出美国商业领袖的毕业院校包括田纳西州立大学、皇后学院、得州大学、艾柏林基督大学、南加州大学、克莱蒙特学院、穆斯静冈学院、纽约州立大学、艾欧纳学院、西伊利诺伊大学、德雷克大学、明尼苏达大学、印第安纳大学、爱达荷州立大学、纽约市立学院、明德学院、霍福斯特拉大学、迈阿密大学（牛津）、联合学院、罗斯福大学、俄勒冈大学、弗吉尼亚州立大学、威顿学院、圣母大学、丹尼森大学、波莫纳学院、北卡罗来纳大学等众多高校。这个年龄段的杰出美国商业领袖还有没有从哈佛毕业的呢？没有。就常青藤院校整体而言，也是寥若晨星。

归结起来，哈佛或其他名校的入场券，远非得到真正商业成功的唯一通行证。至少在近年来，要成为杰出的美国商业领袖，媒体炒作的名校"垄断"图景不过是海市蜃楼。

所以，如果你确实有机会进入哈佛，要像王可一样，利用哈佛的各种机会，从他人身上学习，无论是在研讨课、运动场，还是在你为自己创造的其他环境中。这样做，远胜于沉浸在没完没了的练习、练习、练习中。

如果你没有进入哈佛，想想美国还有超过1500所大学和其他机会，条条大路通往"成功"。

祝福王可，祝福你。

菲利普·J.斯通（Philip J. Stone），2006年去世的哈佛大学心理学教授、积极心理学先驱，因首创用计算机分析调查和问卷结果的系统方法——通用分析（General Inquirer）而国际知名，被泰·本-沙哈（Tal Ben-Shahar，因讲授幸福课而从哈佛红到中国的心理学教授）评价为"发掘电脑与科技应用于研究潜能的第一人"。

目 录

招生篇

嗨！认识下你的新生 003
名校招生看"出身" 013
"生"不平等 021
美国学生资助的前世今生 027
在哈佛当招生面试官 035
哈佛本科招生过程揭秘 044
准备一个完美的招生面试 050
一场失败的变革 056
招生统计里的"政治" 063

培养篇

入校为增长智慧 073
打造完美"新生年"：
　　哈佛新生支持体系 079

II 课堂之外

我得全程惦记你！	088
暑假归来，重返校园	097
影响我成长的老师和课程：	
在哈佛学"红楼梦"	104
我的哈佛师父	110
体育教育≠体育课	119
选专业的艺术与科学	126
哈佛选课红宝书	133
选课宝书是怎么炼成的	141
哈佛工科的复兴	149
科技改变哈佛课堂	156
21世纪的大学图书馆	163
哈佛学位别有洞天	169
在哈佛发出领导之声	179
"学生部落"文化	188
我为"服务"狂	193
我的住宿生活	201
宿舍也可以是"家"	211
十年回首自难忘	219
大学教育的社会价值和品质	227
哈佛新招——宠物疗法	234
毕业典礼：最后一课	240

校友篇

凭什么我要捐钱给母校？ ……………… 251
大学如何募款？ ……………………… 257
大学，我为什么记得你？ ……………… 268
校友重聚所给予的力量 ………………… 275
校友搞定校友：哈佛校友工作秘笈 ……… 281
共担伤逝 ……………………………… 289

职业篇

坐得学堂，混得职场 …………………… 299
学霸做苦力 …………………………… 308
找份工作，做中学 ……………………… 315
学不以致用 …………………………… 324
就业发愁？愁啥？ ……………………… 333
教育：促进公平？ ……………………… 341
冷酷的低期望 ………………………… 349
都市诱惑 ……………………………… 354

后　　记 ……………………………… 361

招生篇

嗨！认识下你的新生

新学年之初,《哈佛深红报》新鲜出炉了对2017届新生的"摸底"调查。这种"非官方"、不那么严谨的调查,结果往往"很有料"。那里面到底有些啥"猛料"?对我们有什么样的启示?

噢!新生竟然是这样

早上,我在《哈佛深红报》(*Harvard Crimson*)[①]上读到了一组有意思的文章。这家由学生经营的报社对2017届哈佛新生进行了一次大范围的"非官方"调查,内容包括他们的背景、行为以及意愿,共回收了1311份问卷(也就是说,覆盖了该届新生的近80%)。出于对哈佛如今究竟吸引到些啥样的孩子的好奇,我把由四部分组成的系列文章都一一点开,读了个遍。现选出部分亮点如下:

81%的被调查新生表示,他们目前就读的是自己的首

---

① 哈佛的学生日报,创立于1873年。

选大学。新生们平均申请了 6.57 所大学，并被 4.68 所大学录取。

请让我提醒一下诸位看官，咱们这儿谈的可是哈佛哦！才只有 81% 的新生将它视作首选大学？说真的，怎么会有人想去普林斯顿、耶鲁、斯坦福或其他不如哈佛"高端大气上档次"的学校呢？再说，哈佛怎么会把其他大学拒绝了的学生纳入麾下呢？（开个玩笑，也有我小小的"精英"情结。）

半数以上的哈佛新生来自家庭年收入 12.5 万美元以上的家庭。相比之下，据最近的美国人口普查数据显示，美国家庭年收入中位数仅为约 5 万美元。

我原以为，哈佛是对以其学生的社会经济背景多样性引以为傲为广告的；然而，当你的学生大部分来自收入在前五分之一的家庭时，这根本也就谈不上什么多样性。多元化、多样性说起来便有些复杂难解了。咱们这里所说的，便是大学的"虚假广告"问题了。

调查发现，称自己来自乡村的新生中，有 86% 将获得经济资助。相较而言，仅 54% 来自城市的新生和 56% 来自城郊的新生说自己将获得经济资助。

嗨！我猜美国农村跟中国农村终于有了点共通之处。村娃子们实在没有负担得起"光耀门楣"的高等教育的家底儿，不管是在哈佛还是在北大。不过，既然有 24% 不够格获得经济资助，肯定有些农村家庭还是相当宽裕的。

32% 的被调查新生将自己描述为无神论者或不可知论者，42% 的人则将自己定义为天主教徒或新教徒，还有 9% 的人自称犹太教徒。其他占比较小的宗教身分认同包括穆斯林、印度教徒、佛教徒以及摩门教徒。

这让我颇感惊讶。我压根儿想不起自己在哈佛遇到过这么多信徒，但我很高兴存在这种宗教多元性。我着实奇怪居然只有 9% 的新生信仰犹太教。坊间流传的说法是，这个数值实际比这要高。不是盛行这样的说法吗：30% 的哈佛孩子是犹太人？这咋跟传说的不一样了呢？

被调查的即将到校的新生中，68% 的人说自己有 Mac（苹果电脑），70% 的人说自己有 iPhone。

好吧，史蒂夫·乔布斯，你赢了。

10% 的被调查新生承认自己曾在考试中作过弊，17% 的人承认自己曾在论文或课后大作业（Take-home Assignment）

中有过舞弊行为。还有更高比例（42%）的人承认曾在做家庭作业或习题时"做过手脚"。

噢，别那么一脸震惊的表情。许多人都作弊。我敢跟你打赌，高中作弊的孩子们到了哈佛，依然会一路这样"作"下去；并且，他们中的绝大多数永远也不会被抓个现行。

82%的人认为最大的压力源于自己，只有8%的人将父母视为最大的压力来源。不过，并非每个人都那么不轻松——7%的被调查者称，他们毫无压力。

我相信这是实话。很多人以为，哈佛学生之间竞争白热化，大家都在拼个你死我活；其实没有比这更离谱的臆断了。哈佛孩子们的压力更多来自于脑子里满满当当的瑰丽梦想，其竞争对手不是别人，而是珍妮、艾力克斯、梅兰妮、埃瑞克等等自己的"升级版"。而那些备受父母"煎熬"的8%，我可以跟你打赌——很可能以亚裔孩子居多！至于7%的零压力新生呢？呵呵，这根本就是在打肿脸充胖子吧。

48%的男性新生期望大学毕业第一年能挣7万美元以上，而仅有28%的女性新生预计自己可以达到7万美元以上。

我们从中可以看到，男生对自己的能力自视过高，女生则有些妄自菲薄了——这已经算不得新闻了吧？即便在神圣的常青藤殿堂之上，性别歧视与不公也阴魂不散。

据调查，最不受新生欢迎的行业为咨询业，仅不到4%的新生对此感兴趣。与之形成鲜明对比的是，上个春季学期对大四毕业生的调查显示，16%的人进了咨询业界。

读到这条调研结果时，我不禁咽了口唾沫。多么真实，又多么令人心酸。高中生带着各式各样职业憧憬而来，彼时真的还没人知道何为"管理咨询"，抑或谁是麦肯锡、BCG（波士顿咨询公司）、德勤（Deloitte，四大会计师事务所之一）——起先谁会关心这些呢？他们会关心的，并且会非常关心，到大四时他们就关心这些了，因为，他们显然发现了这些名字就在一条通往社会认可与财务稳定的"精英之路"上。

大多数新生表示，他们要么是家里最大，要么就是最小的孩子；16%的人在家里排行居中。还有16%的人称，他们没有兄弟姐妹。

啊哈，这终于讲得通了！老大通常最努力，以获得父母的关注。最受父母关注的老幺则通常靠这一点获得资源优势。而独生子女就自然而然得到了父母全部的关爱与资源啦！可怜的"中不溜儿"——祝他们退而求其次申请耶鲁时好运吧！

挖掘调查里的"猛料"

当然,正如所有的调查一样,尤其是这种"非官方"、不那么严谨的调查,结果往往"很有料"。这些"料"可以洒进我有些尖酸的评注中取点乐子,也能让大学管理者从中大抵了解其学生群体究竟是什么样的。其实,当试图去认识、理解新一届学生时,我们和大学管理者甚至应当再多问点儿问题。

哈佛也许并非某位学生心目中的"第一名",因为他/她曾期望一个不同的环境、大学所在地,或者某种在美国学生的大学选择中举足轻重的其他特质。它显示出,这些学生并不单单基于大学声誉便作出了首选决定。这是健康的,也是正常的。同时,它并不表示,那19%不把哈佛当"第一选择"的学生在这儿就会过得不开心、对学校不满意。

是的,在哈佛学子中,中上层阶级占据了压倒性多数;大部分人在成长的过程中从未被贫穷的阴霾笼罩过。但我们不要忘了,一个有三个孩子、居住在纽约、年收入12.5万美元的家庭,与一个仅有一个孩子、居住在小城镇、同样年收入12.5万美元的家庭,家庭经济状况是迥然不同的。此外,我们也不要忘了,许多移民家庭,如我自己家里,在父母留美读研期间便经受了长达数年的"伪上流阶级"穷酸生活,年收入12.5万美元是长时期努力的结果。

尽管来自乡村的学生整体而言通常更趋于有接受经济资助的

需求，但我敢断言，最大的经济资助"礼包"会有相当部分给到了城里的孩子。我知道一些来自城市贫民区的哈佛同窗，家境便相当窘迫。仅仅是"住在城里"这一条，并不说明你家就有上大学的财力。中国大城市里，流动务工人员的孩子们面临的是同样的问题。

宗教信仰是个很难说清楚的事。很多时候，我的同学、朋友们称自己为"天主教徒"或"犹太教徒"，但其实除了在一些被商业包装的节日外，从来就没去过教堂或者犹太会堂。当然也没向上帝虔诚祷告过。他们只是在文化上属于天主教或犹太教，在宗教传统和家庭背景中抚养长大，但事实上并不表明他们建立了个人对神的精神归属关系。有意思的是，相当部分这种文化意义上的教徒与不信教者相较而言，对探索信仰与宗教问题的兴趣反而较小。

前述的"苹果现象"很有趣，也不那么有趣。说它有趣，是因为在我上大学的前三年里，绝大多数同学用的还是普通台式电脑；然后，到 2006 年，突然就沧海桑田、形势骤变了：当时，苹果公司发布了其笔记本电脑——MacBook，阶梯教室里便转瞬被Mac 们淹没了。说它不那么有趣，是因为对苹果产品的消费与较好的家庭社会经济条件是紧密相连的。iPhone 的价格并不便宜，每月的账单也不是小数目；购入一台 MacBook 的花费显然就更加不菲了，拿买它的一半价钱，你就可以买一台其他品牌的个人电脑。苹果消费现象可能与哈佛学生中大多数来自高收入家庭的事实相关。

啊，作弊。啊，高期望。这二者之间怎么会没有关联呢？当你给自己许多压力时，你会不顾一切、不择手段地想要成功。对许多人来说，这意味着投机取巧，或者说作弊。倘若你正在饱满的课程量、课外活动与兼职工作间努力找平衡，那么，也许仅仅是拷贝室友的部分经济学习题答案并不算坏事吧？仅此一次而已嘛。我无法苟同这种做法的同时，也能够理解在何种情况下会伴随着压力而产生此类作弊行为。哈佛与其他大学应该提供的，是缓解这种压力的宣泄口，不管以社会活动还是心理咨询的形式。心理健康在哈佛、在一些别的大学，都是一个严重的问题；尽管大学当然不应对此负全责，但还是有义务去创建一个支持体系，给学生提供帮助。

关于男女性之间的薪资"鸿沟"，我甚至不想去谈它。此前便有研究显示，男性更趋于过高估计他们应得的薪资水平，不管他们值不值那个价码，在与雇主讨价还价时会比女性更加"来劲"；另一方面，女性则谦逊多了，在谋求报酬时也比较低调。在我们的文化中，便有着如此不成文的角色期待：男人可以更粗鲁莽撞、更自以为是，女人则应当是温良恭俭让的、甜美可人的。懂得躬身自省、考虑他人感受的男人，会被视作女里女气、懦弱不堪的"伪娘"；坚定自信、敢于讲出自己想法的女人，则会被认为是咄咄逼人、没有女性魅力的"女汉子"。这表明，即便在高等教育的顶层，这一方面仍然难以置信地令人失望；它同时也表明，不管美国人在缩小收入差距方面已经取得了何种进展，这些进步依旧不够。哈佛女人，正如美国、中国以及其他国家其他大学的女人一样，还需要被赋予更大的权力。大学能够在这一方面产生重要的影响：比如，针对歧视的开放性对话、相对平衡的教职员工性别比例、鼓励男性认同女性具有更大权力以及鼓励女性赋予自己更多信心的工作坊。

　　我不明白《哈佛深红报》为什么没将"金融"作为"咨询"之外的另一个职业选项。想想看：还在成长期的人，谁会说"我想当管理咨询顾问"或者"我要做投资银行家"？孩子们梦想的，通常是各种千奇百怪的东西：耳熟能详的（演员、作家、律师），不同寻常的（冒险家、航海者），还有充满奇幻色彩完全就是编造出来的（圣诞老人、牙仙子[①]）。他们想象中未来职业发展的世界是令人动容、健康向上、生活中所必需的。所有的孩子都应该感受到：未来是充满希望的，只要你努力，就可以成为任何你想成为的人。噢，好吧，只要你在哈佛足够努力，就可以入职麦肯锡或者高盛（Goldman Sachs，美国著名投资公司）。尽管自打我毕业以来，哈佛确实在宣传更为多样的职业选择方面下了更多功夫，但仍有很大的提升空间。当然，如今也有越来越多的孩子想去硅谷，不过说真的，其深层次的动机与去银行没有本质差异：钱，社会认可。啊，还有，在脸书（Facebook）或者谷歌（Google）工作比在美国银行（Bank of America）供职酷多了，这可是加分项！选择硅谷或者华尔街背后的基本原理往往是相同的：薪资与声誉，并且这被大学毕业生对职业选择的不确定性所加强——在校园里可不曾面临这些。

　　[①] 欧美童话中的牙仙子是会在小孩睡觉时取走他们脱落的牙齿、放上零花钱的仙女。

也许关于哈佛新生在家里的排行与其为何跻身哈佛原本并不相干，但仔细思考这个问题也是蛮有趣的。人们脑海中认为的家中老大、老幺以及"独苗苗"的个性特征，常常在人们对哈佛人的刻板印象中显现得淋漓尽致：有很强的驱动力、独立、雄心勃勃、坚毅果断。嘿，我就是独生女，我上了哈佛，因此我没啥亲身经历来辩驳这一发现。

无论是《哈佛深红报》，还是我自己，都并非要宣称新生调查是最权威、最可信的；可我的的确确认为，该调查背后的基本理念非常重要，搞清楚即将入校的新一届学生群体的必要性毋庸置疑。这不仅可供社会评论、引人关注，正如我所做的那样；而且对体察哈佛历年在学生群体多样性方面的成败得失有着实用价值。最重要的是，学生特征与期望方面的显著变化，能够帮助大学管理者找准本校的系统性问题，更好地为学生创造一个健康、有利于其适应的环境。但说到底，新生并不只是一串数据，而是一群不能被简单粗暴化"蒸馏"为数字的鲜活个体。虽然了解趋势规律很有助益，但将他人视作"人"是更加重要的；他们中的每一位都从一个独特的环境中走来，有着与众不同的心思脾性。随着新学年的到来，我期待着看到管理者、教师、家长，以及"围观群众"心中还记得，眼前的那些学生是一个一个不同的人；还记得"透过现象看本质"，由表及里地定位到学生们大学历程中遇到的各种问题的本真所在。

（罗惠文　译）

名校招生看"出身"

时至今日,居然还有人提倡招生看"出身"!哈佛、耶鲁、普林斯顿……美国名校会给什么样背景的孩子录取"特惠"?顶尖文理学院又是怎样"不平等"地招收学生的?

最近,我在《纽约时报》上读到一篇对两位美国顶尖教育研究者的专题报道,其中描述了一流大学在吸引家境清寒但天资聪颖的学生方面是如何失败的:哈佛肯尼迪学院公共政策教授克里斯托弗·艾弗里与斯坦福经济学教授卡罗琳·霍克斯比发现,家庭收入水平处于最低25%的优秀高中毕业生仅34%到美国竞争性最强的前238所大学就读,而家庭收入水平处于最高25%的优秀高中毕业生此项比例则为78%——这里评估"优秀"(High Achieving)的标准是SAT[①]测验得分与高中成绩。该研究有着超乎寻常的大样本,其结论得自最近一年所有参加SAT考试的美

[①] SAT(Scholastic Assessment Test)即"学术能力评估测试",由美国大学委员会(College Board)主办,其成绩是世界各国高中生申请美国大学入学资格及奖学金的重要参考。它与ACT(American College Test,即"大学入学考试")在中国都被俗称为"美国高考";但通常ACT主要在美国中西部地区使用,哈佛和其他的东岸精英大学更倾向于SAT考试。

国高中生。与此同时，我最好的朋友在主持哈佛招募芝加哥贫民区高中尖子生的宣讲会时，了解到尽管这些学生在自己就读的中学里出类拔萃，却大多不知如何以一种吸引哈佛眼球的方式去展现自己的入学申请。

这两则消息让我陷入沉思：关于一流大学招收弱势家庭学生（Underprivileged Students）的艰难探索、自己的亲身经历，以及哈佛、耶鲁等的官方说法。在哈佛少数族裔招生办公室工作时，我曾把这件事想得很天真——哈佛公开提倡招收贫困学生和少数族裔学生的理念令人眼界大开。哈佛说：我们的学生60%以上接受按需经济资助（Need-based Financial Aid），10%是非裔美国人，9%是拉美裔，17%是亚裔。这些数字在我心里打下了如此深刻的烙印，以致后来只要有人愿意听，我就会学舌一番。你认为哈佛是精英教育？再想想看吧，瞧瞧它倒贴了多少助学金！瞧瞧这儿有多少少数族裔学生！

名校"多样性"不过是看上去很美？

学生弱势家庭背景和种族的多样性在哈佛录取中属于优先考虑的条件，这无疑是值得学校自豪的。然而，如果我们再深入观察，更复杂的图景便将呈现眼前。种族多元化当然很好，但倘若所有少数族裔学生都来自中产阶级或上中产阶级家庭，那你的多元化不就局限在阶级界线里了吗？组成哈佛亚裔的大部队是华裔，而他们当中，据我亲身观察（并非基于数据），大多为上中产阶级出身，有手持高学历的"好爹好妈"——这是一个众所周知的事实。不过，笼统认为亚裔美国人都是"模范少数族裔"却也有失偏颇，其中某些少数族裔整体而言就不那么富裕，如越南裔美国人。

同时，说起非裔美国学生，通常脑子里浮现的刻板印象是：他们往往来自弱势家庭。但在哈佛，相当多的非裔学生事实上不仅没挣扎在贫困线以下，还来自殷实的中产阶级和上中产阶级家庭，父母都有研究生学历、白领工作。真实情况是，这些被算作富裕的非裔美国人群体中，有一部分乃父母受过良好教育、位列"知识精英"群体的第一代移民。我不能说他们是主流，但也不会是"沧海一粟"。看到这里，你开始明白我的话锋所指了吧？在哈佛或其他精英高校里，拥有少数族裔学生代表，并不等于实现了学生的家庭背景多样性。依照种族来作出社会经济方面的假定是危险的。

实际上，看到大学发布的关于多样性的统计数据时，你永远得在心里打一个折扣。因为对校方而言，给人更具家庭背景和文化多样性的印象是有利无弊的——会使它在招生录取工作方面更享盛誉。当然，我也知道，哈佛及其同类院校在招收弱势家庭学生这一点，的的确确下足了功夫，我在少数族裔本科招生项目组的工作经历即可佐证这一点：我们将哈佛的少数族裔学生送进特别针对他们的信息讨论小组；我们向少数族裔高中生寄送专门的邮件，在考虑 SAT 分数的前提下鼓励他们申请哈佛。但我那时没意识到的是，高中生对我们招生工作的回应很大程度上具有自我选择性。例如，来自中产阶级家庭、父母受过良好教育、就读于好高中的学生，在收到我们那封"励志信"后更可能真的着手申请哈佛；而来自弱势家庭、父母连高中文凭都没有并且身边也没人进入好大学、就读于穷困窘迫的市区高中还照样取得了高成就的学生，哪怕他们颇有被哈佛录取的胜算，也可能不会真的去申请哈佛。

且让我们将这个例子再往前推一步。举例中的中产阶级家庭学生不仅在学业上"成绩斐然"，还会踢足球，课外在实验室做生物化学研究，参加数学竞赛，头上闪耀着辩论冠军的光环；其父母由于一向关心孩子教育，对大学招生也知之甚详、消息灵通，因而常给孩子课外活动的鼓励与建议。而另一方面，例子里的弱势家庭学生虽然学习名列前茅，却成长于单亲家庭；高中就辍学的妈妈得做三份工作来养家，自己放学后狂赶作业的同时，还得操心四个弟弟妹妹的吃喝拉撒，自己替妈妈清扫理发店碎发并不算参加了课外活动。事实上，我前面提到的那位主持哈佛宣讲会的朋友就遇到过在课外活动里列出诸如举重、烹饪之类的学生。这些孩子显然并非傻瓜，但他们不知道应该参加哪些课外活动，不知道怎样以一种让顶尖名校眼前一亮的方式来展示自己——因为没人告诉过他们如何去做。与中国大学招生不同的是，美国精英大学的招生并不只以平时成绩、一次或几次考试为基准，而是在优异的学业表现之上加入了课外活动领导能力与个人发展的要素。

当然，上述情景并不代表平均状况，还有许多学生并非处于极端。但是，难道它不足以引起你思考，成功实现招生的家庭背景多样化实际上意味着什么吗？尤其是，弱势家庭学生要把他们的成就"翻译"成一份漂亮的入学申请会有多么难？哈佛有20%的学生来自年收入在6.5万美元及以下的家庭，因而他们也无须支付学费——这是事实，也值得称道，很大程度上要感谢"哈佛经济资助计划"。它除提供大量助学金外，还聘用哈佛的低收入家庭学生到高中去做招生宣讲。但我不禁会想，如果有更多弱势家庭学生能获得帮助来申请哈佛的话，这个20%会不会变成30%呢？也许吧，尽管哈佛与它的对手普林斯顿相比已经做得很好了。普林斯顿一直力图与哈佛在"最好的经济资助政策"这点上一争高下，但它仅有12%的学生属于联邦佩尔助学金（Federal Pell Grant，联邦佩尔助学金主要颁发给家庭年收入在2万美元以下的学生）资助的家庭，而哈佛这一比例为19%，哥伦比亚大学则为29%。

艾默斯特学院招收贫困生"三板斧"

那么，这些大学要怎么做才能使本校学生家庭背景更具多样性呢？艾默斯特学院（Amherst College），美国最顶尖的文理学院之一，近年来积极并且成功地招收了弱势家庭的贫困生。它所采取的是基于加州大学做法的三种方式：一是加强低收入家庭学生经济资助计划，二是通过转学项目招收社区学院的优秀学生，三是给贫困生以些微的考试分数"照顾"。第一种方式没什么可发挥的，这种做法正被一流大学践行。第二种方式相对常见，但可能会引起质疑：如果允许社区学院学生转入全美最好的本科生院，也许将稀释这个卓越人才的蓄水池。目前已有数个研究表明，大量聪明的、来自低收入和中等收入家庭的学生去了离家近的社区学院或不"挑三拣四"的四年制州立本科学院；不过很讽刺的是，这使得他们从大学毕业的概率变小了。而与之相反的是，到竞争性强的大学就读的低收入家庭学生，其毕业的可能性却更大。如此，艾姆赫斯特学院的第二种方式事实上就给了那些才华横溢却没有资源、不懂如何申请竞争激烈的大学的穷孩子又一次机会。

第三种方式可能是最富争议性的，因为它赋予了一种被有些人称为"不公平"的优势，是针对贫困者的平权行动（Affirmative Action）。而在我看来，其实可以参考过往研究的结论，从多个不同的角度去看待它。在一流大学里，校友的孩子、少数族裔学生（亚裔除外）和体育特长生都在录取上享受特殊照顾；换言之，如果你的父母上过哈佛，如果你是非洲裔，或者如果你是顶级"灌篮高手"，跟其他同条件申请者相比，你被哈佛、耶鲁录取的概率就更大。但据前文提及的研究显示，如果你是穷人，跟申请材料大抵相当的学生相比就没什么优势。如此便公平吗？你住在穷乡僻壤的小镇，所能获取的资源有限，课余需要打工以维持家人生计，为了上一所好点儿的高中，路上得花掉一个半小时，而你的考试分数跟一个在曼哈顿长大、就读于离家一刻钟的私立中学的孩子一样多，并且你没有"加分项"来享受特惠。如此便公平吗？向贫困生倾斜也许不是完美的"科学"举措，但从很多维度来讲，它是公平的，甚至可以说是"大学爱才，取之有道"。

多样性为何如此重要？

吸纳更多贫困、聪明的孩子不完全是大学唯一的责任，也无法仅凭大学的一己之力。怎么能指望一所高校有"天罗地网"和强大的资源去向那么多的弱势家庭孩子伸出橄榄枝呢？它也不能派遣许多导师和辅导员去帮助这些孩子申请大学。正因为如此，各式各样帮助弱势家庭孩子的非营利项目如雨后春笋般冒了出来。其中，有些是从"娃娃"抓起，通过奖学金将贫困生、少数族裔学生安插进一流私立高中，从而使其有机会获得更好的升学辅导；另有项目向在校表现突出的贫困生提供集中的导师辅导，并在入学申请上提供帮助；还有少数公益项目"承包到底"，保证参与的学生会被竞争激烈的大学录取，只要他们保持达到一系列的学业标准，并且全程参与大学预科课程项目。虽然目前这些还不完善，也往往属于人力密集型工作，但看到社会已对高等教育入学通道产生了足够的重视，并通过自身力量的介入来解决这一问题，于在我而言看来是十分可喜的。但光靠非营利组织"一厢情愿"地为贫困高中生做好升学准备还不够，还得要大学愿意投钱招收此类学生。越是资源丰富的大学，就越该投资在学生家庭背景的多样性上，如此才能"不拘一格"收获最卓越最聪明的人才。

　　有些人，尤其是像我这种背景的人，或许会感到奇怪，家庭背景和种族多样性怎会如此重要？我就是来自上中产阶级家庭、有高学历双亲的高中生，爸爸妈妈关注学业表现的同时也重视我的课外活动；那时，我上的是优秀的公立高中，有老师的关怀，有"一心只读圣贤书"的条件——不必为打工烦心，也不用给兄弟姐妹当保姆。像我这样的人，应该会因贫困生得到"福利"待遇而产生既得利益威胁感，因为我并不属于铁定能拿到哈佛录取通知书的类型。也许，我是该感到既得利益受威胁，但想到生活在一个任凭最聪明、最贫困的学生陷在最底层不能自拔的社会，这样的感觉让我更加无法接受。高等教育机构不可推卸的责任便是向所有努力程度配得上接受高等教育的学生提供机会，特别是那些在挫折面前不低头的孩子。而对普通公民，对整个社会而言，其使命则在于督促大学持之以恒地回应社会责任。

（罗惠文　译）

"生"不平等

学生是生而不平等的？如此"危言耸听"的话，从何说起？

"出身"不好，读的大学也排名垫底？

2012年的8—9月份，近220万学子如潮水般涌入几千所美国大学校园，拉开新生年的帷幕。他们之中，57.3%为女性，年纪较长的非传统学生以及西班牙裔、非裔新生的数量也都有所增长。就哈佛而言，现今其本科生中51%为女性，学术型研究生（Academic Graduate Students）中48%为女性，职业型研究生（Professional Graduate Students）[①]中49%为女性；并且其全体本科生中有38%为混血或少数族裔。仅在数十年前，这个国家的一幢幢本科生舍院、礼堂还被脸上遍布青春痘的十来岁的白种男性所占领。如今的多样性标志着高等教育机构为适应人口特征及社会的显著变化，在性别与少数族裔入学倾斜方面取得的进步。

但这些关于哈佛及其他大学的数据，不过是咱们这故事的开

[①] 职业型研究生院包括：哈佛商学院、哈佛医学院、哈佛法学院，以及其他聚焦职业性专业教育的研究生院。

端，是在入学机会和教育成就上付出努力的开端。尽管少数族裔与来自社会经济背景（Socio-Economic Status, SES）属于弱势家庭的学生数量呈现上升态势，但仍有大量研究显示，高成就、低SES"出身"的学生进入排名垫底的劣质大学就读的比例越来越高。为什么呢？贫困生既缺少资源，也没有被热情鼓励去申请自己原本成绩够格的高等学府，因此，他们往往选择了离家近、学费乍一看能省出一大截儿的学校。他们的爸妈不知如何帮助孩子在大学申请与录取过程中拨开层层迷雾，找准方向；并且，许多低SES"出身"的学生上的是资源已然捉襟见肘的高中，学校能够提供的支持可谓微乎其微。可是，这些孩子没想到的是，为省钱而挑中的"便宜"大学最后可能反倒开销更多——他们也许无法从学校得到慷慨的经济资助，而这在好一点儿的大学里通常都会提供。很讽刺吧？读排名靠后的学校，债务负担比排名相对靠前的学校还重。哈佛等众多精英大学都有瞄准少数族裔与SES弱势家庭孩子的计划与行动，它们由学生运作，力图覆盖到任何有天赋的孩子。但还有些不那么出类拔萃的穷孩子怎么办呢？他们或许没杰出到跻身哈佛的程度，但凭其学业等方面取得的成就，原本可以进入比最后实际在读的学校好得多的大学。这些便是需要处于"中游"的大学和高中解决的问题了：关于大学入学申请途径的问题。

穷孩子杀出的"血路"依然崎岖

即便有一位来自SES弱势家庭的孩子过五关斩六将，成功被大学录取，他／她杀出的那条"血路"依然是崎岖的。据美国心理协会（American Psychological Association）报告，多项研究反复揭示，低 SES "出身"的本科生"完成四年大学本科教育的概率更小"，并且家庭第一代大学生在四年内毕业的概率要低出 51%。大学入学之初时，低 SES "出身"的学生一般比来自较为富裕家庭的学生学术准备要差，而且这道沟壑通常会在接受高等教育的过程中不断扩大。当他们面临学业挑战时，能够用于解决问题的经济后盾及其他资源也相对不足。低 SES "出身"的学生也常为家庭相关的压力和经济负担所苦，他们不得不为收入而长时间工作，或者把时间贡献在解决家庭困难上，从而耗费掉大量宝贵的学习时间。我在哈佛上学时，认识的所有获得大额经济资助的同学几乎都在做兼职工作，以借此挣点零花钱。

我们也别忘了，将不同 SES 背景的学生混搭在一起时，调适自身，融入这样的环境可能会遭遇种种社交困难。即便是我，一个上中产阶级家庭的女儿，跟一些家财万贯、装模作样、以自我为中心的哈佛同学相处时都觉得心里不大舒服，真难以想象一位来自 SES 弱势家庭的同学又会作何感想。孤立无助、社交尴尬、缺乏归属感、觉得自己不真实——这些情绪都极其常见。我记得曾读到过一篇情绪激昂的文章，作者是一位来自城市贫民区、在哈佛上学的非裔美国男孩。文中描述了他与大学里其他人显示出的特权的斗争，以及汹涌而来的孤寂感。他才智过人、学业优异，还是一位学生领袖；但在大学第一年里，他就已经多次认真考虑过退学了，因为他深信，在一个以白人为主、特权充斥的校园里，自己看上去也感觉完完全全不对路。他所承受的心理折磨在同学们眼中却是不存在的，对"小伙伴们"而言，他看上去就是一个正常、适应得很好的新生；此外，当然，大学行政管理人员也无法成为他倾诉孤独的对象，他觉得自己做不到向管理者一吐为快。

大学，你需要做什么？

那么，前面这些数据与轶事告诉了我们什么呢？它们告诉我，"SES弱势家庭"常常连同"少数族裔"一起，构成某些学生的背景；这些学生在进入大学前、申请过程中，乃至进入大学后，都面临着很大的挑战。数据展现的是美国过去十年、二十年来取得多样性改善的绝对最小值。它们是这个种族与社会经济背景纷繁复杂的国家中，可以发生的最小变化。那些以多样性、多元化自夸的大学，包括哈佛在内，不应在现今的成就前便浅尝辄止。一名弱势学生克服自身劣势，被大学，尤其是精英大学录取是一回事；这名学生在标准时间内获得学术上、社交上和心理上的茁壮成长又完全是另一回事。

后来，那位非裔哈佛小伙子又怎么样了呢？他的故事是圆满的。他找到几位背景相似的学生，在哈佛创办了黑人论坛（Black Men's Forum），一个兼容并包、积极活跃，致力于促进社会服务、社会联系以及职业发展的学生组织。在一所"特权大学"里，他为自己在学校行政管理框架外创造了一个振奋、积极的环境来应对作为穷人、作为黑人而产生的压力。他创立的黑人论坛现在是最受尊敬、最活跃的学生组织之一，成员囊括了各种肤色、民族及社会经济背景的男生。这是发生在十年前的故事，那时哈佛也许还没像现在一样"全副武装"去迎接多样化，日趋包容的招生录取程序刚刚起步。如今，我很高兴地说，这所大学已经建立了一定的机制来帮助各种背景的学生适应大学生活。哈佛有针对新生舍监（Freshman Proctors）、宿舍导师（House Tutors）①以及新生的多样性培训与认知唤醒；有多个招生项目雇用来自 SES 弱势家庭的学生，令其帮助招募同类背景的高中生。学校里还有好些由校方赞助的社会活动，学生不费分文便可参与。另外，许多学生社团搞了导师计划，给高年级学生派活儿，请他们为指定的新生在个人生活、学习生涯等方方面面出谋划策。概括来讲，哈佛在为学生心理健康和学业咨询提供资源方面通常做得更多更好，也更吸引学生的眼球。但除此以外，还有更多需要去做的东西。每年的校报上，都会有一些学生批评哈佛还不够努力，让他们的愿望落了空。

作为一所大学，哈佛已经有资本对自己的丰功伟绩引以为傲了。然而，同所有大学一样，它得持续地展望未来、付出努力并随变化调适自身，才能在一流精英大学中保有一席之地。也

---

① 舍监由哈佛研究生或员工担任，与新生同住在新生舍院内以指导、管理其生活。导师也由哈佛研究生或员工担任，他们住在高年级舍院中，给予学生各种关于本科学习、申请研究生和找工作的建议与指导。

许会有这样的声音：如此令人肃目的大学应当为变化过于迅猛而担心，应当为过分注重自己的"成分"而忧虑，它不应聚焦在现今的愿景之上。但我要问，用自己的办法为全体学生提供最好的教育，这不是任何大学都会有的愿景吗？这是哈佛一直以来在做的，也是它如今还能稳居"高位"的原因——因为哈佛始终能够放眼往前看，并在实际行动中以一种深思熟虑、把握分寸的方式去超越时代、领先时代；它在大学管理、学生经济资助等诸多方面都成为了敢于"第一个吃螃蟹"的先锋。倘若哈佛在这条路上坚持不懈地走下去，它作为教育领袖的地位便固若金汤了；一旦某天它停下调适自省与不断改进的脚步，那一天，便是它"江山"不保之始。

（罗惠文　译）

美国学生资助的前世今生

美国最早的学生经济资助恩主原为英国贵妇,三位总统三部法案改变了万千寒门学子的命运……一起来看一看,美国的学生资助绕过什么弯路,爬过什么坡坡坎坎。

2012-13年度,美国联邦政府、州政府、机构与私人为高等教育提供的经济资助和信贷总额超过了2400亿美元,其中1850亿美元用于支持本科生。如此巨额的斥资,已堪比芬兰、希腊、巴基斯坦等国的GDP。鉴于美国私立大学每年单单只是学费(不包括住宿、膳食)就5万美元往上的"标价",以及公立大学涨得一塌糊涂、目前高达数万美元的学费标准,经济资助如雨后春笋般冒出来,不断为学生跨进大学校门提供保障,也就算不得什么意料之外的"惊喜"了。回望经济资助演进到如今模样的那条通途,你会发现沿路风景引人入胜,并且看到它与自己最初简单的起源已经相去甚远。

英国贵妇开美国奖学金先河

所谓"经济资助"(Financial Aid),涵盖了所有旨在帮助学生偿付与教育相关的费用的资金投入。这可能包括信贷（Loans）、助学金（Grants）[①]、奖学金（Scholarships），可能来自提供教育的机构本身，也可能来自地方政府、州政府、联邦政府，以及诸如基金会、企业等第三方。有书面记载的第一次经济资助"破壳而出"，出现在哈佛——美国历史最为悠久的高等教育机构。一位富有的名媛，安·拉德克利夫（Ann Radcliffe），即世人所熟知的莫尔松夫人（Lady Mowlson[②]），于1643年捐资100英镑[③]设立首笔捐赠奖学金，用她的话来说，这是为了支持"一些寒门学子"在哈佛研习。在那个高等教育尚属奢侈品的时代，莫尔松夫人的捐助向我们表明，彼时已有足够多清贫却不乏才能的学者，引起她对这个群体的特殊关照。两个多世纪后，1894年，哈佛以将自己的女子学院命名为"拉德克利夫学院"（Radcliffe College）的形式，向这位首个慷慨解囊的女性捐赠人致敬，并采用她的家族纹章作为学院的正式图徽。

看上去，如此早早地开了个好头——它甚至比美国1776年正式宣布独立还早上个百来年——那经济资助想必接下来会云开日出、迅速发展壮大吧？不是这么回事。直到近两百年后，最早的学生助学贷款（Student Loan）才于1840年现身，当然，萌芽

[①] 从本质上来说，即免费的学费支持，学生无需偿还。

[②] "Lady"（夫人）是英美对丈夫或父亲有爵位的贵族妇女的尊称。安·拉德克里夫的丈夫为托马斯·莫尔松爵士（Sir Thomas Moulson），因此她婚后名为莫尔松夫人（Lady Mowlson）。

[③] 相当于今天的280万英镑或470万美元。

地点还是在哈佛。它的出现，是这个国家最为财大气粗的，即哈佛到 1878 年建起的奖学金项目（情况跟今天类似）的前身。南北战争后，1867 年，教育部（Department of Education，简称 DOE）作为联邦实体在美国成立。其本初目标原与经济资助八竿子都打不着，是为了锁定学校与教学信息收集，以助于高质量学校系统的建成。然后，一些其他值得瞩目的事件发生了，如纽约州摄政学院（New York State's Regents College）奖学金项目（1913 年），又如第一个全州的经济资助联盟（印第安纳州，1935 年）。但是，高等教育真正在美国一飞冲天、扶摇直上，还是第二次世界大战之后的事情。

二战后的风起云涌

1944 年 6 月，总统富兰克林·D. 罗斯福（Franklin D. Roosevelt）签署了《军人再调整法》（Servicemen's Readjustment Act），也就是我们通常所称的"退伍军人权利法案"（GI Bill）；此举使得战后退役的老兵们有可能并且能够消费得起高等教育，从而帮助他们适应重返经济社会。此后 30 年中，超过 800 万的将士受益于"退伍军人权利法案"，进入了大学——高等教育已经由精英特权转化为在这个世界上出人头地的必需品。与"退伍军人权利法案"接踵而至的，是"联邦柏金斯贷款计划"（Federal Perkins Loan Program）；它是首个针对低收入家庭学生的联邦资助计划，颁布于 1958 年。该计划以校为本，"为经机构界定有特殊需要的本科生、研究生及职业院校学生提供低息贷款"。自1958年以来,"联邦柏金斯贷款计划"已为困境中的学生支付了360亿美元以上。

在力图使所有学生都能够负担得起高等教育的大背景下,1956年11月8日,总统林登·B. 约翰逊（Lyndon B. Johnson）签署了划时代的《高等教育法》（Higher Education Act, HEA）,"以丰富我们学院与大学的教育资源,以及为中学后教育和高等教育的学生提供经济援助"。约翰逊总统强调支持中低收入家庭获得更多高等教育机会和为小规模、资源较少的高校提供系统的全国性支持的必要性,并以之作为促使大学在国家解决贫困与社区发展的整体努力中扮演重要角色的举措之一。《高等教育法》为大学带来了更多的联邦拨款,设立起多种奖学金,让学生获得低息贷款和其他深得人心的经济援助。关键的是,它以支持中学后教育的准入性和可负担性为目的,并且经过了九次重新审核授权,最近的修订授权是在2008年。每次审核授权的过程中,允许国会加入新的计划,调整原有项目与政策,以反映现时需求,与时俱进。

《高等教育法》颁布之后,联邦政府还推出了系列支持经济资助的项目,包括:"担保学生贷款计划"（Guaranteed Student Loan Program, 1965年）,即"斯塔福德贷款计划"（Stafford Loan Program）的前身,一个以联邦政府信誉作保证的低息贷款,可直接从教育部获得;"教育机会补助金计划"（Educational Opportunity Grant Program, 1965年）,也就是"佩尔助学金"（Pell Grant）的雏形，为低收入家庭的本科生和部分学士后学生提供按需补助，其范围覆盖了5400所中学后教育机构。正如我们所预料的那样，由专业人士来决策与管理经济资助的需求随之而来；于是，1966年，全国学生资助管理协会（National Association of Student Financial Aid Administrators, NASFAA）应运而生。

奥巴马总统干了什么？

下一波立法浪潮的袭来是在1990年代初期，如影随形般紧跟着学费的不断攀升。这为中产阶级普通家庭承担高等教育开支带来挑战：要申请经济资助，他们显得太富裕；要舒舒坦坦地按标价全额付费，他们在资源上又显得过于拮据。《1992年高等教育修正案》（Higher Education Amendments of 1992）里，添加了新的"联邦助学金免费申请"（Free Application for Federal Student Aid, FAFSA），这使得学生只需提交一张统一的表单，便能申请多笔奖学金、助学金或者贷款。今天的FAFSA是9个联邦学生资助计划、605个州资助项目和近乎所有机构资助的"敲门砖"。想象一下，从必须填写不同内容、五花八门的一张又一张申请表，到只需填写一张申请表来获得经济资助；这在当时简直是，到今天也是，巨大的福音！对那些处于社会经济弱势地位的家庭而言，尤其如此。他们往往并不一定具备应付复杂文书的"悟性"。此后不久，《1993年学生贷款改革法案》（Student Loan Reform Act of 1993）确立了"直接贷款计划"（Direct Loan

Program），以取代由联邦政府担保、私营机构或个人提供担保贷款的项目。所谓"直接贷款计划"，顾名思义，即联邦政府直接发放经济资助，包括助学金和贷款，简化了学生与政府双方面的流程。

  在最近的十年里，高等教育立法浪潮继续朝前涌动，因为这一方面变得越来越复杂，挑战层出不穷、困难重重：学费上涨，对公立高校的财政拨款减少，以及继而产生的靠借贷读大学的学生数量增加，并且其处境愈加艰难、荆棘满途。《2007年高校成本降低与可及性法》（The College Cost Reduction and Access Act of 2007）砍掉了对放贷方和担保机构的偿付，结果便是联邦政府对学生的资助大幅提升。"佩尔助学金"最高额度上调，"斯塔福德贷款"利率降低，并推行了像"基于收入予以偿还"（Income-based Repayment）①、"公共服务贷款减免"（Public Service Loan Forgiveness）②这样的新项目。经奥巴马总统签署实施的《2010年健康保障与教育预算协调法案》（Health Care and Education Reconciliation Act of 2010）中进一步加入更多福利：转移资金投入"佩尔助学金"计划，将月度基于收入的贷款偿还降低了三分

---

  ① "基于收入予以偿还"是指根据你的收入来偿还贷款的计划，意在帮助那些起薪低的大学毕业生。
  ② 一些机构会根据一名大学毕业生在公共部门或者非营利部门（在这些部门工作的从业者的收入会比私营部门的低）工作时间的长短，减免其一定比例的贷款。

之一，并将贷款减免时限从25年下调到20年[①]。

"寒门"如何出"贵子"？

如同今天的中国，高等教育在二战后的美国不再是奢侈品，而成为了大众消费品。从一定程度上来说，多亏"退伍军人权利法"以及后续的大量高等教育法案，美国经济才增长迅猛，在经济增速、科技进步和软实力等方面巩固了其前沿地位。为了支持与鼓励继续并且更大范围地可以获得可负担教育，联邦政府颁布了重大法案，建立起一个统一标准的全国机制来批准、支出、收取贷款，以及提供助学金。前述这些里程碑式的重大事件，只是对机构和政府支持经济资助所采取的各种措施的抽取和一瞥。像偿还贷款的税收减免这样的政策我甚至都还没提到——它虽然算不得经济资助，但对偿付贷款却颇有助益。

当然，这些政策与体系离理想还有很远的距离。有近4000万美国人平均身负约3万美元的贷款债务，近30%的联邦贷款人拖欠贷款。造成如是局面的原因相当复杂，很大程度上与学费上涨背后的市场力量有关——政府政策正在尝试去补救并致力解决该问题。无论如何，国家主导的这个经济资助体系中蕴含的精神仍然是非常可贵的，对于弱势青年人获得高等教育机

[①] 在基于收入予以贷款偿还的项目中，如果借贷者偿还20年后还未付清，所余下的部分便可免除。

会至关重要。我深深地、有些理想主义地相信,我们应当制度性、系统性地提供经济资助支持,以使得高等教育对那些如同300年前得益于莫尔松夫人慷慨捐助的"寒门学子"一样的年轻人不再遥不可及。

(罗惠文 译)

在哈佛当招生面试官

哈佛"神秘"的录取过程不仅很多美国人不知道,连本校的高级雇员也未必清楚!作为一名曾经的哈佛申请人、优秀的学生招募者和面试官,我将带您领略录取"风景"。本文评论与观点均属基于自身经历及职业经验的个人观察,不代表哈佛大学立场。

"不为人知"的哈佛录取过程

中国和美国的民众对美国精英大学的最大误解是录取过程。与中国的高等教育不同,美国私立大学和公立大学的录取过程区别极大,私立大学之间也存在显著区别。多少次美国人对我讲述的哈佛大学的录取感到惊讶甚至是震惊,就连我的前任上级(曾担任哈佛大学中国基金会的执行董事),对哈佛本科的录取过程也不熟悉。想想看,连哈佛大学的高级雇员也不清楚录取过程中到底发生了什么!

要详细介绍哈佛大学录取过程中的错综复杂之处,恐怕得写成一本小说那么厚。当然,这会让你头晕脑涨。我不会这样来折磨你,接下来仅以哈佛为例,对私立精英大学录取之中的迷人和独特之处给予一个大致的勾画。作为一名曾经的哈佛申请人、优秀的学生招募者和面试官，我对哈佛的录取过程从头到尾都有着相当全面的了解，并且热爱参与其中。

哈佛"录取金字塔"

为什么我爱它呢？我认为这个录取过程是全美的大学里最复杂、最令人发狂、最让人有挫折感同时也最令人满意的录取过程之一。麻烦的是，这个过程是自我表现的、主观的和自助的；好的是，它体现了美国人典型的"自己动手"的观念，以及一切皆有可能的梦想，无论你是一个来自中西部的小镇男孩，还是来自洛杉矶的第一代墨西哥移民。

学业成绩

我首先从录取的基础开始：考试。美国是没有高考的，取而代之的是 SAT 和 ACT 考试。和中国高考相比，这两种考试都容易得多。你只需为它们学习几个月，去接受数学、语言、写作和科学（只出现在 ACT 考试中）基础的知识和概念的测试即可。这些考试是短暂的——与中国高考的三天考试相比，你只需要花费三个小时。如果你对成绩不满意，还可以通过 SAT 的选择性报分（Score Choice）政策①再考一遍（有些学校会看你所有的考试成绩，有些学校只会看你每个部分的最好成绩）。如果你拿了满分，很棒。如果你没拿满分也不是世界末日，也没关系。满分并不能保证你能稳稳地被哈佛录取，而很多没有考出完美高分的人却被录取了。

根据我在哈佛大学招生办公室一开始作为学生志愿者、后来作为少数族裔本科招生项目的亚裔招生联合协调人的体会，录取是通过一个三层的金字塔式的系统来进行的。对于一个有竞争力的候选人来说，最基础的部分是学业成绩。很明显，哈佛不想录取那些学习能力不足的学生。学业优秀是通过以下方面来定义的：SAT 成绩，IB②成绩或者 AP③成绩，高中的 GPA（平均分），地区、全国和国际学科竞赛取得的成绩。请注意，SAT 成绩只是整个学业优秀中的一个组成部分。不太理想的 SAT 成绩可以通过高中四年优秀成绩和赢得数学竞赛或者写作竞赛得到补偿。但是，我最好的朋友———一位韩国同学告诉我，在她所在的高中（韩国最好的理科高中），很多拿到高分和国际数学、物理奥林匹克竞赛奖牌的学生也被哈佛拒收了。我还有一位好朋友，

---

① "选择性报分"允许你依照自己的选择，从参加的多次考试中挑出最高成绩报送给大学。

② IB 是 International Baccalaureate（国际文凭）的简称，是学生在高中修读的、具自我挑战性的、高级程度的国际课程。

③ AP 是 Advanced Placement（大学预修课程）的简称，是美国学生在高中时可修读的大学基础课程。每门课程结束时，学生参加全国统考，3 分及以上即通过。哈佛当然偏好 5 分。

她的 SAT 成绩比其他同学低得多，而高中在校成绩虽说还不错，但和我一比也不算多么杰出，却被哈佛录取。最后要说的是，一名在优质私立高中修了 12 门 AP 课程，其中 5 门表现优异的学生，不一定就比一名在乡下公立高中修了 5 门高级课程且门门优异的学生更具优势。这取决于你在什么条件下取得好的成果，而不是简单对比结果。是不是有点令人迷惑？我们再来看"录取金字塔"的第二层。

课外活动

美国高中学生对课外活动的"痴迷"程度到了我担心会影响学业的程度。当然，那些以学业成绩、SAT 得分为沉重代价去搞课外活动的学生，也不会受到哈佛重视（哈佛特招进来的运动员成绩可以网开一面）。在哈佛，有喜欢什么都做、什么都能做好的孩子。自然，哈佛也喜欢有那些在某个方面有难以置信的世界级天赋的奇才，但光靠奇才是装不满校园的。我现在开始明白为什么哈佛会如此看待学生的课外活动？下面是我的理解：

① 有本事测试拿满分和完美地完成作业当然很好，但很多孩子都可以做到这些，而且哈佛并不只是一个学术机构，它是一个为世界未来培养出领导力、雄心、愿景和计划的地方。这些学生的潜力你能从他们的学业表现中识别出来吗？不能。

②哈佛很难。不只是学习难而已,你得样样做好:作为学生、组织领导者、研究助理、兼职工作人员、实习生、朋友,以及哈佛社区公民。如果除了拿到分数"A"以外干不了别的,还如何指望你成为一个真正的哈佛学生?

③哈佛要的是具备激情、领导力、信念、人际交往技巧的人,是思考深入、敢于行动和改变世界的人。你在课堂之外选择做什么,是对信念、兴趣和未来抱负的表达。

哈佛喜欢质量。如果你在一个社团中是受人钦佩的领导,把一种乐器演奏得极好,就比你是五个社团的普通成员、仅能摆弄下三种乐器要令人印象深刻得多。许多高中生犯的一个错误就是,把参加过的活动都一一列举出来,以为会获得招生办公室的青睐。不妨告诉你,我曾见过社团活动足有一英尺那么长的个人履历,我可以几乎马上就分辨出这是在"注水"还是深入、真实地参与。要骗倒招生工作者并没有那么简单,尤其是现在有大量的国际申请人,哈佛越来越懂得如何辨别冒名顶替者和虚假履历。

你也许有疑惑,这会不会使得家境富裕的孩子处于优势地位?父母能负担他们所有的课外活动花费。未必如此。就学习方面来说,哈佛也会根据你所处的条件来评价你所取得的优秀。例如,我以前在一个小镇并不耀眼、只算"不错"的高中上学,我的一些朋友毕业于美国最好、最贵的私立高中。你认为我们会有同等的机会去参加各种活动、培养自己的兴趣吗?当然不。但我的背景不成为我的缺点。我在劣势的有限选择中做了很多。对于招生办公室来说，这是学生的远见和决心的体现。

那么，现在如果你有优等的成绩、领导力、奖项，在音乐会上演奏钢琴，你被录取了吗？不，很遗憾，这些还不够。"啊？！"要怎么做才能跨进哈佛的大门？这个呢，如果你爸爸妈妈是哈佛毕业生，一直在给哈佛捐赠，你有相当体面的"成就"记录，你的胜算就大，可能会被录取。这叫"传承录取"（Legacy Admission），尽管哈佛和其他学校不大愿意承认，这种情况确实存在，还挺多。我不是校友的孩子，我的哈佛朋友中的 95% 也不是校友子女，所以对这项录取无法置评，只能说哈佛里有很多这样的学生可以"对号入座"。这并不意味着他们就不成功和优秀，但却是招生流程中的一个争议点。然而，正如我所说，这并不适用于像我这样的人，以及被录取的绝大部分申请人。

个人特质

"录取金字塔"的第三层包含了我称为"X 因素"的东西。现在为止，"金字塔"的前两层是可测量的——分数、等级通常不会说谎，课外活动的质量也可以被客观地评估。但这第三层，"个人特质"层面，要怎么评估？在我看来这是哈佛招生最有意思的方面，也是一贯的多样性和最难评价的方面。有三种方式评估你的个人特质：

① **申请大学的短文**。不像公立大学,哈佛的入学短文实际上是"作数"的。你不能只是写养的狗死了你有多难过,或者当你看到非洲穷困的人民时多受触动。人们常常纠结于主题。诀窍是:关键并不在于主题,而是你怎么去写。你可以写冰淇淋、波尔卡圆点、在开封发现犹太人……任何你想写的话题。但你通过话题,如何传递出你的哲理、看法、观点、个人发现和自知之明,这才是最重要的方面:不是主题本身,而是你的表达方式更能折射出你的生活和你自己。

② **你的面试**。哈佛与所有常青藤大学一样,给所有申请人被哈佛校友面试的选项。这种至少一小时的面试是非正式的讨论,由校友与申请人对其兴趣和参与活动进行讨论。这个人能否措辞成熟、谈话有趣、精通时事、博览群书?这也是被面试者表现个人特质的一个机会,这些个人特质在大学申请的书面材料中有时无法表现。

③ **你的整体情况**。你的申请作为一个总体来看有意义吗?各块拼在一起是否描述了一个智慧的、有成就的、动力十足的、有天分的、有趣的、能够在哈佛学生社群中贡献独特品质的人?

这里没有"魔法配方"。没有什么个性品格是比其他个性品格更被看重的。自我认识、对自己目标的感知,以及表达出自我和目标以影响世界的欲望是最重要的。你的背景和人生经历是重要的。哈佛越来越多地招收来自移民背景、社会经济状况较差的家庭、在美国之外成长的学生，这并不是巧合。

招生不只是科学

50年前，哈佛学生通常是白人男子，来自美国东部的富裕家庭。如今，哈佛学生是多种族、多元文化、多种社会经济背景、多地区的。现在你能够被哈佛录取，经济不是问题。①学校提供慷慨的经济资助套餐：学生家庭年收入在5万美元以下的毋须付学费；家庭年收入在5万美元及以上的，也只需付与收入相应比例的学费（10%）。这里有低利息的学生贷款、勤工俭学的机会，并且对学生的经济资助会根据每年对家庭收入状况的复评进行调整。哈佛本科没有奖学金，这意味着，哪怕你在卡内基音乐厅演出，或者在英特尔科学竞赛中获奖，奖金还是要从资助中扣除。哈佛相信，它要使任何被录取的人都能够入学。

为什么有这些录取标准？为什么对负担不起学费的学生如此慷慨？为了发展全球意识和国际影响力，并在这方面竞争，哈佛知道它必须从多元背景中去招收志趣相投的学生。作为世界顶尖

---

① Need-Based（建立在需求上的经济资助）是大多数美国大学的主要政策，也就是不看申请者的学术成绩或其他方面的特长，只看家庭经济状况。美国大学，特别是顶尖大学的经济实力非常雄厚，在录取时往往采取Need-Blind（资助盲录）政策，录取过程完全封闭申请者财务信息，以防止少录取有资助需求的人，而被录取者的所有的经济需求都会被满足。

大学，不仅仅是学术卓越，而是能够把脉当前和未来的世界。这不全是利他主义，因为哈佛是一个大型的、复杂的组织，面临对其声誉和策略的挑战，在战略上和智慧上必须如此选拔学生才能实现哈佛愿景。这是它为什么能继续兴盛，保持世界翘楚地位的原因。

像我们在招生说明会上对有希望的高中生常说的那样，哈佛本科招生是一门艺术，而非科学。现在，我喜欢认为它不只是艺术，还是领导力与愿景的榜样，是寻求的所需学生整体品质的典范。招收你所希望的学生，学校的成功随之而至。

（罗惠文　译）

哈佛本科招生过程揭秘

要打赢招生这场仗，群众基础固然重要，但光有"民兵"肯定是不够的，还要有一支训练有素的"正规军"。那么，哈佛的专业招生队伍是什么样的？他们都在做些什么？哈佛的招生过程如何？……本文为《麦可思研究》对王可的专访。

1∶40[①]的专业"抢"人团队配备

麦：哈佛大学的本科招生录取过程中，在校生和校友等各种群体群策群力，已经分担了大量的工作，专职的招生人员是否就设置得比较少了呢？

王：作招生决定必须有专业的训练，要有专门的招生专员（Admission Officer）。哈佛有40多位招生专员，其中15%～20%是哈佛的毕业生。这些人的职业生涯就在招生领域。

---

① 此处1∶40为招生专员数∶新生数。

麦：哈佛每年只招一千多名本科生，这样的人员配备是相当高了。你提到了招生决定，那这些专业人士是怎么做的呢？

王：哈佛的每个招生专员通常会负责几个州。当然，负责国际招生的就是几个国家。我们可以举个例子来了解作招生决定的过程。比如，我是华盛顿州的，申请哈佛以后，我的材料就会被递送到负责华盛顿州的招生专员桌子上。他／她阅读我的申请材料后，如果认为按照哈佛的标准，我是很棒的候选人，就会把我和州里其他候选人放在一起排序。招生专员会把自己负责区域里排名靠前的候选人提交到自己所在的小组委员会。然后，各小组委员会的招生专员一起开会论证，把本组提交上来的所有候选人再排一个序，从中挑选出一部分。小组委员会再把本组的候选人名单拿到招生委员会（Admission Committee）来论证，最后作决定。尽管哈佛的招生专员"为数众多"，但仍然不可能每个专员去读每份申请材料——虽然哈佛只招一千多名本科生，但申请的学生数是两三万。他们作招生决定的体制类似于金字塔。

麦：那么，哈佛的"招生时节"是从什么时候开始，什么时候结束呢？

王：如果从学生申请时间来看，通常可以从9月份开始，申请和作决定的截止日期不一，因为哈佛有两种录取决定的最后期限（Decision Deadline）。

说到不同的录取决定，可能需要介绍一下美国的三种录取方式。一种是常规录取（Regular Decision）。大部分学生都会申请常规录取，申请截止日期是1月，在4月时会收到是否被录取的通知，5月1日前需要作是否报到的决定。此外，还有两种是提前录取。其中，提前行动（Early Action）方式允许学生同时申请几个高校，在11月时提交申请，12月中旬就会收到录取通知，但可以拖到5月作决定。这中间其实有五个月的思考时间。而提前决定（Early Decision）就不一样了，虽然也是11月递交申请材料，但一个学生只能申请一所实施提前决定政策的高校，并且一旦被录取，除经济原因外都必须入学。当然，申请和报到的约束更多是从诚信角度来说的，高校之间通常不会互通学生申请情况的"有无"，但一旦被发现申请多所提前决定的高校，申请人就会被所有高校拒绝。

上面的录取方式中，哈佛只有前两种，所以招生的时间大约就是从9月到第二年5月初。9月起接受学生的申请，10—11月开始面试。提前决定一批的学生面试到11月底就结束了，常规录取是到1月底。学生回复学校是否报到的日期是5月1日至5日，每年日期不一样，然后要交保证金，通常是几百美元。

麦：在录取过程中，招生专员固然公务缠身，但在这些时间以外，在余下的差不多大半年时间里，他们有什么事情可做？

王：作招生决定是10月到次年3月的工作，但这以外的时间招生专员也是非常忙的。从3月到11月，他们都需要去自己负责的每个州，去许多城市不断地做招生工作。比如说，他们会和各州、各城市的高中，尤其是最好的高中搞好关系，以抓住最好的生源；并会在当地做招生活动（Recruiting Activity），包括在高中所作的宣讲（Presentation）、邀请高中顾问（Counselor）①开讨论会，以及参加在高中或城市举办的招生咨询会（College Fair）。招生专员还会访问各地的校友俱乐部，了解俱乐部做招生活动的情况（如邀请本地高中生参与校友接待晚会），为校友俱乐部负责组织招生工作的校友提供培训，等等。招生专员一年到头都马不停蹄，只在夏季稍微轻松一点。

录取时就找好替补

麦：如果被哈佛录取的学生不报到，学校还会再补录吗？

王：会。学校有一个录取候补名单（Waiting List）。哈佛一年录取 2000 多个学生，招生办公室根据以往经验已经知道，每年大约会有 1700 个学生报到，剩下的席位怎么办？他们每年准备一个录取候补名单，放上他们认为特别优秀的未被录取的申请人。5 月至 9 月期间，当有录取生决定不来报到后，哈佛就会按照名单给"替补"打电话，问他们是否愿意到哈佛就读。

麦：在录取候补名单上的学生知道自己可能被哈佛补录吗？

---

① 美国高中没有班主任，只有任课老师和顾问。顾问的职责是为学生办理每个学期的登记注册，记录学生选课、分数和品行，登记学生参加学校社团活动及获奖情况，以及负责向学生所申请大学报送正式的成绩单。

他们可能同时也被很多学校录取了,哈佛怎么知道自己列的这张单子不是白费功夫?

王:哈佛在向学生通知录取结果时,如果没有正式录取,但放在了候补名单上,就会告诉学生:"很遗憾我们没有足够的席位录取你,但我们会把你放在录取候补名单上",然后请学生回复是否愿意接受哈佛的补录。

麦:那名单上的学生是否知道自己有多大概率被补录?他们知道自己被排在第几位吗?

王:名单应该是有排序的,但不会公布。能否被补录很难说,因为与录取生的报到决定情况有关,这个是难以预计的。但如果在候补名单上,并不是说学生就只能"听天由命"。我曾经面试过一个女生,我认为她特别优秀,但没有被正式录取,只是列到了候补名单上。我告诉她,其实可以给招生办公室写信,表明自己对哈佛仍然特别有兴趣,并把自己最新的一些材料寄过去,请其他老师再给她写推荐信;还可以经常给哈佛招生办公室打电话。她最后被哈佛正式录取了。

拢住录取生的"新生周末"

麦:在录取以后,学生作报到决定前,哈佛会做什么?只是"静待佳音"吗?

王:当然不是。在通知录取到作出决定的一个月时间里,几乎每所大学都有"新生周末"（Freshman Weekend）。新生大多是被多所同层次高校录取的，这时是生源抢夺的关键期。哈佛的新生周末通常在4月中旬至4月底，学生周五下午到，周日下午离开，不影响学生和家长的学习和工作。高中生通过对学校实地考察，和大学生一起上课，和未来的校友聊天，了解真实的校园。可以说，新生周末就像一个市场营销计划，学校通过精心设计的内容把自己推销出去，希望学生选择本校。

麦： 新生周末通常有些什么内容？

王： 每个高中生抵达哈佛后，会被安排在本校学生志愿者的宿舍，和哈佛在校生及其他高中生一起住宿，体验大学生活。高中生可以选择跟接待他们的志愿者一起去上课，或跟其他高中生一起参加学校组织的活动，如座谈小组、工作坊等，讨论"如何应对压力"、"在哈佛的学习"等各种题目。在各类活动里，录取生可以认识其他人，了解哈佛录取的其他人是什么样的——因为这些人会变成未来的同学，学生可以去感受，这些人是不是自己喜欢的同学，在哈佛能不能得到想要的大学经历。通过和未来的同学、校友、老师接触，哈佛就从一个模糊的影子变得越来越具体，越来越鲜活。这样的活动可以帮助录取生作出报到决定。我就是参加了新生周末，才决定到哈佛的。

（罗惠文　译）

准备一个完美的招生面试

哪些申请人能获得哈佛面试的机会？面试方式如何？什么样的招生面试是"完美"的？一个"完美"的面试能使申请人在录取之路上迈进多大一步？……

在申请美国精英大学本科生院的过程中，恐怕没有哪部分比个人面试更充满神秘色彩了。那些学业上的要素（分数、SAT成绩、班级排名）虽然也未必能完全体现你的水平，但它们至少是可以量化的。4.0的GPA是完美的，2400的SAT总分是完美的。但什么样的面试是"完美"的呢？一个"完美"的面试能使你在录取之路上迈进多大一步？正如我们所知，就算完美的学业成绩也未必能让你进入哈佛神圣的校门，面试自然也是如此。我要分享的是我和朋友们的一些个人经历——请不要把它们当作对"面试"的正式定义。

面试不过是配角

那么，个人面试真正是什么样的呢？让我们从那些既抬高哈佛身价又掩盖面试本质的传闻说起。不管申请人表现多"惊艳",我从没听说过一场面试可以确保一个申请材料不够亮眼的人被录取。事实上,面试几乎从没"保送"过任何人。它只是配角,而非主角,所以能否被录取罕有单靠面试来决定的。我最喜欢的一次面试是对一位来自芝加哥团伙犯罪高发区的姑娘的面试,她从破高中里杀出一条"学"路,进入了私立学校。但无论她的故事多么感天动地(啊,我在面试谈话时差点哭出来),她的分数哪怕考虑了她的种种艰难环境还是不足以让她最后被录取。

从另一方面来说,根据我朋友们的经验,一次糟糕的面试也不会毁了一个在其他方面很有竞争力的申请人的前途。我的一位朋友是个数学天才,他曾在期末考试的前一天晚上,玩到凌晨四点才从派对赶回来,然后拿了满分。他说自己当年在面试时衣着随意,发型恐怖,面试表现甚至比发型还恐怖。他边笑边回忆那次面试谈话有多尴尬,然后评论:"显然,我在面试中的糟糕表现并没有影响我通过入学申请。"这千真万确——如果申请人是杰出的,负面评价并不会削弱他/她的入选资格;因为,归根结底,个人面试是个人的和主观的。

妙处在面试过程中

你可能现在心里在打鼓:既然面试对申请人的影响如此说不清、道不明,那哈佛为什么还要进行面试呢?如果从获得大学录取方程式中可测量的结果这一视角,那么,是的,面试似乎毫无意义,但如此就错失了面试的要义。我可以与你分享自己花了好些时间才领悟到的（从申请人、面试协调人和面试官的角度）我所相信的面试真谛：面试的妙处在过程之中，而不在"大结局"。其好处是增加了申请人与大学间的亲密接触，维系了母校和校友间的联系纽带，使个人特质被大学培养作为考虑因素。这些都不是用标尺或者数学模型可以衡量的，却对博雅教育理念很重要。录取决定的最终结果或者培养计划都不如过程重要。在博雅教育中，过程是学生学习思考其学科和所生活的世界的方式。不管学经济学还是艺术史，思维如何形成跟学到什么内容同样重要，甚至更重要。就面试而言，这是申请的学生与哈佛校友个人互动的过程，是哈佛校友参与事关母校发展的过程，这些都与高考成绩同样重要。

哪些人能获得面试机会？

哈佛博雅教育的面试方法折射于招录程序中。2002年我申请哈佛时，只要申请材料齐全，住在美国的任何学生都有面试机会。我曾听说过申请人驱车数小时去哈佛校友所在城市面试的例子，甚至听说过热忱的哈佛校友驱车数小时去见有潜力的申请人的几则故事。如今，申请人数量大大增加，并非每个期望面试的申请人都有这机会；但如果有特别要求，哈佛还是可以予以调整的，那些获得面试机会的并不全是申请材料上学业表现出色的人。也就是说，在我看来，哈佛并不会排斥从那些已经拥有完整和优秀的申请材料、满足某些"不为人知"的最低标准的申请人中进行面试甄选，这表明大学对有着杰出的课外表现和/或卓越的个人因素来为自己履历添光增彩的申请人仍然兴趣盎然——这些因素在面对面交往时能够被更清晰地判定。但是，不管申请人面试时的个性或故事有多棒，哈佛还是有一条期望被录取学生达到的成就底线。

哈佛的校友面试方式

校友与居住在主要城市的申请人之间的面试可以通过两种方式进行：校友和被面试的人自行安排的面试；全天马拉松式面试——在几个小时的面试过程中，校友面试分配给自己的一个或多个申请人。前者通常发生在秋季，这时不那么赶着完成面试，因为申请评估要到二、三月才开始。我更喜欢这种更个性化的方式，因为我可以选择一个更舒适的地点，面试可以自然地开始，自然地结束。全天马拉松式面试是有时间限制的（通常一次面试的时长为30分钟），通常在办公场所进行，给人的感觉更像一个企业面试。不管采用哪种方式面试，校友志愿协调人来负责后勤工作，将申请人分配给面试官，对面试官进行培训——每个城市或地区，只要是有官方的哈佛校友俱乐部的地方，就有一个官方的面试志愿协调人。

申请人的简历、基本的申请详细材料，以及提问范例指南会提供给面试官。这些都可以通过在线网站获得，校友输入邮箱地址就能登录。校友也在这个在线平台上撰写深度报告，从多样的学术、课外活动和个性方面对申请人进行评估。我必须承认，我从未按照哈佛提供的建议问题格式与范例进行面试。我和最好的朋友都有各自特别的面试哲学——我是以友好谈话的方式，吸引申请人告诉我他/她自己的故事和兴趣；我的好朋友是抛出一些严肃的、沉重的个人问题，这些问题通常需要超越大多数学生的智慧和成熟。有些年长的校友会"照本宣科"地进行面试，比如，他们会把哈佛建议问题列表都读一遍。现在你明白我们的方式多么主观和个性化，因此招生专员在考虑我们的评估结果时有所保留了吧？同时，允许我们个性化面试的自由，使得面试过程更富趣味性和意义，对面试官如此，但愿对申请人也是如此。

校友凭什么愿意帮母校做招生面试？

尽管我的朋友们对面试经历的评价褒贬不一，但据我所知，还没人真正"退出"过面试，至少迄今为止是这样。我相信，那些怀有理想化高期望的面试官，是对面试经历最感到失望的。他们想象着，他们能有助于影响招生专员的决定，想象着对拥有感人、鼓舞人心故事的学生激情洋溢的评价会使该生进入哈佛成为可能，即便他/她的材料不那么"极品"。基于我在前面提到的那些原因，这一切都无法成真。我在面试中获得了极大的价值和满足感，它使我得以见到那些充满希望的、聪明的年轻人，哪怕这些人最终未被哈佛录取或者没有选择哈佛。我相信我作为面试官，不只是为了帮哈佛评估申请人（这是个多么干巴巴、机械化的工作描述），也为了向年轻人提出经过深思熟虑的建议与引导。

在我参与大学招生录取工作的近十年里，我得出的结论是：对于哈佛，个人面试的影响力在以下有限的两种情况下体现得最为明显：①当一个国际申请人的书面申请看起来非常好，但招生专员对他成就的真实性有所怀疑时（某些国家的学生有较多在申请材料上弄虚作假的前科）；②当招生办公室在是否录取上犹豫不决，无论如何需要更多佐证以帮助其作出决定时（通常是申请人在某一方面很突出，但另一方面相对薄弱）。尽管我可以对作为面试官所产生的影响力失望或者不满，但是，我的确相信这一经历有价值，并且打算继续面试下去——我希望哈佛永远延续它的个人面试政策。

（罗惠文　译）

一场失败的变革

在封闭的精英大学招生世界里,哈佛居然胆敢挺身而出,提出一个激进的主张,而且还是一个未经验证的主张。这场"豪赌",成功的机会只有一个。

在刚刚过去的这个秋天,我发现自己又身处一个熟悉的场景中:在如火如荼的大学申请季节,帮助朋友的孩子编辑申请大学的短文。尽管说出来有些难以置信,但我更多地将此视为一项带来享受的"职责"(虽然仅在"被编辑人"自己是积极主动时才是如此)。这是一个走进青少年内心进行深入观察的机会;它也提醒着我,多年以前,自己也曾经有过类似的经历。他们的天真,他们充满无限可能的观点,让我成人式的愤世嫉俗和玩世不恭无处藏身。这一"任务",同样有助于我密切关注招生的最新状况——我对招生的兴趣肇始于在哈佛招生办公室的工作时光。

美国大学招录也有"提前批"

美国精英大学的招生政策本质上都倾向于只作出四平八稳的有限变化;大学会彼此留神,确保没有一家机构在抢夺梦寐以求的人才时具有太大的优势。大多数拔尖的学生会申请多所拔尖的大学；自然而然，每所大学的招生办公室都竭力去"引诱"那些精英中的精英。大学们采取的办法之一便是提前招生（early admissions）。在这种招生录取方式下，学生提出申请并可在高中最后一学年的秋季就收到录取通知书。提前招生有三种形式，详列如下：

提前决定（Early decision）：申请人只可申请这一所大学，并签订合约，约定一旦高中最后一学年秋季学期被录取，之后便会到这所学校上学。

限制性提前行动（Binding early action）：申请人只可申请这一所大学，但被录取后是否入学不受限制。他/她可以等待常规录取批次的结果，至高中最后一学年的春季学期，再对大学作出是否接受录取的回复。

非限制性提前行动（Non-binding early action）：申请人可申请多所实施非限制性提前行动政策的大学，被录取后是否入学不受限制。他/她同样可以等待常规录取批次的结果，至高中最后一学年的春季学期，再对大学作出是否接受录取的回复。

设置提前招生的初衷是什么呢？究其根本，是认为提前申请的学生倾向于：（1）对这所大学有更为明确的兴趣，更愿意对学校恪守承诺；（2）提前申请的学生群体整体水平普遍比常规录取的学生群体要高。数十年来的数据持续地支持了这两个观点。我自己申请哈佛时便是"非限制性提前行动"，于当年11月1日前就递交了申请。当时哈佛设有非限制性提前行动项目，虽然此项目在我被录取之后的第二年,便转为了限制性提前行动项目。虽说其实我也没提前申请其他任何学校,说老实话,我那时候并不清楚提前申请所带来的好处,只不过一味地想在感恩节前搞定所有申请材料。鉴于哈佛的高筛选率,它于我而言是一所"踮踮脚"才够得到的大学,我想也许招生官们会对数量较少的提前申请者予以更多关注。但当我想到这对我的缺点也同样适用时——既然提前申请者相对较少,便开始担心起来:担心自己的申请材料会显得相对薄弱,在批判性审查前站不稳脚跟。无论如何,最终我还是通过"提前行动"获得了录取,尽管我是压着那封录取通知书,一直拖到5月1日这个美国全体高校的最后答复期限,才给了哈佛明确的答复。

哈佛的"豪赌"

虽说提前招生对高校和申请者双方均有裨益,到21世纪初,对此的批评却开始在高等教育管理者之间流传开来。相对于弱势家庭的学生而言,家境较好的学生从提前招生中获益更大,他们在提前录取群体中所占的比例更高;这归因于他们有更多的资源、更多关于大学申请程序和方法等的信息。对他们来说,经济资助也不那么重要,所以,假使提前录取只能享受某一种特定的经济资助,于他们而言也不是问题。反过来,家庭相对弱势的学生有时就卡在了学校提前录取批次会给自己提供什么样的经济资助上,此时还没有对比各种经济资助方案的可能性(虽然提前录取的学生可将"提前行动"的方案与常规录取批次的方案作对比）。有些大学有多达一半的新生是通过提前招生招进来的。在2005—2006学年，哈佛的提前录取率是21%，相较而言，常规录取率则为7%。普林斯顿的"限制性提前决定"的录取率为29%，而常规录取率为9%。麻省理工较为平均，提前录取率为14%，常规录取率则为15%。

批评的声音在2006年哈佛宣布将取消限制性提前行动项目、改为单一录取截止期限（1月1日）时达到了峰值。哈佛代理校长德里克·博克（Derek Bok，1971—1991年曾任哈佛校长）称，"大学的招生过程已经承受了太多的压力，已经太过复杂，太容易因公众的不信任而受到责难。我们希望，废除提前招生将完善我们的招生工作，使其更为简化、更为公平。"这样的态度并不陌生，但哈佛此举的象征意义以及由此产生的反应波及甚广甚远。在这封闭的精英大学招生世界里，哈佛居然胆敢挺身而出，提出一个激进的主张，而且还是一个未经验证的主张。它本质上是在尝试发起一场变革：砍掉"提前行动"，为所有学生，尤其是在社会经济条件上处于弱势的学生，创造出一个更为公正、均衡的招生过程。从前哈佛并没有这么努力去改革一项政策，而是以高等教育领域中更为一般性的方式来对待招生——这即便对哈佛来讲，也是一个大胆、充满风险的大动作。当然，在所有学校当中，哈佛身处冒此风险的最佳位置；因为不论最后结果如何，它的精英地位终将确保自己能够收揽同样多的英才。博克的主张意在为在一流高等教育机构中掀起一股模仿的浪潮，从而改变整个精英大学招生的生态。

实际情况是,普林斯顿与弗吉尼亚大学赶了这股风潮,废止了它们的提前招生项目,其他所有大学都维持了现状。但在2007年,普林斯顿、艾姆斯特学院、威廉姆斯学院、宾夕法尼亚大学,以及哈佛都大幅增加了它们的经济资助力度,以吸引更多来自弱势家庭的学生。记得在2007—2008学年的招生季,也就是统一为单一录取期限的第一年,哈佛高估了可能接受自己录取的学生数量,最后以从候补名单上录取了一些(大约几十个)学生收场——考虑到往年只能看到几位"候补"能有幸转正,这个数量已经可以说是不同寻常了。在接下来的几年里,哈佛就此改变小小鼓吹了一番;也正是在此阶段,弗吉尼亚大学于2010年恢复了它的提前招生项目。其后,2011年春季,哈佛与普林斯顿突然双双宣布均将重启提前招生项目。在难得的率真一刻,两所高校承认了此次实验失败,当然,措辞没有这么直白。它们埋怨了经济的不景气,以及由于大学招录方面的资源日益普及,促使更多学生去提前申请其他高校,即便他们心中首选本会是哈佛或者普林斯顿。在一些城市中心里的学校,其高达70%甚至80%的高四学生都在申请提前录取批次(传说还有100%的学生都申请提前录取的学校)。

哈佛给出的官方说法是:"我们研究了近年哈佛的招生趋势,发现许多极具才华的学生,包括一些准备最为充分的低收入家庭学生和比例还相对较低的少数族裔学生,都在选择有'提前行动'选项的申请项目,因此错过了考虑哈佛的机会。我们已经决定,通过恢复提前录取选项来更好地服务于本科生院及我们的学生。"我想,问题的症结在于,除了普林斯顿和弗吉尼亚大学,没有其他高校跟随哈佛的脚步;而在其他顶尖大学都仍然推行提前招录的情况下,要申请者甘冒风险将希望寄托在三所高校的常规录取批次上,是非常困难的。哈佛这场赌博,成功的唯一机会是它的同侪机构纷纷跟进,不给申请者留下其他可能的选择,只能全部申请常规录取。而事与愿违的是,抱团的精英大学"小团体"更乐意按兵不动、静观其变,并以其他手段去吸引来自弱势家庭的英才。

通往"罗马"还需改走他路

最终,这项大胆、后来又被撤销的决定是否真正伤害了哈佛呢?我对此的看法是:几乎没有。如果有什么影响的话,在公众眼中,哈佛所持的官方说法,即废止及其后恢复提前招生项目两项决定都是出自为弱势家庭学生利益着想的出发点,反而提升了它增进多样性的光辉形象。不过,不管怎么说,一所大学对一个如此重大的决定作出如此之大的误判,实属罕见。我个人很怀疑它未来是否还会在这一问题上"出头"。现在看来,貌似大学都在不断往经济资助项目投钱,意图通过其经济资助计划在与其他高等教育机构的角逐中更具竞争力。如今,哈佛设有限制性提前行动项目,这便意味着,如果我现在申请哈佛,就只能在提前录取批次申请哈佛这一所学校,哪怕我被录取后还是可以像之前一样等到5月1日再作是否入学的决定。

  如今，尽管经历了取消提前招生的小插曲，却并不妨碍哈佛吹捧自己学生群体社会经济背景的多样性。变革虽以失败告终，但校方愿意承认自己的失算并坚持继续通过其他机制和途径来追求学生多元化的决心值得钦佩。最终，哈佛忠于了它的初衷，虽然方法有所改变；同时，哈佛还有其他更为精妙的机制和途径来实现自己的目标。

（罗惠文　译）

招生统计里的"政治"

人们对大学尤其是名校的招录结果总表现出异常的热情。破解此种"痴迷"及其引发的流言蜚语，一个有效的办法是：公开，有技巧地公开。

每年时至3月下半月，都有数百万美国高中生心急火燎地刷新着自己的电邮收件箱。倘若他们用的是4G网络，便只需一眨眼的工夫；如果用的是网速较慢的链接，则要花上好几秒。他们地毯式"搜查"着收件箱，寻找任何跟哈佛与耶鲁、斯坦福与麻省理工、密西根大学（University of Michigan）与北卡罗来纳大学（University of North Carolina）、罕布什尔学院（Hampshire College）与欧柏林学院（Oberlin College）、佩柏代因大学（Pepperdine University）与德保罗大学（DePaul University）相关的蛛丝马迹。大约这个时节，正是大学录取通知书纷至沓来之际。少量第一批"宣判"很快传来："我们遗憾地通知你"或"我们高兴地通知你"。当学生们沉醉于"大学梦"如愿以偿的欢心喜悦，或者懊恼于被拒的失意挫败时，他们也许并不知道自己的情况已如一滴水珠，汇入了一池数据之中，供千百万好奇的校友、记者和公众去了解：这一年谁被什么大学录取了。

拿什么满足你，校友、媒体和公众？

美国对大学招生录取和关于学生的人口统计非常着迷。这些数字往往代表各种类型的利益群体，象征一所大学里出现的某些值得关注的重要趋势——它们捕捉了人们的想象力，令人浮想联翩。媒体如鹰般锐利的目光投射在不同精英大学之间以及同一所大学不同时期的录取率相对差异上。您知道哈佛2014年的本科录取率上升了0.1个百分点，"涨"到了5.9%吗？可是，还有更低的呢——"赢"得"高不可攀大赛"的冠军是斯坦福，其本科录取率为低得令人咋舌的5.07%。相形之下，哈佛商学院2013年12%的录取率似乎显得就有些没门槛了。媒体来来回回总在报道精英大学的高度排他性、精英主义，以及永远没有最低只有更低的录取率；同时，一般也总会有那么一篇文章见诸报端，讲述某个成就不凡的孩子接到了所有常青藤盟校伸来的橄榄枝，不知何故秒杀了各家统计概率。

校友们好奇的是：母校选择了些什么样的学生？每年4月初，我总会收到一封来自哈佛关于新一届录取概况的电子邮件，其中包括学生种族特征的统计信息，细至非裔、亚裔、拉丁裔与原住民美国人具体所占的比例。一如既往，孩子们大都来自美国东海岸，然后是西海岸、南部、中西部，以及世界其他各国。值得注意的是，被录取学生中有55%为男性。但不管怎么说，我们对母校的录取率也同样引以为豪——有时是谨小慎微的自豪，有时是"霸气外露"的"骄傲"。"你知道吗,我们只录了5.9%的申请人",校友之间可能会如是谈论,言词语气里夹杂着些许令他人不快的自豪感。接下来,通常将伴随一段追忆,一段关于我们在录取率相对高点儿的"那些年"被纳入麾下是多么幸运的追忆。自我迈进哈佛这11年来,该项比例已由2003年便显得"惊世骇俗"的9.8%跌落到了如今的5.9%。"很可能我进不了现在的哈佛",曾有校友若有所思地这样对我说。我自己也陷入了周而复始的类似思绪之中。其实我并不认为刺激的、强筛选的录取率对大学质量而言是一项正面指标,但那又是另一个话题了。

普罗大众喜欢看录取率,也密切关注学费价签。今年斯坦福学费上涨了多少?公立大学尤其成为焦点所指:加州大学系统是否再度抬升了学费以弥补预算经费的不足?公众乐于一把揪住那些学费标价甚高的大学,抱怨价格蹿高了多少。2003—2004年度的学杂费为29060美元,2014—2015年度就将变成43938美元,十年里涨了约50%。不过,这样的看法——有些没看到重点。大学花销这一实质性的数字,事实上是将经济资助考虑在内之后的那个数字。2003—2004年度,资助哈佛本科生的总额约为1.05亿美元;十年后的2013—2014年度,资助总额纪录为1.82亿美元,增长了73%。简单的计算向您表明:学生资助的增长率高于同期学费的增长率。遗憾的是,公众极少花心思去注意这些细微的差别,媒体也几乎从不矫正公众观念的偏误。除此以外,公众还爱看SAT分数与成绩等级。SAT平均分是多少?平均GPA

是多少？人们通常假定，录取率越低，SAT成绩和GPA就越高，反之亦然。这大致便是公众的一般性猜想。

解构哈佛官方招录声明

作为一所大学，你要如何在这些利益相关群体中定位、找到航向？你要怎样去展现招生录取与学生人口统计数据，从而既满足他们的好奇心，也保留你对自身形象传递的控制权？且让咱们以哈佛大学官方媒体《哈佛公报》(*Harvard Gazette*)上关于2018届本科生录取情况的文章作为案例，一起解构剖析一下。

事实：首句开门见山地展示了录取比例与总申请人数。

解读：我们，哈佛，是首屈一指的。挑剔性是简单有力、具有代表性的变量。

事实：接下来，宣布"非裔与拉丁裔学生人数创下新高"，引述了招生办主任对哈佛感觉良好的陈词，认为它反映出一个"日益多元的美国"，这对"哈佛培养我们国家未来领袖的使命是至关重要的"。

解读：我们走在前列、与时俱进，是因为我们在保持极端高度的竞争性的同时，还致力于同这个国家一样地多样化。这相当于"金本位制"(Gold Standard)，没人比哈佛做得更好。

事实：说明学生群体的生源地构成。

解读：除种族的多样性外，我们还有着地域上的多样性——跨地区，跨国界。我们从全世界各个犄角旮旯搜罗最顶尖的人才。

事实：用后续数个段落来介绍哈佛经济资助计划（Harvard Financial Aid Initiative, HFAI）的"细枝末节"。它使得上哈佛的经济负担比许多公立大学都要小。

解读：我们在学生资助上砸下重金，我们的校友很可能比别的校友更乐于慷慨解囊——这得益于他们在哈佛所经历的那段毋庸置疑的美好体验。如果在哈佛，家境贫寒、天资聪颖的孩子上大学压根儿不花钱，那我们怎么可能会是所谓的社会经济精英主义呢？我们想反驳说明一个已然在您心中根深蒂固的观念：从媒体与公众视角看来，家庭社会经济背景占优势的学生在哈佛录取时拥有特权。

事实：文中扼要提及申请人整体——不是被录取的学生整体哦——SAT分数分布；其具体表现方式为：描述SAT考试的三个部分各有多少人分数在700分及以上。有3400名学生是自己班级里的第一名。

解读：将SAT成绩有意识地处理，表达成广义信息，政治上非常正确①。人们显然更在意录取学生的SAT平均分，而非全部申请人中高于特定分数的百分比；但哈佛很清楚给出精确的分数信息无异于玩火，因此只是吊吊大家的胃口。此外，由于只有2023名学生获准入学（实际报到人数约1600人），那么至少

---

① "politically correct"隐含着避免冒犯处于不利地位者之意。

有高达1377名曾在中学班级拔得头筹的学生惨遭拒绝——这个实际数目很可能更高，因为哈佛必定录取了在班里不排第一的学生（我确知这一点，我自己就有哈佛同学以前不是班里的"状元"）。这里边所蕴含着的潜台词是：读书聪明不过是最低标准，而非成为哈佛学生的决定性标准。

事实：接下来的四段文字论述了申请者的非学术成就，以及哈佛如何重视评估学业优秀以外的各种卓越。

解读：哈佛的职责是培养未来的领袖，而不是"一根筋"的"书虫"。哈佛想让你明白，你必须"面面俱到"：中学成绩等级、SAT考分、领导力、个人品性。

事实：再往后的十个段落勾勒出哈佛招徕学生——尤其突出少数族裔学生与来自弱势家庭的学生——申请本校的流程轮廓。

解读：哈佛希望大家知道，为了让学生群体多样化，我们付出了多少艰辛的"台下功"。看看我们怎样把大量的资源与精力奉献给少数族裔和弱势家庭学生吧！我们如此费尽心力地向一切英才张开双臂，不管他们来自何种背景；倘若还把我们称为"精英主义者"，那就真是太不公平啦。

在哈佛这篇关于招生录取与学生人口特征统计的官方说明里，您能从字里行间发现，校方满足——只是点到为止地满足——利益相关群体好奇心的同时，也非常在意自己的形象。这所大学深知，不提供自己学生的信息会招来更多质疑，引得流言四起；而如果它按照自己的口径发布信息，至少可以在某种程度上引导一下对话。

要不要防"民"之口？

无论如何，这儿还有另一个招生录取的数据来源呢，那就是非官方的《哈佛深红报》(*The Harvard Crimson*)。尽管该报2013年的新生年度调查并非每名学生都完成了答题，也未对调查的自选择偏差加以调整，却囊括了近80%的新一届大一学生。它提供的信息也许比你想知道的还多：学生的性别、种族、家里的排行、中学类型（公立、私立、在家上学等）、社区类型（农村、城市、郊区）。然后还有关于招生录取的数据呢：学生自己报告的平均GPA（3.94，有54%的学生称自己拿的是满分4.0[①]）、SAT平均成绩（2237分，考试满分为2400分）、不同种族的SAT平均分（"桂冠"归于亚裔、印度裔与白人学生）、不同家庭收入层次的SAT平均分（家庭收入越高，分数也益加趋高）、不同性别的SAT平均分（女性总分较高，其中写作与批判性阅读分数较高，数学较低）、谁使用过个人招生咨询（家庭收入越高，可能性就越大）。此外，19%的学生坦言，哈佛并非他们的心中首选。

作为非官方的数据，《哈佛深红报》的报道既不囿于校方的

[①] 此处可能会误导读者，因为有些学校允许根据课程难度来对GPA进行"加权"。例如，大学预修课程（advanced placement course）的GPA最高可能达到4.5，而常规课程可能只有4.0。

正式话语体系，也不会为媒体所引用。由于缺乏严谨性，它不该被用来作一些随随便便的判断；它的角色是补充官方的数据图景，并为其提供更多的视角。哈佛并不会千方百计去压制这一"民间"声音，因为它理解官方与非官方数据所扮演的角色，以及利益相关群体可能对不同来源的信息作出何种反应。

虽说我们在此观察的主要是哈佛的数据呈现，但它绝不是一个例外。许许多多的大学都发布关于招生录取与学生人口特征统计的数据，以满足利益相关方需求，回应不实负面猜测，同时强化正面观点。不管怎么说，大学的确拥有很强的数据表达力量，正如哈佛在网站上和对媒体展示数据时那种巧妙的做法。在哈佛，数据是大学认同及其形象投射必不可缺的一部分——它是外面世界了解大学与这所大学在"同侪"中所处位置的镜头之一。由于外面世界往往可能错误解读、归纳这些数据，因此大学如何有目的、有担当地表现它们显得尤为重要。

（罗惠文　译）

培养篇

入校为增长智慧

大学的博雅教育不"制造"人的行为与性格。确切地说,它提供机会,创造环境和氛围来鼓励学生彼此学习,通过与同学、大学、外部世界的接触,获得完全的发展与健康的成长。

"校友"意识来源于大学培养

哈佛毕业后近五年时间里,我有机会在三个国家、四座城市做了五份完全不同的工作。每份工作有独特的职场文化,有一群不同的同事;每座城市都呈现出其多样性及各色人群,给我诸多机会观察不同高等教育背景的人,并和他们打交道。我发现,高度重视博雅教育的大学(通常是私立精英大学)出来的毕业生,有着最强的荣誉感和校友社群意识。这并非基于母校的体育声誉(顶尖的大学运动队通常在公立大学,其毕业生的荣誉感许多源于此),而是来自这四年里共同教育经历的巨大影响力。我们都知道,正因为和这许多有"共同语言"的人一起成长,我们在见识、抱负、理智等各方面都得到了明显的提升。在这里,我感受到一种同志之情,有人也许会贴上"精英主义"的标签,但真实情况是，这比"阶层分类"要复杂和人性化得多。

　　为什么呢？究竟什么是好的博雅教育，促成了如此隽永而又全面的个人发展与成长？首先得将这个问题换个提法：如哈佛一类的博雅教育大学，是如何找到并培养学生展露出其个性品质、智力天性以及其他积极与成功品性的？

没有学生，哈佛啥也不是

　　哈佛严格的招生录取程序预选了这样的学生——他们已经在一定轨道上，已具备一定的自信与品质，并因个性使然已形塑了自身"命运"（或者在某些情形下，乃因爹妈的钱财和校友身分使然，但这是少数）。哈佛不是智力皮格马利翁（Intellectual Pygmalion）[1]，凭空创造出卓越的品质与个性——它激发和完善

---

[1] 皮格马利翁是希腊神话中的塞浦路斯国王。他用神奇的技艺雕刻了一座美丽的象牙少女像，把全部的精力、热情、爱恋都赋予了这座雕像，使得雕像最后获得了生命，与其结为夫妻。

皮马利翁效应：教育心理学用"皮格马利翁效应"比喻教师对学生的期待不同，对他们施加的方法不同，学生受到的影响也不一样。美国心理学家罗森塔尔（Robert Rosenthal）等曾进行了一项有趣的研究。他们先找到了一所学校，然后从校方得到全体学生的名单。他们随意抽取出几个人后，告诉校方通过测试发现这些学生有很高的天赋，只不过尚未在学习中表现出来。有趣的是，在学年末测试中，这些学生的学习成绩真的比其他学生高出很多。研究者认为这是由于教师期望的影响，教师认为这个学生是天才，因而寄予更大的期望，在上课时给予更多关注，通过各种方式向他传达"你很优秀"的信息；学生感受到教师的关注，受到激励，学习加倍努力，从而取得了好成绩。

了最初于招录过程中挑选的特质。

然而，18 岁的少男少女，他们所有的"成就"与才智仍然是一块璞玉。他们需要被教化、被鼓励，以发掘自身潜力。这是哈佛及所有精英博雅教育大学的教育使命：将聪明的青少年集合在一起，引导他们成长为为社会和世界进步与发展贡献才能及远见的年轻人。这不是三言两语说得清的。我们须把作为施教方的哈佛跟作为学生方的哈佛分离开来——我所学的有多少来自课堂、教授和学校里的其它机构？有多少来自同学？有多少来自二者的结合？

从新生踏足哈佛空旷的厅舍那一刻起，哈佛就在鼓励学生充分参与到课堂、课外活动、领导力培养中去。许多人以为哈佛龙争虎斗如火如荼，而当我告诉人们哈佛学生被鼓励在学业上精诚合作时，人们总是一脸的狐疑和不信。你在这里找不到互相抄袭作业，弄虚作假。取而代之的是，你可以看到每晚在新生食堂和 11 个高年级学生食堂坐在一起的同学们，或正在做经济学习题，或想搞清楚物理实验，或准备中文小品，或给同学补习数学。不错，我们是竞争激烈，但我们主要是和自己竞争，把自己推向"最好"，而非跟身边人明争暗斗。我从没见过有同学在小组学习中拒绝提供课堂笔记，或自己的见解、建议、集体作业的个人投入，也没见过有人拒绝帮助缺课的同学或者挣扎着想通过某门课程的同学。

我们被鼓励融入哈佛外面的世界，通过课外活动增强非学术知识与技能。哈佛的社区服务团体——布鲁克斯之家协会

（Phillips Brooks House Association）是数十个志愿者组织的家园，其活动包括辅导城市贫民区孩子学习，为华人移民提供公民课程，为卡特里娜飓风后的新奥尔良居民修建家园——这仅是列举数例。我们有在组织里成长的机会，正如我在华裔学生会中那样[1]，从做新生代表"起家"，两年后做到副主席。选举、政治、领导层更换，学生组织这个社会缩影对我吸收"真实生活"教益颇多。通过观察哈佛受欢迎和不受欢迎的学生领导，以及我个人的领导错误，我知道了好的领导意味着什么，差的领导又是什么。服务工作、海外的实习与工作经历不断地提醒我哈佛象牙塔外的生活是怎样的，提醒我需要通过成为更好的世界公民以贴近这个迅速变化的世界。和朋友们分享国外旅行，讨论见闻，从现实生活中吸取教益。我的同学们现在还在这样做，本科学习似乎还在继续。

在哈佛，影响我观点和举止的最大因素是我的朋友和同学。没有学生，哈佛这个机构啥也不是，尤其是如果没有本科生中盛行的互助学习、互相成长激励。我怎么可能不成长呢——在都是学生组织"头目"、以社交和热心肠闻名校园的五个室友包围之中（人们习惯称我们为"权力帮"，因为一度我们中的五个都是大型学生组织的领袖，其中一个在哈佛里颇有名气，全国性媒体还援引了她在我们宿舍里设计、印制的"厚颜无耻"的美国大选T恤）。我怎么可能不成长呢——与来自不同社会经济背景、

---

[1] 参见本书之《在哈佛发出领导之声》。

全美 50 个州以及数十个国家的同学相互影响和交朋友。这样的人群"拼布"原本容易散架，变成校内若干"小团体"，但在哈佛，我们想不从彼此身上学习都难，因为哈佛在大学生活的方方面面都将我们编织在一起：我们同在食堂就餐，在一起完成学习项目，还被鼓励在学校资助的社交活动一起娱乐休闲。学习与成长不只是在课堂。

大学应当追求的终极赞美

你瞧，大学的博雅教育不"制造"人的行为与性格。确切地说，它提供机会，创造环境和氛围来鼓励学生彼此学习，通过与同学、大学、外部世界的接触，获得完全的发展与健康的成长。当然，这一点也不削弱哈佛对我们长期的领导力教育——成为负责任的全球公民。哈佛的一道门上镌刻着："入校为增长智慧；离校为更好地服务你的国家与人民。"（Enter to grow in wisdom; Depart to better serve thy country and thy kind.）我们被如此教诲，也在哈佛毕业生社群中共享。离开哈佛校园很久很久，教育经历的强大力量还把我们作为校友绑定在一起。我们将奔逸、开放的思想，批判性的洞察力，独立的心智，对知识的渴求以及国际公民意识带入个人生活和工作中。

我们为什么以作为哈佛校友为傲？不是简单因为学位"显赫"，而是因为我们教育经历的丰富与深刻。一所大学苦心孤诣地给学生如此的体验，校友怎么可能忘怀？尽管在哈佛有那么多困难和挑战，我还是可以对你说，我永远不会忘记在那里的四年，不会放弃那段时间里建立起来的友谊与情感纽带。我默默地为作为一名哈佛毕业生而自豪，但不是因为它让我进入就业市场时贴了高价标签，不是因为它使得其他人敬畏我。我为成长为一个有强烈责任心、使命感、深明大义的人，成长为一个世界公民而自豪。我为成长为今天的自己而自豪。这是所有教育机构都应该努力获取的来自校友的终极赞美。

（罗惠文　译）

打造完美"新生年"：
哈佛新生支持体系

哈佛作为一所世界顶尖大学，它并不非得这样全力以赴，但它选择了全力以赴，因为它希望学生获得美好的入学体验、美好的大学经历，以及美好的校友回忆。

如今，现代科技、基础设施和社会的发展变迁，让来自美国最北面的阿拉斯加的人，也有可能跨越约5000英里的距离，到最南面的佛罗里达上大学。同样衡量标准下，在中国，"距离"理论上也不再成为一名云南西双版纳的学生去2000英里之外的北京接受高等教育的障碍。不过，在美国，构成大学新生群体多样性的因素，还要加上种族和社会经济背景。我绝不后悔曾在哈佛获得多姿多彩的生命历练，但我也承认，那种多样性可能让"大学"在背井离乡的学生们眼中更显得吓人。基于如此考虑，哈佛这样的大学会精心谨慎地为新生在课堂、宿舍、课外活动和个人生活中提供周到、丰富且富有支持性的第一年体验。其全面的支持体系早在学生踏足校园之前便已启动，并会持续"新生年"一整年。

联系新生，名校也赶早

我刚接受哈佛录取，在2007届中取得一席之地后，哈佛便开始把我纳入其"群落"麾下。电子邮件和纸质信件向我引荐了辅助做好大学入学准备的资源、可以读的书，以及学校专门为新生开辟的满是物品和事项清单的哈佛内部网站，还有最重要的——一张涉及多个方面的室友申请表。尽管哈佛是规模最大的常青藤大学之一，一届有约1700名本科生，它仍坚持以人工挑选的方式来为新生配搭室友。我们每个人都被要求填写一张好几页的申请表，问我们对如下问题的想法：能接受的噪音水平，学习习惯，睡眠习惯，生活习惯；我们是什么样的？想要多少位室友？感觉就像在接受FBI（美国联邦调查局）的访谈。除此之外，如果即将入校的新生父母愿意的话，可以写下自己对孩子的评价，帮助哈佛作出室友分配决定。我爸就写了一篇直言不讳的家长评介，谈了我不擅长的地方，也讲了我的独特之处，供新生主任办公室（Freshmen Dean's Office）了解我自己在室友申请中没有提及的一些情况。整个夏天，新生主任办公室花费了成百上千个小时来阅读每一份申请，把那些他们认为会彼此受益的学生凑到一起。这项工作就是"做媒"，它会影响到学生们大学头年体验的质量：糟糕的室友能让原本其他方面还不错的一年溃于蚁穴，好的室友可以让本身不那么出彩的一年可圈可点。

"新生周"不是闹着玩的

进了校园后，我立马又沦陷入另一轮精心设计的活动密集轰炸里。这些活动是学校用来帮助我从远在3000英里外华盛顿州的家向大学平稳过渡的。仅一周之后，我们这群大一新生便对整个哈佛校园了然于胸，习惯了新学校、新同学、新世界。我们认识了自己的舍监[①]（Residential Proctors），他们与我们在宿舍楼同吃同住，为我们在个人、学业问题上提供咨询。国际学生还会额外分配到一个接待家庭，它们是那些愿意向来自博茨瓦纳、南非、肯尼亚、法国、保加利亚、印度、中国、阿根廷、巴西以及来自世界任何角落的留学生敞开家门的哈佛毕业生家庭，这里成为这些男孩女孩的第二家园。我来自缅甸的朋友——维玛的接待家庭就非常"有爱"，每次她回"家"就能享用家常便饭，"家人们"在她艰难的调适期给予了支持和建议。直到距维玛毕业已时隔五年，距她第一次来到哈佛、来到美国已时隔十年的今天，他们之间的关系仍然非常紧密，隔三岔五就会联络。

哈佛也组织了一系列应对大学生活中一些微妙却又重要的问

[①] 哈佛学院的新生与高年级学生分住在不同住宿学院之中。新生舍院安排有高级舍学监（Senior Proctors，每幢两位）、学监和舍监，高年级舍院则以导师（Tutors）代替学监、舍监。当然，新生舍院除住在宿舍楼的学监外楼的舍监外，还有非住校顾问（Non-Residential Advisers），由教师团成员或行政管理人员担任，与学生一同探讨学术问题和感兴趣的其他问题。

题的研讨会和小组讨论。我们听了关于如何在夜里安全走回家，如何高效学习，如何合理安排膳食，以及如何在令人反感或有潜在危险的情况下跟异性打交道的演示讲座。每次演示之后，我们会结成小组，讨论学校所授方法的优劣所在，分享自己的心得与顾虑。不确定一个家伙自作多情纠缠滋扰你时怎么办？这里有五种选项和怎样报告给管理部门的办法。因学习而倍感精疲力竭？这里有八种减压方式和学习咨询处的联系信息，在那儿你可以好好跟专家们聊聊心中的焦虑。对从图书馆走回宿舍心存担忧？这里有免费校园陪护服务的电话号码。有点雷人的是，哈佛竟会像分发巧克力饼干一样向我们发布约会建议，这是我以前绝不会想到的。但我也为学校在新生向导（Orientation）期间帮助我们适应所做的努力而感动。哈佛作为一所世界顶尖大学，它并不非得这样全力以赴，但它选择了全力以赴，因为它想要学生获得美好的入学体验、美好的大学经历，以及美好的校友回忆。你不能在学生是新生时随便打发他们，等他们成为校友后再热烈"追求"——哈佛欣赏的理念是"不积跬步，无以至千里"。

结构性支持 + 社群支持

有些人可能以为，哈佛对新生的支持主要集中在新生向导的一周，可能还加上刚开学的前几周。实际上，这真的只是一段前奏，是特别为我们设计、延续整个"新生年"的结构性支持与社群支持的序曲。

你只需迈出第一步

在结构性支持方面,哈佛搭建了一个由顾问、院长、教授和课外活动团队构成的框架,以确保我们这些新生在诸多问题可能浮现之时能有一个给我们答案和帮助的体系。拿不准选什么课?问问你的舍监或者指定给你的新生学业顾问吧——他(她)可能是老师,也可能是研究生、行政管理者。为参加哪些活动、如何拓展社交圈犹豫不决?问问你的同侪顾问(Peer Advising Fellows)吧——他们是由新生主任办公室逐一人工挑选(并且付薪水!)来与舍监携手为新生每周的活动提供支持与建议的。跟室友有了矛盾?问问新生主任办公室吧——他们有同室友相处的锦囊妙计,或者在问题"严峻"时另行安排住宿的办法。爸爸(妈妈)失业,家里负担不起以往那么多学费了?问问经济资助办公室吧——他们可以帮你重新评估下学期的经济资助"礼包",以适应家庭经济状况的变化。从自助食堂收获的不断攀升的体重让你忧心忡忡?到大学健康服务处去征询些建议吧。学校让你压力山大,抑郁的想法涌上心头,又不好意思去大学心理健康服务处?匿名拨打同龄人心理健康咨询热线,听听伙伴们的意见吧……只要你愿意迈出第一步,这里就有新生们能够想得到的几乎所有问题的结构性解决方案。我可以说,一些规模更小的学校,尤其是文理学院,会更积极地向学生出击,会更多地对有问题的学生主动伸出援手。而哈佛一贯的态度是:"你需要自己采取主动来利用我们的资源。"那是多么丰富、慷慨的资源啊,无论是为学术、课外活动还是个人目的所需。哈佛的态度可能令一些人望而生畏,我则学会了去做比自己预想中更加随机应变、独立自主的人。

原来大学还是"社群"

除了对新生系统性、基础性的支持外,哈佛还提供了充足的社群建设资源。回想起来,融入社群的机会是哈佛在新生年及之后的时光里奉献给我们最非同凡响的礼物之一。我承认,高中时我所憧憬的大学,从未想过会是朋友的"群落"、学者的"团伙"、跟同学与校友的"关系网"。我只从学术意义上对大学有过联翩浮想——很多有名的教授、课程、专业和书籍。唯有如今回顾往事,我才真正意识到哈佛所给予的无限关怀,以在来自数十个国家、不同种族,来自富裕和弱势家庭、私立和公立学校、夏威夷和阿拉斯加(以及美国其他48个州)的约1700名学生间,创造出一种强烈的社群共同体意识。我们新生有如此之多仅为我们量身打造的活动,免去了高年级学生带来的干扰和复杂化。作为菜鸟,我们有不一样的学习步伐,不一样的调整节奏,在个人问题和学习问题上更加脆弱。我想,哈佛在把我们同更加老练世故的高年级学生全面"搅拌"到一起之前,为我们营造一个只有同届同学、能首先感觉自在的环境,绝对是正确的选择。

我们有一个"新生活动集市"(Freshman Activities Fair)。在"集市"上,高年级学生会耐心向我们解释自己社团的优势所在,我们新生则攒到一堆糖果和传单——这些是学长学姐为说服我们从400多个社团中选择加入他们社团而炮制的糖衣炮弹。许多社团有专为新生准备的岗位，其后他们可以在接下来的四年参与过程中沿"领袖之梯"拾阶而上——只要他们期望如此。譬如，华裔学生联合会有五名新生代表，他们是在演说后由同龄人选举而出。校报《哈佛深红报》有紧张忙碌的"码字"流程，学生们必须在特定截止日期前挥就一定数量的文章，以成为全职记者，或者招揽一定数量的广告，以加入商业团队。我们新生往往在自己参加的课外活动范围里，找到了高年级"导师"与朋友，由此自然而然地拓展了除同届新生之外的社交圈子。我们还有校内体育比赛、电影展映、歌舞比赛——这些都是专门针对新生的。然而，代表哈佛在社群建设上最高成就的不是某个人，不是某项活动，而是一个地方——安纳堡食堂（Annenberg Dining Hall）。

  一个食堂有什么特别的呢？你饿了，你去自助食堂，在那里吃东西，是吗？哈佛不仅仅是如此。安纳堡的功能不只是自助食堂。它是一口魔术坩埚，咕嘟着不期而遇的友情、悠闲的四小时午餐、新生舍院融汇之地的泡泡，在大理石半身像与沉甸甸的橡木餐桌间飞舞着骤然擦出的浪漫火花。游客们把它叫做"哈里·波特餐厅"，我也深以为然。不只是因为看起来相似，还因为对不寻常前景的预示。每次步入安纳堡，一种温暖的归属感，一份升华的责任心便向我扑来。穷工极态的木制镶板，两翼嵌着蒂芙尼彩色玻璃花窗的高耸的拱形穹顶，一排排长长的仿佛正向你发出邀请的共享餐桌，漾起光环的繁重的枝形吊灯。这个地方让人觉得魔力无穷。我们甚至有自己的"女巫"——神秘的、刀子嘴豆腐心的唐娜——她无论何时总在食堂现身,刷了二十多年的新生 ID 卡,喜欢蓝眼睛的男孩(难过的是,她 2009 年退休了)。所有这些,都是我们独有的,没有高年级学生来打扰我们平静却忙乱的新生社群建设。我想念那些久久拖着不散的"筵席",热闹的辩论和个人故事分享让薯条也被晾到了一边;想念怀着对自己舍院的极大自豪,穿着格里诺(Greenough)[①] T 恤衫在安纳堡的过道里上蹿下跳,高喊着"噢噢噢噢噢噢噢",逗乐数百名同学,引得他们以不绝于耳的各自舍院名字呼喊声作为回应;想念偷偷把安纳堡陶瓷的、银的餐具"顺"回我们舍院,如此便不必再自掏腰包置办行头;想念以自助食堂的橘子塞满背包,这样华裔学生联合会就能省出为中国新年宴会购买甜点的预算;想念将热气腾腾的晚餐打包装进纸盘,带给卧病在床、没力气走到安纳堡的朋友。那么多深刻的往事,镌刻入我的新生年回忆,我们所有人的回忆。哈佛给了我们安纳堡,进而给了我们生命中最美好的点滴时光。

学生体验是大学核心所在

我们常态化地被鼓励就大学第一年体验讲出自己的想法,给学校反馈。哈佛第一学期结束、第二学期结束时分别向我们发送过调查问卷:你喜欢新生向导吗?你对我们的咨询服务有何想

[①] 格里诺舍院是哈佛 17 座新生舍院之一,我就在这里度过了新生年。

法？你有什么建议帮助改进下一年度的新生工作？我认为我们的抱怨肯定还是有些效果的，因为我确实觉得如今新生享受的待遇比我们那时还要好，从哈佛得到了比当初还多的支持和"上门买卖"。虽然抱怨哈佛带给我们的新生年显得有些傻里傻气，但它确实正在日臻完善。我很高兴见到，尽管遭遇了财政赤字和经济低迷，哈佛还在继续提升学生体验——这正是大学本身的核心所在。我想不会有任何其他方式来成就世上最好的大学，它已经向其他高校树起了一面榜样的大旗。

哈佛绝非唯一一所提供独一无二新生体验和全面支持体系的大学。有财力的私立大学类似做法由来已久，并且越来越多的学校正在改进他们能提供的条件以增强竞争力。他们意识到，满意的、获得支持的新生更可能很好地进行调适，享受余下的大学时光，成为快乐的校友。尽管这看上去需要作出巨大的努力和付出高额投资，但恰恰是这样的投入会带来幸福的回报：得到良好支持的学生，最终是满载深情回忆的校友。任何大学的千里之行，都始于新生尝试性的足下。

（罗惠文　译）

我得全程惦记你！

关于大学为"新生年"所付出的努力，我们已经看到过长篇累牍的介绍；相较而言，后续的故事便有些"不为人知"了：大学又会为二年级学生做什么？大三学生呢？大四呢？

"大学体验"意味着什么

一个普遍的共识是：大学新生需要支持。入学教育（Orientation Programs）、学业导师（Academic Advisors）、社会活动——美国的大学把"新生体验"当真来做。在哈佛，大一貌似是最被"明目张胆"地支持、照顾与关怀的年级。新生有属于自己、高年级学生不能随意进来的宿舍楼；有舍院导师（Residential Advisors）、高年级顾问（Upperclassman Advisors）、学业导师；还有美轮美奂、庄严宏伟、镶饰着一排排蒂芙尼（Tiffany）[1]彩色玻璃的餐厅专供他们享用。这些初来乍到的新生

---

[1] 一间开设于1837年的著名美国珠宝和银饰公司，被称为"珠宝界的皇后"，1961年好莱坞巨星奥黛丽·赫本主演的风靡全球的电影——《蒂芙尼早餐》（*Breakfast at Tiffany's*）即以其为背景。

生活在一个亲密的圈子里，如同进入世外桃源，免受了高年级学生的"侵扰"，避开了外界的莫测风云；如此，新生相互之间以及跟哈佛之间能够建立起一种密切的关系，愉悦地实现大学生活的"软着陆"。在这个离毕业论文、就业仍有四年之遥的美好时节，焦点还在适应上。各种关于新生体验的著述可谓浩如烟海，相较而言，此后发生的故事往往"不为人知"，人们在心中画下一个个小小的问号：大学又会为二年级学生做什么呢？大三学生呢？大四呢？

在深究之前，且让我们先聊聊对于四年制大学而言，"大学经历"或者说"大学体验"意味着什么。你刚刚离开高中，带着对未来成为什么样的人、以后从事什么职业的憧憬（也或者压根儿一点想法没有）步入大学。大学就成为这样一条通道：它将青年人从相对狭隘的生活、偏重智力发展的经历，导向更为广博、深刻而且更具活力的生活与体验——至少希望如此；不然你投入四年宝贵的青春，砸进爹妈辛辛苦苦挣来的血汗钱，图个啥呢？也许，你也可以依靠大学被打造成一台赚钱机器，不过这又是另一场"口水战"的主题了，咱们可以找个时间下回分析。言归正传，那么，四年里要打造一名大学毕业生，必须施以什么样的魔法？

"新生年"这回事

大一时，新生面临的一切几乎都是全新的：新的城市、新的朋友、新的学校规章与体系、新的习性、新的价值观、新的作息、新的体型（如果你大一没长15磅肉，那你新生年就算白"混"啦）、新的恋情。"新"并不总代表"简单"或者"好"。也许你有一位总在地板上留下一溜儿饼干渣的室友；那是新的，让人心烦，但可能你并不知道如何去表达你的不满，因为你不曾与他人如此亲密"同居"过。也许你有四门很难的课程，参加了五种课外活动（新生总是活动过量），还打着一份工挣点零花钱；那是新的，但你究竟怎么管理好自己的时间，不把自己累垮、搞崩溃？并且哈佛有自己的一套规章、行为准则、流程，很可能跟你在家或在高中时大不一样。概括起来，新生年就是这么一回事：管理变化，适应新环境，学习如何筑起一条不断拓展自己心智边界而又不至"一失足成千古恨"的通途。于是，大学的角色便是提供能够启蒙、引导新生行为并且解决方方面面问题的支持；同时大学亦需确保新生适应校园文化，因为只有在新生感到怡然之时，他们才能够展现全部潜力，而非在被认为是充满敌对的环境中耗尽时间苦苦挣扎。

小心大二有"插曲"

到大二时，学生们已不再是小心翼翼伸出脚尖，在新奇环境里试探那不可预知的"水深"的"菜鸟"了。你知道图书馆里坐哪儿最安静；你知道食堂"墨西哥之夜"的墨西哥卷有多么难以下咽、牛油果酱有多么美味难挡；你知道逮住某某教授的最佳办法是下午4—5点跑去他办公室，因为那时他的办公时间刚刚结束，所有其他学生刚刚离开，而他还会多待一阵以防有人再"光顾"；你知道如果你因组织重要的社团活动奋战通宵，而致使一学期有那么几次没能在二百多人的大课上露脸，那不算世界末日。你不需要任何帮助了，对吗？也许并非如此。你可能已经熟悉了新生年的路数，但大二学年还有自己的独门挑战呢！在第二学期时，你需要找准一个主修方向（用哈佛的俚语来讲是"Concentration"），安定下来。你得好好计划计划余下大学时光的学业修习：上多少通识课，多少专业课，多少选修课。在课外活动方面，你要开始有所侧重、加强：哪个社团最能继续令你兴趣盎然？哪个社团可以为你提供锻炼领导力的机会？这一年，你刚搬进一座高年级舍院，你将和自己选择而不再是学校分配的人同住一个屋檐下。与大约70—100人规模的新生宿舍相比，你如今居住的舍院要大得多，每座舍院大约会容纳250—400名混杂其间的大二、大三、大四学生。不论是你的学业生活，还是你的个人生活，都会益加丰富多彩，也将愈显复杂多样。有些时候，你开始感觉到真的被压得喘不过气来，很难把握好个人生活、学习与课外活动之间的平衡。

  大学对于大二学生，不仅不能在支持上有所松懈，还需要进一步调整服务，以应对新形势。由研究生担任的驻楼导师及院系顾问提供学业上的意见；导师及其他舍院员工拼命帮二年级学生适应住宿生活，为他们提供大二小贴士，备好晚宴让这些新住客相互认识。舍院咨询服务、学业建议服务、心理健康服务，所有一切一如新生年的既往标准，继续定期宣传并为大二学生奉上。大学不应去假设学生到了大二就能自己摸清门路——他们也许已经搞定了入门级挑战，但大学生活是一趟冒险的旅程；二年级学生虽已算不得"初生牛犊"，却也不能说是"行家里手"，进入大二的你正试图在学校组织中找到属于自己的位置。这一阶段，会有学生决定，他/她需要休学一学期或一年；那么，哈佛由此也就需要做好准备去应对这样的"插曲"——你如何去为学生做咨询，引导他们作出正确的决策？休学的想法跟心理或学业压力有关吗？倘若有关，哈佛能做什么去解决此类问题？大学在大二学年可以做太多了。

大三，大学你跟上了吗？

大三按我们同学最常挂在嘴边的说法，是痛并快乐着的一年，珍藏着最艰难也最值得回忆的研习经历。你选择了自己的主修方向，上的不再是入门课程；你一头扎进各种资料中潜心钻研，班级规模变小，老师期望变高，看似永无止境的论文、习题一波波袭来，忙得你一塌糊涂；不仅如此，你还有从全球众多国家中挑选某国进行海外学习的机会；如果你规划得好，你已通过推选，坐上了一个或多个学生社团领导的交椅，在社团理事会里管理着数名新生和大二学生——他们唯你马首是瞻，而你还需要仰仗什么人呢？这个时候，也到了你得去思考大三学年结束后暑期安排的时节。大一那年的暑期是你真正可以开心玩乐的暑假，虽然你的同学中已有许多利用这个暑假去实习了；大二的暑期，则有很多人凭借海外学习或者无薪实习探索自己的兴趣；然而，大三的暑期就不能再"随随便便"，需要严阵以待了：如果你找到"对路"的实习，毕业后有可能拿到一份全职工作邀请，不必在接下来的一年里为求职而忧心忡忡。再加上，你可以在短时间内挣到一笔相当可观的"财富"，用以支持大四学年的社会活动，并且实习学到的所有技能都能让你在后续的应聘中更具竞争力，可谓好处多多。

此时此刻，大学的支持要达到新的高度，跟上复杂的咨询需求。学术上，教师与研究生顾问要引导学生找到甚至培育自己的兴趣与特长，并在这个前提下完成"羽翼丰满"的毕业论文。在这一年，学生们通常上着难度最大的课程，把日程安排绷得紧紧的，心理健康的警钟往往随之敲响。心理健康服务应当一如既往地跟上——据我所知，我有不少同学因个人生活和学业上的困难和压力，在大三学年都去拜会过心理咨询顾问。哈佛的职业服务从实用角度来看，必须开始扮演"戏份"更重的角色。新生年和大二学年时，职业服务办公室（Office of Career Services, OCS）一般还只是支持性的幕后角色；到了大三学年，OCS 便开始从幕后走向台前。OCS 为学生提供关于可能的职业发展路径的咨询建议，搭建起一个可供经过筛选的雇主招募实习生的在线申请系统，还组织模拟面试。国际教育办公室（Office of International Education, OIE）同样是大三学年的"台柱"之一：许多学生此时会选择海外学习，OIE 则为之提供咨询并协调全过程。

大四"巅峰决战"

大四又是另一番景象了。从某种意义上来看，它比大一、大二、大三要来得"简单"——你打出了自己的一套路数，有了朋友，有了支持系统；你知道需要帮助时去哪儿；你搞过社团，已经（可能）成了求职市场上的"面霸"，已经（也许）有了海外学习的经历；你熬过了太多的通宵，可能已经开始透支你的健康。除了这些，还有什么？很多很多。如果你打算毕业后直接就业，你就得找一份工作；如果你计划到研究生院深造，那么你就得参加考试，填写各种申请表。如果你课程规划得足够好，最难的课程应已被你甩在身后；但如果你"野心"更大，想拿荣誉学位[1]，或者选的是仅颁发荣誉学位的主修方向（Honors-

---

[1] 此处所说的"荣誉学位"（Honor Degrees）不同于平时所说的无需考试与论文答辩、授予对社会某个领域作出突出贡献的人士的"名誉学位"（Honorary Degrees）。事实上，哈佛学院为优秀的本科毕业生颁发拉丁文学位荣誉（Latin Honors）。它基于毕业生的整体表现，由文理学院向哈佛理事会推荐人选，是整个本科生级别或者说大学级别的荣誉，从低到高分为三个层次：优秀荣誉学位（Cum Laude）、优异荣誉学位（Magna Cum Laude）、最高荣誉学位（Summa Cum Laude）。此荣誉将标注在成绩单以及学位证书上，也会在毕业典礼上特别说明。此外，哈佛学院还为毕业生颁发英文荣誉（English Honors），即院系级别的荣誉，基于毕业生在主修领域里的杰出表现，由监管某个主修的学系、委员会、学院等授予，但通常仅注明在成绩单上，有别于此。

only Concentration）[1]，那你便要直面可怕的"猛兽"：动辄五十多页甚至上百页的毕业论文。这一年达到了大学学习生涯的写作巅峰，而它正是你所在主修专业评判你的晴雨表。咱们还别忘了——大四学年是你与最亲密的朋友及同学在超脱于世、仿若巴比伦空中花园似的神奇大学"桃源"共度的最后一年。

可以预见的是，这里随之而来的有大量为毕业论文写作服务的学术支持。除此以外，在大四学年的秋季 OCS 业务颇为繁忙，因为学生们如潮水般涌去注册模拟面试和礼仪课程。这些服务都是对前几年固有服务的延展。而为大四学生建构的社会架构就明显有所区别了。在哈佛，大四被作为是新生年的"全面升级补充版"来对待。鉴于大一被安排为帮助陌生人学会如何成为朋友，那大四学年便是帮助"朋党"发展成即便走出校园后也能维持终生的社群。如同新生年一般，大四也有专属本年级的多得不能再多的盛事，包括舞会、野餐、旅行。"大四"这个词闪耀着"权威""哈佛睿智"和"乐趣"这样的一圈圈光环。在我们的观念里，大四并不意味着艰难困苦、风雨波浪，而是迈出神圣哈佛殿堂、满载荣耀的出口。终于，哈佛校友会（Harvard Alumni Association）到学年末开始扮演更为重要的角色：注册应届毕业

---

[1] 哈佛本科一般有三种类型的主修：（1）荣誉主修（Honors Concentration），要求毕业论文；（2）非荣誉主修，不要求毕业论文，通常课程略少于荣誉主修；（3）混合主修（Joint Concentrations），即跨学科的混合主修，不等于"双专业"。选择三种不同类型主修的学生如果表现优异，达到荣誉学位的颁发标准，均有机会获得荣誉学位。

生在"post.harvard.edu"上的校友邮箱（人人都有！），鼓励他们后续加入校友俱乐部与兴趣小组，收集他们毕业后的联系信息以便跟校友们长期保持联络。哈佛的学生也许可以身体上离开哈佛，不过哈佛还想要他们的心永远同母校留在一起。

亲爱的读者，您已了解不只是新生才需要支持和搭建特别的计划架构。大学里的每一年都会带来一系列体验与挑战，它们应被大学管理者去深度探究、得其真谛并付诸相应的行动。假使岁岁年年均同样同质"对付"，那大学教育对个体及其理智的培养便沦为一句空话。如若年年岁岁皆相同，那又哪里来的成长，哪里来的个人疆域拓展呢？哈佛对个体成长的实现，基于四年连续的进程；它的每一年都是一个极其复杂紧凑的阶段，需要大学周到全面、不断调整的支持架构来服务于学生多种多样的需求。

（罗惠文　译）

暑假归来，重返校园

暑假如同两幕歌剧之间的间奏曲，引人入胜；但过渡之后，另一个崭新篇章已悄然揭开。此时，学生会遭遇些什么？大学又能做什么？

暑假之后：年年返校都不同

最近的某个周六，我在去往三里屯跟朋友们下馆子的路上，遇到一拨又一拨成群结队的海外大学生，他们簇拥在熙熙攘攘的街道上，我不得不略施小计穿越这一道道"人肉屏障"。暑假让世界各地的学生聚首北京，在两三个月的时间里去玩，去学习，以及（或者）去工作。我仿佛还记得不久之前的那些个夏天，我在国外跑来跑去，从校园紧凑的步伐中"解放"出来。我和同学们的每个暑假经历都各有千秋——有时是活动类型不同，有时是进展强度各异。有一年夏天，我在成都一间闷热难当的"蒸笼"教室里，给比我年长的 MBA 学生上英语课。另一个夏天，我跟来自中国内地、香港的学生，以及哈佛的同学一起，在香港大学做一个研究项目。本科的最后一个暑假，我优哉游哉地在巴黎穿大街、钻小巷，从令人"羡慕嫉妒恨"的毗邻埃菲尔铁塔的大本营出发，为一本旅行指南搜寻价位适合穷游者的最佳餐厅、酒吧和娱乐场所。尽管每个夏天都开始和结束于各种各样的情形之中，但接下来面临的前景却是同样的：重返校园。

平心而论，每次对校园的回归也都不尽相同。怎么可能相同呢？每年暑期的内在需求与我的个人经历都如此不同。如果你此刻正挠着头，心想：咦，难道不就是回到学校，接着上更多的课，直至毕业吗？那你可能就不够与时俱进了。就算你把高等教育设想成一座工厂，通过规范化、标准化的流水线，将各种未经雕琢的"原材料"加工成统一的产品，但各个生产阶段也不相同吧？鲜有什么成品是靠重复同一个程序生产出来的。也许如此类比未必贴切，但很易于理解。教育过程中的每一年，每一年的每一个学期，每一个学期的每一个月，都不会是一模一样的。你不能指望以大二的套路来应付大三，甚或不能把大四的招数直接搬至新生年；因为大学的每一年都是情感、个人、学术及专业成长的不同阶段。

大二：毫不意外的苦苦挣扎

不管你是在美国还是在中国上大学，新生年都是充满探索、新奇、奋斗还有决心（希望如此）的一年。秋天回到哈佛时，摆在我面前的是一个完全不同的学年之始。彼时我已经申明了自己的主修方向（东亚研究），上过丰富多彩、五花八门的课程，确定了自己的非主修学术兴趣（法语、艺术／文学），结交了一大帮朋友，涉足了名单足可拉出一长串的学生社团。你或许以为，既然我算是老手了，大二学年就会少一些压力吧？

可现实与"理想"差得很远。虽然我已经选择了主修方向，但我也决定了大二的秋季学期转换到心理学专业；这不仅意味着好多官方手续要办，也意味着两个学系为我而设的一系列"你确定你想这样做吗"学业咨询会成为必然①。对此，我可不是"个案"——我的许多同学都考虑并且真的在大二学年转换了主修方向。此外，大二也面临着专业课程强度的增大——虽不能说无忧无虑的体验期完全到头，可我们不再能随心所欲地选任何课程。还有职业方面的考虑呢——尽管离本科结束还有三年之遥，毕业后规划却已在视野中隐约浮出水面。最大的变化还是发生在社交和个人环境方面。我们不再像大一时那样只跟同年级的同学住在一起，而是迁进了各自分配的舍院，与大三、大四生们一块儿混居——新的室友，新的社群节奏，新的顾问，新的物理空间。此时此刻，我意识到，并不是所有友谊都能常青：有些朋友，一旦搬到距离较远的舍院，便不那么积极碰面了。新生年一腔激昂奔腾的热血，至此转化为了学习去调整和适应彻底不同的学业与个人节奏的挑战。毫不意外地，我和不少的同学都苦苦挣扎过：并不单单因为课程很难（尽管它们的确很难），当然也不因为人们

---

① 转专业，尽管在美国学生看来貌似面临一大堆"麻烦"事，可在中国上大学的人还是不禁要感叹：天哪！哈佛转专业也太容易了吧！即便有麻烦，那也是以学生自己为中心的一种甜蜜的"负担"啊。

从某种程度上变得不那么和善了（确切地说，是一旦认识大家的新鲜劲儿过去以后，他们开始完全地表达自我），而是有些时候，我们对于如何融合这些变化，以及对自己设定何种期望有些困惑和迷惘。

令人感到欣慰的是，我们的舍院导师一直在我们周围，建议我们怎样去规划自己的学习，关于职业要考虑些什么，以及如何摆平种种个人状况。我们也会去学习咨询中心（Bureau of Study Counsel）请教，什么样的主题都有，从学习习惯到学术追求，再到校园生活的平衡。如果需要，大学健康服务中心（University Health Services）心理健康处的大门也向我们敞开；我们的学生健康保险中，如同对身体进行的医疗检查一样，也包括了心理咨询。我有不少同学后来都坦承，自己在大二时经历了情感上和心理上的挣扎，曾经去寻求过专业的帮助。

大三：暂停学业是最好的决定？

勇敢地面对了大二学年，适应了新的步调，并且很可能已经在世界上某个地方花了一个暑期的时间去实习或研究或学习以后，我们回到学校，带着一种对现实苦乐参半的领悟：大学之路现在走完一半了。倘若你很爱大学，那你会感觉苦涩多一点；而如果你的大学时光并不那么美好，此刻甜蜜快乐便要多一些了。不管怎样，那个远远小小的点——"毕业规划"在视野里又近了一点。与此同时，课程越来越难了。入门课没了，你可以滥竽充数打瞌睡的大班讲座课少了，一旦阅读参考文献偷懒便能被教授逮个正着的小班研讨课多了。

据我的观察，最大的问题往往出现在大三，那时你会对自己选定且正在一头扎进去的方向产生一种不确定感甚至不满。我这样讲，不仅仅因为自己个人经历过这一切，也缘于每年都有相当数量的人在大三前夕选择休学一学期或者一年。有些人想获得多样化的工作体验与经历，以帮助自己聚焦大学究竟应该学什么；有些人想在减轻课程压力的情况下，探索可能带来学术重心转移的个人兴趣；还有些人不过是情感上被前两年压垮了，想退一步重新找到自己的焦点。大多数休学者共同的结论是：他们不想把宝贵的时间浪费在哈佛（是的，你没看错，浪——费——在——哈——佛！），暂别的日子有助于他们厘清自己的目标，使尚存的两年得到最大化利用。虽说休学的情况并不多见，过去也会受到重重劝阻；但在我上大学期间，尤其是近年，休学正在愈演愈烈。

哈佛如今鼓励心怀疑虑的学生往前冲，探索大学之外的世界——有时校方提供旅行和研究奖学金，甚至拓展学生健康保险的覆盖范围，打消学生对于潜在的经济负担方面的顾虑。我遇到的每个暂停过学业的人，都说这是他们在哈佛做过的最好决定。尽管我自己从未正式休学过，但我曾选择以到巴黎进行海外学习的方式来暂离哈佛。觉得自己在哈佛做过的最好决定是离开它一学期——这样想也许有些奇怪。之所以这样，是因为这段时光帮助我重新审视自己个人事务的轻重缓急与兴趣喜好，并且是在一个独立于他人想法的背景之下——我也有身不由己的时候。借此，我也学会了去欣赏我那宝贵却又"与世隔绝"的哈佛世界以外更为广阔的天地；这为我后来离开大学、自立门户作了很好的准备。

大四：压力最大的过渡

向大四学年的过渡，也许是本科阶段压力最大的一次过渡。在暑期实习或研究之后，学生们返回校园，摩拳擦掌地准备找工作或申请研究生院。许多公司为来年夏天的岗位进行招聘的时间是在这个秋季，研究生院的申请则是从秋季持续至翌年春天。假若你足够机灵，你会将大四秋季学期的课程安排得相对不那么严苛困难，但这个美好的愿望不一定总能实现。目睹如此场景是相当有趣的：一大帮子学生套着正装在校园里跑来跑去，有时还穿戴齐整地坐在教室中——像是对我们正在离开的一个下意识提醒。

在这个时节，来自校方的基础支持至关重要。职业服务办公室（Office of Career Services）挺身而出，火力全开：面试工作坊、职场礼仪工作坊、简历评鉴、咨询会，如果没有学校的职业咨询系统和基本架构我们该怎么办？它让我们不出校园就能参加很多工作面试，替我们省却了大把的时间和精力；令我们有可能知道需要做什么和如何去表现……所有一切都是免费的，并且整体而言质量绝对靠谱。我那时为面试唯一花过的钱是买一身两件套的西服裤装。

哈佛在另一关键领域里也颇为擅长：鼓励营造更加多姿多彩

的社交环境，让我们能够相互建立起深厚的友谊。大四的秋天踏进校园那一刻，我们便很清楚，在不到九个月的时间里，我们将分飞全国各地——哦，不，是全世界各地。这如同扣响了扳机，触发了一种紧迫感，对于尽可能多地与同窗好友共度余下时光的紧迫感；而哈佛，正是帮我们制造和渲染这种紧迫感的"同谋""帮凶"。大四，从很多方面来讲，是新生年的映像。专属大四学生的社交活动带来了更为强烈的社群意识，为我们创造了非比寻常、傻里傻气，有时还稀奇古怪的回忆。这些回忆等到我们不再能跳上一段楼梯去跟入了自己"法眼"的男生"摆龙门阵"时，或者闲晃到隔壁舍院去拜访最好的朋友时，显得那么难能可贵。把我的大四春季学期称作校园时光里最值得纪念的一学期绝不是随便说说的——那都是我作为远在他乡的校友一员，永将铭记的岁月印记。

毫无疑问，大学对于我和其他许多人而言，总体上是一个蜕变经历。这种蜕变非一日之功，也不基于一两个重大事件，而是几年来的日积月累。没有什么时候会比我每个秋天迈入校园的那一刻更能使我意识到，我已经学到了多少，还有多少仍在前路——以过往学期的经验武装自己，去迎接崭新环境的挑战。很高兴我的大学能够既提供新的东西来刺激我成长，同时也已准备好周详完备的基础架构去引导和支持我的旅程。

（罗惠文　译）

影响我成长的老师和课程：
在哈佛学"红楼梦"

为了选上心仪的紧俏课程，我进大学不久便对老师进行了登门拜访。一面之缘后，时隔六年，"我记得你"是老师在我自我介绍以后说的第一句话。"你大一时来过这里，你十岁左右就开始读《红楼梦》。是的，我记得我们的谈话。"

"实用"的课程 VS "想学"的课程

我的生活中，持续着一场关于"应该做什么"和"想做什么"的战争。上大学时，它表现为我"应该"选什么课和我"想"上什么课，进一步来说，就是我应该主修什么专业和我想学什么专业。"应该"，意味着人们对我的印象，有着家庭和社会的影响与压力。"想"，意味着我基于本能和自然意愿而渴望做的事。

大学第一年，我"汇编"了一张详尽的自己应该选的课程列表，包括经济学、政治学和其他实用性社会科学课程。然而，每次浏览课程目录时，我总被文学、历史、外语等各种人文课程所吸引。由于缺乏自己坚定的想法，那时还倾向于逆来顺受地听从更"厉害"的所谓权威，我听从他人来告诉我这些课程是"没用"和"不切实际"的。"学了19世纪英国文学的课程能有什么用呢？"然而，真的没用吗？（但除此以外，我怎样才能搔一搔对托马斯·哈代、艾米莉·勃朗特、简·奥斯汀的心头之痒，并且还拿到学分呢？）

在精疲力竭于选择所谓"实用"课程的间隙，我也去听了东亚研究系的课程，几乎其中的每门课程我都想学。"晚期帝制中国社会与文化"？是的。"东亚电影"？是的。"红楼梦研讨"？当我看到给新生提供这门研讨课时，我就知道我需要修读它，尽管我必须把它作为第五门课程加进去。这本经典著作的英文版本，是我成长过程中对我情感生活影响最大的文学作品。我能逐一复述出贾府用膳时的确切菜名。我能讲出其中盘结交错的家族关系，描述出每个丫鬟的性格特征。这令我近乎痴迷。我知道这部小说从头到尾的故事情节，但从来没机会系统地从学术角度去研究它。

与李教授的第一次"亲密接触"

我猜想每个人都想修这门课程，于是我拜访了这门课的教授以巩固自己的"选课地位"。这位教授叫李惠仪（Wai-yee Li），一位来自香港的朝气蓬勃的华裔中年教授，专门研究中国传统文学。还记得敲她办公室旧木门时的犹豫，那是我第一次自己去接近一位哈佛教授。我脑子里有关于哈佛教授的各种"狂野"猜想和模式化形象，其中大多是认为他们会很学术或令人生畏。李教授却绝不像我想的那样吓人。她休闲随意的长发、圆形的金属框架眼镜、温柔的眼睛、温和的举止很快消除了我的紧张。可能是太放松了,没几分钟我就迅速"供认"自己从11岁开始反复读这部小说,我从小就非常认同林黛玉,还能背出她的《葬花吟》。在接下来的20分钟里,李教授变成我的《红楼梦》心理学家,频频点头,以她柔和的声音向我提问,追根究底我对这部小说的激情和着迷。她向我保证,只要我愿意,将在春季学期(即第二学期)"红楼梦研讨"这门课程中获得一席之地。她的风度、仪态使我感受到一种温暖和被接纳,让我在一所有着6000多名卓越本科生的学校中,从觉得自己显然"不特别"到"特别"。

回想起来,我现在为当时对她讲的一些幼稚的话和个性的陈述而感到难为情,但李教授却绝没有一点儿认为我在浪费她的时间,或认为我只是一个愚笨的本科生。她表现出来的是,我所说的每句话都值得她聆听。离开她的办公室时,我为自己和哈佛教授进行了一场"真正的谈话"而感到轻松愉快,也兴奋地期盼着这门研讨课的开始。在哈佛艰难的第一学期,我把这门课程当作一个盼头。一旦我修读了这门课程,每件事都会变得更美好些,每个决定也都会作得更容易些。

不幸的是,我没能有机会在本科期间修读这门课程。那年春季,李教授遗憾地通知我,因为没有足够数量的学生对这门课感兴趣而无法开课(我原来认为"每个人"都会跳出来,抓住机会学习中国历史上最伟大的文学作品,这是一种多么愚蠢的想法)。那门课程原本会是我在哈佛第二学期可以预见的亮点,没有了它,其他所有事情都显得不那么有劲。我在一位中文讲和写都一样烂的教授那里修读了另一门中国文学课程,这门课难以置信地好。但我还是不禁会去想,如果是"红楼梦"课程会多么的美妙。后来,到大二时,我放弃了东亚研究,转而将心理学作为主修。我有时会想,如果当时修读了"红楼梦",或许事情会和现在不一样。我再没有和李教授说过话,努力使自己融入新的学习。

再续"红楼"情缘

当大三这门课程终于开课时,我却因为在巴黎学习而不能选课。本科时我最终没能去修读这门课。它渐渐从我的记忆中褪色,落入不断增长的"我想学"但因为觉得"不应该学"所以没有学的课程名单中。几年后,我上了哈佛的研究生院。因为不满足于教育学研究生院关于中国的专题课的缺乏,我跑到文理研究生院去注册选课。在网上"扫描"课程目录时,我看到了被自己长期遗忘的这门课程——"红楼梦及其背景研讨",虽然这一次它是作为其他专业的研究生课程列出来。我第一时间敲响了李教授的门。

"我记得你"是她在我自我介绍以后的第一句话。"你大一时来过这里,你十岁左右就开始读《红楼梦》。是的,我记得我们的谈话。"六年多以后,李教授几乎一点没变。同样的发式,也许多了些白发,同样的眼镜,同样的温柔的脸和温和的声音。当我向她表示为自己没有中国传统文学学术训练背景而担忧时,她平静地向我保证,这门课真正地向所有对它感兴趣的人开放,不管有什么样的经历和背景,每个人都可以带来他/她的新观点。

她说，有一些修读这门课的人是中国文学的研究学者，还有一位中国的访问学者是在大学里教《红楼梦》的。她的再次保证给了我不惧失败、学习这门课程的信心。

整个课程中，李教授保持着这种开放、不装腔作势、兼容并包的态度。每周四，我们聚集在一起，研读和讨论三小时《红楼梦》。我们讨论与它相关的一切——清朝的文学传统、曹雪芹悲剧的一生和家族史、佛教和道教对小说的影响，当然，还有贾家成员的家族和个人关系。刚开始时，作为唯一的非东亚研究系的研究生，我还怯于表达自己对这部小说的看法。但李教授却鼓励我讲出自己的观点。她"不经意"地宣布，我作为一个差不多是《红楼梦》终身读者的人，有自己独特的视角。

当我回顾这门课程时，我有着充满感激和温馨的回忆：李教授谦逊、理智地包容和引导着所有学生表达出自己的想法。她从来没有让我感受到，她是在我们之上的世界级的红楼梦和中国古典文学专家。她广博的知识表现在她如何"搭建"我们的对话，表现在她温和地向我们提出挑战性问题。当我写这门课程的期末论文时，我认为自己"不够格"而对写论文没有把握时，她就此和我谈话，耐心地听着我脑海里浮过的各种选题，并没有简单打发我或显现出不耐烦。

李教授的引导也改变了我对两位女主角——林黛玉和薛宝钗的看法，这也在一定程度上反映了我情感生活的成熟。我与李教授讨论时，我们反复讨论读者对两个角色提出的整体象征：她们互相代表着对方所没有的特质，并促使自己大量忠实的读者趋向于讨厌另一个角色。在李教授建议下,我仔细分析了这部作品和相关的文学评论,论文选题定在林黛玉和薛宝钗不同于模式化角色分类的、变化的、复杂的性格演进。不管这是不是李教授原本的打算,我意识到,通过我们的讨论和论文的写作,我理解了这些角色的复杂性,进而是人性的复杂性,这反映了我个人的成长,和我对这部小说理解的加深。

我们通过选读课程来学习,来增进我们对一些学科的理解。我们常把课程和学习作为通向一个结果的工具。"红楼梦研讨"课让我明白,最有效、最有力的课堂学习,是伴随着你的性格发展的。李教授具体展现了对这种旅程和时光的完美引导。我想起来时,有着难以置信的喜欢和感激——她不矫揉造作、温和的风度,以及她在这段非常学术和令人生畏的探索中所给予的个人接触。是她这样的教授和"红楼梦"这样的课程,给了我绝妙的博雅教育(Liberal Arts Education)。这原本是那些我想学而别人会认为没有用处的课程之一。没有人比你更清楚,什么样的课程会吸引你,会驱动你的天性;如果任何一门课程表现出符合这些标准,并且有利于你个人和认识的成长,那它绝不是无用的。学习一些机械技术是容易的,但对我们的生活和世界产生丰富多样的看法却是不容易的。这就是为什么现在我还记得并感受到"无用"的博雅教育和文科教授对我产生的冲击,并且在5年、10年、20年后还会继续记得并感受到这种影响的原因。

(罗惠文 译)

我的哈佛师父

我在斯通教授去世数年之后才能完全领略、欣赏他那独特非凡、精心周到的教学方式。于他，学习不是产生压力、为求胜人一筹的竞争性比赛，而是对与生俱来的好奇心和谦逊的训练。

这几年，源于对"痛并快乐着"式生活的更深领悟，我竭尽所能让自己少一些遗憾——那些若然浮现的本科往事便将以憧憬与愁思冲蚀内心的念头。但总有几件事，让我始终无法从悲伤中释然，其中一件便是对一位老师的怀念。这位老师在我初入大学时，尽最大努力与我建立友谊、指引我，并在我身上看到并发掘了我的潜力，而这潜力我自己在大学四年甚至之后似乎也未能觉察。这位老师，就是我大学时的心灵导师、已故的心理学教授——菲利普·J. 斯通（Philip J. Stone），一位积极心理学领域的先驱、革命性地将计算机引入社会科学的翘楚。

一门从不感觉自己差的课

与斯通教授相识，一半靠运气，一半与我顺其自然展开的学习生活经历有关。哈佛大学有为大一学生提供的小班新生研讨课，主题聚焦于人文学科的某个话题，课上每9～13名新生会与一位哈佛教师零距离互动。我们那时对此颇感兴奋，既因课程内容本身，同样也为即将如此接近学界名流。但问题是，由于每门课能够容纳的学生数是有限的，有些课往往超额吸引学生，因此，要参加具体的某门研讨课还得去申请。据学长们建议，为求稳吃，我们得申请三门研讨课。有些同学只申请著名教授的课，如当时的哈佛校长劳伦斯·萨默斯（Lawrence Summers）关于全球化的研讨课；对我而言，名气虽有吸引力，但合乎兴趣、从自己存疑的角度去研讨的课程主题更让人欲罢不能。

我的注意力落在"领导力概念变迁"的心理学研讨课上，任课教师是一位从没听说过的教授——菲利普·J.斯通教授。如今想来，我没听说过并不是因为他不出名，而是因为我对心理学实在无知，仅限于高中修过的一学期的入门课程，课上讲的全是弗洛伊德、巴甫洛夫、华生、荣格、马斯洛、罗杰斯，等等，诸如此类所有被奉祀于现代心理学万神殿、早已作古的人们。我当时甚至没到网上搜一下斯通教授的名字，所以并不知道他的确切背景。这也许是件好事，不然我多半会望而却步。那时只是他的研讨课主题——领导力概念变迁，以其跨学科、跨文化和社会心理学基础性内容吸引了我，这些也构成了课程框架。

我本没指望能挤进这门研讨课，我知道很多人也在申请这门有意思的课程，包括我的朋友蒂娜。但出于我后来才知道的原因，斯通教授把彼时不明就里的我、蒂娜和另外十名新生从七十多份申请里选拔进了他的研讨课。我既欣喜又紧张，因为我发现斯通教授原来是社会心理学的开拓者之一。在我想象力有限的脑海中，他应该是令人心生敬畏的"巨人"，威严、有力地左右课堂，课程内容精练。当我们十来个新生聚集在威廉·詹姆斯堂（哈佛心理学与社会学系的所在地）时，我琢磨着得多努力才能显得比别的同学聪明——基于我对蒂娜的了解，我确信自己可能不比在座的其他同学更优秀，甚至怀疑自己是否有资格跻身这间教室。

当斯通教授步入教室之际，房间里的气氛变得紧张不安起来，但他一旦开口便用一句轻松愉快的问候让我们小小地舒了一口气。他那张和蔼、显得心态开放的脸，立马传递出平易近人的感觉。斯通教授一定感觉到了我们的局促，于是顺着学生名单开起玩笑来，根据每个人的申请短文和背景进行个性化点评。轮到我时，他在桌子前打量了两圈，以一种搞笑的语调问："王可在哪呀？"（他叫的不是我现在的英文名 Kate Wang，而是我小时候的中文名 Ke Wang；Ke 的发音对大舌头的老外有些难度）。我永远也忘不了接下来的对话。

我：嗯……那应该是我吧。

斯通教授（看着手上有证件照的学生名单）：他们给错照片了吗？名单上的照片看起来完全不像你啊。

我（尴尬）：呃，我想是吧。我得重拍一张，我猜照片上头发是湿的……

斯通教授：哦，你本人看起来比照片好太多啦！

我：……谢谢……

斯通教授：那你就是写过一本书的女孩喽？太好了，我们研讨课会有许多需要你作贡献的地方。

我：好的，嗯，希望如此。

我既为糟糕的证件照难为情，同时也因斯通教授觉得我本尊还算拿得出手而甚感宽慰。提及书后，同学们投来的注视又让我心生几分恐惧。斯通教授会事先对我有着高期待吗？

很快事实证明，斯通教授对我们中的任何人都没有预设期望或先入为主的观念——我们来自美国各州（华盛顿、阿肯色、北卡罗来纳、威斯康星、加利福尼亚）和世界各国（保加利亚、韩国、斯里兰卡、加拿大）汇聚一堂，教育背景、文化环境多样，对哈佛岁月及将来设定的目标不尽相同。他从不假定我们会以某种固定的方式去认识或思考，而是不带评判性地了解我们答案背后的原因。斯通教授先前对我们研讨小组的成员进行过精挑细选，以确保每个人都是开放的、有好奇心的，而不是那种总想标新立异的自大狂。我在那堂课上从未有过"自己比别人差"的心理感受，不管大家在哪方面出现了争议，斯通教授总是巧妙地把话题引回发言亮点和基本的思维框架。他对他本人的假定也持批判态度，绝不宣称自己凌驾于我们之上。我到数年之后才能完全领略、欣赏他那独特非凡、精心周到的教学方式。于他，学习不是产生压力、为求胜人一筹的竞赛，而是对与生俱来的好奇心和谦逊的训练。他真诚地关爱我们，关心哈佛，关切高等教育的本真及原旨。

名教授竟然读了小丫头写的整本书

那时我还不太好意思跟老师们打交道，没想课堂之外能与斯通教授有更多接触。然而，我发现自己在课前课后都常跟他谈话，没有畏惧，没有不安。令我意外的是，他问我的书有没有英文版，尽管答案是"没有"，我还是把英语原稿给了他，没奢望他真能从头到尾看完。一个非常忙碌的教授去读一名17岁高中生漫无边际的絮叨，这多傻啊。因此，可以想象当斯通教授就我书中内容开始提出种种问题时，我有多么惊讶！他对一些细节很好奇，尤其是关于我对大学目的的看法。这种好奇不只是产生于了解事实或详情的需要，而是出于对我如何、为何这样去思考的真正兴趣。斯通教授的关注与亲切在我具有挑战性的"新生年"第一学期里，成为很大一个亮点。那一阵我取得的学习成绩不如高中时突出，正在竭力调整自己；尽管进入哈佛很高兴，但有时也如同迷失在浩瀚海洋中，觉得有些茫然失措。我充分利用每次机会与斯通教授谈话，包括邀请他参加师生晚宴，以便更多地与他一对一交流。有一次，我在街上偶然碰到他跟一位女性朋友在一起，他就向她介绍了我这名"先前提到过的学生"。那时我没意识到，正是这些小小的、贴心的细节，使斯通教授在哈佛教师中显得卓尔不群。蒂娜观察到，达到他那样高度的人，与我们相处时却如此低调和宽厚，着实与众不同。在大牌教授和商业上成功的教授云集、自我膨胀占主导的大学里，像菲利普·J. 斯通教授这样成就斐然而又谦虚的人，打着灯笼都难找。

研讨课结束后，我与斯通教授仍然保持着联系。在某一时刻，我产生了请他为自己高中时写的那本书重作一篇序言这一多少有些疯狂的想法。我满以为他会说："我很乐意，但我实在太忙了"，或者"我很想写，但我对你还不够了解"。出乎意料的是，他很"欣喜"地接受了写序言的邀请。我并没有抱太高的期望，哪怕只收到几段的礼节性短文对我来说已经足矣。再次出乎我意料的是，他精心挥就了长达 6 页的序言，探究了精英教育对一个人获取成功的能力、成长为领袖的影响。相对于闪亮的学术资历，他强调了与生俱来的好奇心和内驱力的重要性，并引用了他的研究发现——有越来越多的美国最成功的企业家和领袖来自常青藤联盟以外的地方，有着各式各样的教育背景。那时候，我对他道破关于精英教育的赤裸裸的真相颇觉怪异。如今再读那严密的论证，我发现基于近十年的心智演进和亲身经历，自己几乎赞同他所有的看法。他于 2004 年写下的观点，在今天看来仍旧是真理，其先见之明令人惊叹。他的文字正是自身行动的映射——没有成见、源自本身的好奇心和内驱力是在高等教育及后续阶段取得成功的最重要因素，而非一系列外部定义的限定条件，如踏入哈佛、耶鲁校门或者拿到满分。

一个令人震惊的消息

与斯通教授不期而遇之后，大一到大二的那段时间里，我一直被他的孜孜以求和体贴善良所触动。他的世界里似乎没有人为设定的范围，没有狭隘的界限。有一次，他带我去一家中式餐厅，在啤酒端上来后说："这个太棒啦！你喝过吗？尝一点试试……"有些人会把这看做举止失当，我却感激他不把我当孩子，而是当成与他平等的人来对待。在我的生活中，少有成年人给我以"平等"待遇，一位受人敬重的哈佛教授竟然是如此对我的第一人。可惜后来我越来越忙，加上斯通教授在我大三时学术休假①（Sabbatical），我们便不如之前那样沟通频繁了。但他对我仍然十分重要，在我决定于2006年春季学期到巴黎进行海外学习时，还在1月份给他写过邮件，看他能否在我离开美国前与我会面。在有些一反常态的简短回复里，他写道："希望你在巴黎度过一个美好的学期。"我对此感到困惑，但出发前的准备工作太多，就没往深处想。

那年2月初，我正逐渐适应新的巴黎生活时，一封来自哈佛心理学系的令人惊讶的邮件从我的邮箱里冒出来，遗憾地宣布了菲利普·J.斯通教授的逝世。我把这封邮件彻头彻尾读了两遍，以确认其真实性。至今还记得我在那间卧室的宁静与孤寂中泪如雨下，心里一直想着这不可能是真的，他刚给我写过邮件，才不到一个月。但事实如此。他经过长期的疾病煎熬后撒手人寰，对此我却一无所知。可是，直到他病床前的最后时光，依然一如往

---

① 美国的大学教员通常每7年可以全薪休整一年。这一制度最早于1880年由哈佛创立。

昔地周到体贴，还回复了我的电子邮件。

直到斯通教授去世，我才发现他对心理学有着难以置信的深远影响。他的个人成就与信息从未在学生面前大肆宣扬。他15岁进入芝加哥大学，23岁获得心理学博士学位之后，一直在哈佛任教。他是"首位发掘电脑与科技应用于研究的潜能的人"，一位哈佛教授这样评论斯通研发的软件系统。这一用于分析调查和问卷文本信息执行内容的软件系统，诞生于1960年代，那时这还是非常"激进"的。他曾作为盖洛普的资深专家，为美国及国外形形色色的客户提供咨询。我并不是唯一被他的亲切所感动的，他的同事、过去教过的学生普遍将他描述为一位多才多艺的人，谦谦有礼，博览群书，思想深邃。

至今遗留心间的遗憾是，我大一后没能从繁忙中抽身与斯通教授更多地联系。我自私地沉浸在自己的问题与生活中。而他，一个毋庸置疑远比我过去及将来都更忙的人，总是能为我腾出时间。稍感慰藉的是，斯通教授对我的教诲没有成为过眼云烟。自他去世到现在，我又将他为我的书写的序言[①]品读过三四遍，每次重读，它都以新的方式予我以教益，让我认识到自己拥有的最宝贵的财富——作为我职业与生活驱动力的不曾消逝的好奇心。尽管我所珍视的这些，不过是他遗产中的沧海一粟，但因其深刻的个人烙印，它们在我眼中比他的任何研究和著作都意味深长。

[①] 斯通教授作序的那本书后来尚未再版。我决定将它收入本书中，作为本书序言；因他的文字同此处主题更为相关。

我深深地感谢您,斯通教授,感谢您给我及所有您的学生的生活带来的那些仍在延续的触动。

(罗惠文　译)

体育教育≠体育课

美国大学居然没有体育课,未来栋梁的"身体本钱"如何保障?哈佛为校运动队专招的"特长生",竟然可以离队自便,只做一介"平民"。原来,弘扬体育不靠一声令下……

体育没有"必须"

"混迹"哈佛的那些日子,我努力不让自己留下"该做的没做"的遗憾。可如今还是不禁想,要是那时把学校慷慨提供的体育教育机会利用得再淋漓尽致些就好了。跟大多数高校一样,哈佛和它一条街上的邻居——麻省理工学院,都有意识地把体育活动融入学生生活中。有研究表明,锻炼身体与健康的生活方式能提高心智发挥(Mental Performance),影响情绪健康。"育智"的同时,也得通过健康饮食和定期锻炼来"育体"。

哈佛弘扬体育不靠"管它三七二十一"的一声令下,它只是提供了鼓励的环境、丰富的机会,到底该如何参与则由学生自己来决定。没有家长式的训诫,没有所谓的课程安排。就算是那些当初作为哈佛顶尖运动队新鲜血液而招进来的少数"特长生"(通常学业成绩要求低一点),也可以"放下功名",离开运动队,只做一介"平民"——一个普通的哈佛学生。在这里,有如此之多有组织、不拘形式的体育活动供学生选择:俱乐部运动(Club Sports)、校内运动、场馆健身、舞蹈社团,以及在哈佛园①大片郁郁葱葱的草地上或宿舍楼的庭院里自发组织的足球(Soccer)和棒球式足球②(Kickball)。其实,在体育活动方面,你想不占哈佛"便宜"都难,要避开它们可能还得费点儿心思。

"精英"俱乐部运动其实没门槛

前面说到的活动形式中,俱乐部运动是最"精英"的了,虽然它并不歧视谁。

"俱乐部运动"指的是那些未被各类大学体育联盟正式认定为全国比赛项目的运动。最风靡哈佛的俱乐部运动当属英式橄榄球③(Rugby)和极限飞盘(Ultimate Frisbee)④。

---

① 哈佛园是哈佛大学最有历史感的地方,主要是本科新生的憩息之地。
② 棒球式足球是20世纪上半叶产生于美国的一种场地团体运动。其规则与棒球相似,但以踢球代替了击棒,对儿童来说比棒球更为容易,因而在他们中间非常流行,所以也常被译作"儿童足球"。
③ 除开球、罚踢以及越位和得分判定规则略有不同外,英式橄榄球(Rugby)与美式足球(Football)的区别主要在于前者的运动员不穿护具,基本上采用足球运动员的服装,故称软式橄榄球;而美式足球由于运动员必须穿戴规定的服装和护具,故又称为硬式橄榄球。此外,美式足球比英式橄榄球略小,便于传球。
④ 极限飞盘是一种团队竞技运动,运动员通过各种战术方式的跑动、传递飞盘,让队友在得分区接盘得分。运动过程中不允许选手间进行身体接触。

在组织上，俱乐部运动和大学体育联盟比赛运动很像：有独立的男子和女子运动队，设有队长，与来自其他大学的运动队比赛，运动队接受校方的资助。在某些情况下，激烈程度不亚于大学体育联盟比赛——我第一次去看哈佛跟康奈尔大学的英式橄榄球比赛时，场上就有人断胳膊和脑震荡。俱乐部运动队的实力可以很雄厚，常出去跟附近大学打对抗赛。大体上，这种运动形式给那些中学时参加团体运动、但并非被学校招来打联盟比赛的学生，提供了参与有组织的体育活动的机会。不过，很多中学时并非"运动范儿"的学生，也可以加入俱乐部并自得其乐。它们没什么"选拔考试"，也没设什么入伙门槛。

校内运动联系同学情谊

下一水平层次的体育活动便是校内运动。它颇有各校特色，对强身健体和筑起同学间的友爱之情极富"神效"。

哈佛的校内运动包括各宿舍组织的男女混合运动队联赛。为公平起见，新生宿舍和高年级宿舍的比赛分开进行。尽管新生比赛由新生院长办公室监管，高年级比赛由高年级舍院办公室统率，但具体领导和协调由学生推动。记得我大一住在格里诺楼（Greenough Hall）时，一些热衷英式足球的同学就一个寝室一个寝室地敲门，以招募一些人，聘团伙或任何人，来组成球队参加校内比赛。

适度竞技的同时，这些新生校内比赛在大家眼中只是为了好玩，输赢都是浮云。由于哈佛有 17 幢新生宿舍，住了 1650 名新生，如果没有校内运动让大家汇集起来，他们中的许多人可能连一面之缘的机会都没有。12 个高年级宿舍间的比赛与此类似，只是竞争性会更强一些——每 12 个舍院里 3 个年级的"臭皮匠"，加起来自然能顶好多个"诸葛亮"。并且，校内运动增强了学生对宿舍的认同感，弘扬了舍院精神。这自然而然地发生在各运动队为所在舍院荣誉而奋战的过程中。

哈佛为学生进行非正式运动比赛提供了足够的设备和资源。事实上，校内运动中最流行的一项就是赛艇，而赛艇可不是一项便宜的运动！哈佛已经有备受赞誉、参加校际联赛的校赛艇队了，并为它配置了独立的装备；我们宿舍也有属于自己的赛艇队，也都配有各自的装备。有意思的是，我发现，同住艾略特楼（Eliot House）的楼友们，在那年艾略特舍住宿学院收获校内联赛冠军时，比哈佛校队打败耶鲁之时还要狂热！（哈佛和耶鲁是常青藤体育联盟中的一对死敌。）

照顾"懒人"的健身需求

对于不想参加集体运动的学生（像我啦），哈佛还提供了另一层面的锻炼机会：健身场馆。

噢，我知道中国和美国每所大学都有一座中心体育馆，所以这可能不算独到之处。哈佛的主体育馆——马尔金体育中心（Malkin Athletic Center, MAC）对所有哈佛学生（包括本科生和研究生）和员工开放。它不仅有游泳池和诸多器械健身房、有氧运动健身房，还提供免费运动辅导课程。可以想见的是，这里通常人满为患。

然而，哈佛提供的健身条件绝不会止于这唯一的中心体育馆。法学院、商学院和许多研究院都有自己的体育场馆，如果本科生想进去也是"来者不拒"的（实际上，法学院的体育馆相当奢华，我的许多本科同学都更喜欢去那儿锻炼）。除此以外，每幢高年级宿舍楼都有地下健身房。当然，它只是一个有几台跑步机和肌肉器械、一些哑铃与健身球的简单健身场所，但"地缘"上的便利性鼓舞了许多懒得离开温馨暖和的宿舍、不想步入刺骨严寒的波士顿冬日的学生参加健身。比如我，即便从艾略特楼到MAC仅需3分钟轻轻松松的慢跑，我常常还是懒得把自己拖出宿舍，而是替代性地选择在楼下健身房里锻炼一小会儿。

"舞"动体育

体育活动也通过课外活动和友情式即兴比赛[1]（Pick Up Games）与学生生活融为一体。晴空下一群学生在哈佛园里抛飞盘或踢足球的场景并不鲜见。朋友们自发地通过短信和电话邀

---

[1] 即兴比赛由学生即兴自发组织，事先没有任何计划，有空的人就可以参加，地点则可选在任何空间允许的地方。

约，把作业、自习暂时扔到一边，比比赛，聊聊天，享受一小时的"友情时光"。

你也可以参加舞蹈社团。哈佛最受欢迎的俱乐部之一就是交谊舞俱乐部。不管舞蹈基础如何，任何学生都可以加入，学习如何跳恰恰、探戈及多种类型的体育舞蹈，去跟其他学校比赛。我的一位朋友（主修数学）之前从未涉足舞池，进交谊舞俱乐部后，大四时竟然当上了舞蹈队队长！

对交谊舞起补充作用的，还有亚裔美国人舞蹈团（AADT）。它欢迎所有族裔的学生去学传统的亚洲舞蹈。此外，几乎每个文化俱乐部每年都会在校园里举行"文化秀"，其中会有大量精心编排的专题舞蹈。南亚协会办过流行的"脚铃舞秀"（Ghungroo），压轴戏在每年由上百名哈佛大四学生参与的毕业生脚铃集体舞（Senior Dance）。我曾和室友们一起参加这场毕业生集体舞表演。全宿舍谁也没有过跳过这种印度舞的经验，这场"群魔乱舞"成了我毕业那年最美好的回忆，因为我从未见过那么多同届同学聚集在一起，共同参加一场充满乐趣和同学情谊、进行文化探索的演出。我们学习了多种类型的印度舞，交了新朋友，也为上千位观众付出了很多个小时的台下功，流了好几桶汗水。

为什么要有体育教育？

在总结哈佛所提供的体育教育的过程中，我开始意识到体育锻炼在哈佛所扮演的微妙而重要的角色。我们从没被要求去上体育课，但时刻被形形色色的体育活动所包围：竞技运动、休闲运动、个人健身、课外舞蹈。我甚至觉得，学生组织的正式和非正式的舞会也是运动机会——华裔学生联合会"混搭"舞会期间，在一张饭桌上狂扭的舞或许是我整个哈佛岁月里做过的最剧烈的运动！

高强度运动是我在哈佛的同学们高强度体验的自然延伸。为了成功地平衡伴随课程与社团活动而来的紧张、保持充沛精力、做一个兴趣广泛、全面发展的学生，身体健康对我们至关重要。没有足够强健的身体，我和朋友们就无法做到所说的这一切。除却课堂上学到的东西、课外获得的领导能力，我也认识到了运动作为一种生活方式的重要性。可能道义上大学并没有提供"体育"的责任，但我相信，鼓励健康的生活方式，在这个消费方式正误导人们的世界里，正在变得愈加重要。身体是我们维持心智活动的本钱。强健身体，也滋养心灵。

（罗惠文　译）

选专业的艺术与科学

哈佛不会告诉你该做什么，因为它认为你应该足够聪明去为自己做打算。回头看看，最快乐、在专业上最成功的人，是那些听从自己的兴趣与爱好，而非听从别人"认为"的人。

专业志愿填报原来只是"走过场"

从前，在一个很远很远的地方，有一位雨季少女面临着一个艰难的抉择。在一所极其重要的大学申请表上，有一个看似无伤大雅的问题："你的意向科目是什么？"这位在中华民族优良传统中成长起来、坚信"一言九鼎"的女孩，理所当然地认为每个人都得对自己在一张申请表上填过的不管什么专业负责；她眉头深锁，忧心忡忡：倘若有朝一日被哈佛录取（虽然美梦成真的可能性并不算大——至少女孩自以为如此），会不会为眼下17岁脑子里"灵光一闪"的"胡思乱想"所困呢？她之前一直憧憬当救死扶伤的医生，近来却意识到自己或许意不在此。但苦于高中阶段所做的几乎每件事都是朝着"成为M.D."（医学博士）这一终极目标进发，女孩为保险起见，最后写下了"生物"二字。假使她真能有幸获得哈佛的青睐，那无论学哪个专业，也都该心存感激了，对吧？

这个女孩便是我，17 岁的我。

那时，我并不知道，"意向科目"一栏填什么其实压根儿就不重要。这不过是哈佛拿来作为统计之用，目的是为了向世界展示也让本校了解即将到来的这届新生的整体学术兴趣。不管怎么说，我后来从没被哈佛行政人员穷追猛打，要我兑现当初学习生物的"承诺"；所以，我只能假定这个选项对我产生的影响微乎其微。

踏进哈佛园后，我渐渐认识到，原来自己高中时的惶恐纯属杞人忧天。首先，我们没有"专业"这么一说。我们有的是"concentrations"（这是哈佛对"专业"的说法，意为"主修的学习领域"）。其次，我不仅不必去学生物专业，甚至直到新生年结束，也没人逼我去选个主修方向。不过现在回想起来，跟如今的哈佛学生相比，其实我还算亏的呢！他们等到大二学年中期才需要对自己主修什么领域向哈佛打个招呼；而斯坦福和耶鲁的学生呢，则会待到大三学年初时才决定自己主修哪个方向。多么"高端大气上档次"！难道你不这样认为吗？

专业统统不喜欢？自己打造一个！

且让我们倒带回几百年前。

哈佛。

17 世纪。

你是一名 15 岁的男孩——有人这时要问了：为什么不是女孩呢？对不起，哈佛那时一概不招女生——出身于很好的家庭，被送到这所新学院接受高等教育。你毕业以后，可能会成为牧师，如同当初令哈佛得名的那位哈佛先生①一样。你学的是什么呢？噢，等一等！学院只有一个主修方向：历史与文学！在接下来的两百年里，哈佛男生（终于，后来有了拉德克利夫②女生）仍然只能在有限的范围里选择。最终在 20 世纪早期，阿伯特·劳伦斯·洛厄尔（Abbott Lawrence Lowell）校长明确地提出，一个"受过良好教育的人，须得是广泛涉猎、术有专攻"（A well-educated man must know a little bit of everything and one thing well）。这一理念自然是现今博雅教育（或者说"自由教育"）背后的不二法则：培养全面发展的人乃其宗旨所在。

今天的哈佛学院，有超过 40 个主修方向、3900 门不同的课程。难以置信，真的。我到底要如何从 40 种高中从未修习过的可能方向里作出选择呢？非洲人与非裔美国人研究，环境科学与

---

① 约翰·哈佛（John Harvard）是一名来自英格兰的牧师，1638 年因病去世。临死前，他立遗嘱将自己一半的财产（约值 780 英镑）和所有的图书（约 400 本）捐赠给河对岸那所新成立的学院，成为该学院成立以来接受的最大一笔捐款。为表示感谢，校方决定将这所尚未正式命名的学院命名为哈佛学院。

② 拉德克利夫学院（Radcliffe College）是一所建立于 1879 年的女子文理学院，为美国七姐妹学院之一。它在成立之初便由哈佛教师授课，相当于哈佛的附属女子学院。从 1963 年起，拉德克利夫授予毕业生哈佛-拉德克利夫联合文凭；1977 年与哈佛签署正式合并协议；1999 年正式成为哈佛大学的拉德克利夫高等研究院。

公共政策，宗教比较研究，女性、性别与性研究……再加上，主修之外，我还面临着辅修（Secondary Field）的种种选项。噢，如果这些不知何故还不能撩得我心里痒痒，我手中还握有一种选择——给自己创造一个特别的主修方向！想研究信心在医疗中所扮演的角色？请自己设计个性化主修（Special Concentration）。想探究城市规划对公众健康的影响？请自己设计个性化主修。如果我，噢，等一等！想知道修辞与表现怎样形成了个性化叙述手法呢？请选择个性化主修。把这些无穷无尽的选项一一罗列出来的举动，再次唤醒了我内心的压迫感与兴奋之情。

选专业前的练兵：选课

好在学校向我们宣传这么多选择时，将其梳理纳入了一定的框架之中。哈佛要提供奢侈的多元选择，它同时就要提供一个实用的"选择导航"。

从沟通、思考课程选择的第一天起，我们便被鼓励进行探索。课程的配搭无所谓对错，我们以开放的心态去着手选课进而选"专业"。"什么类型的课程都去'血拼'一下，"我们被如是告知，"哪怕是那些看上去和既往学业八竿子也打不着的课。"我们的顾问就曾说过，你很难预料最后到底是什么会让你真正乐在其中。此言不虚。我知道有位对人类学兴趣浓厚的同学，"逛"了一遭艺术史课堂后，决意认为后者才是命运对他的召唤。还有本来在考虑主修化学的同学，后来发现她自己真正更感兴趣的原来是科学史。

当然，选择"实用课程"的压力并不是没有。我数不过来有多少华裔孩子被父母游说去选经济、数学、生物类课程。我们第一学期一共只能选四门课；如果做听父母话的乖孩子，那可以自己做主、自由选择的课，便仅剩下一门了。即便如此，孩子们到那时还会听到父母"选点'有用'的课"的劝导。只不过，亲爱的爹妈们不知道的是，诸如此类的"实用性"入门课程是规模最大、最商业化的。数以百计的学生济济一堂，像哈佛"经济学入门"就足有900人！（这不是开玩笑。）你跟授课的教授基本上就是陌生人。有些助教还不错，有些就不那么好了。去上这样的课，你还真不如就在网上看看在线讲座视频（而这事实上正是最后半数选了此类课程的学生所干的"勾当"）。你在课堂上就是一个"无名小卒"。有些人喜欢这种"隐姓埋名"的生活，但并非人人如此。亲爱的爸妈，你们付学费总不是为了方便我们"翘课"，为了让我们看讲座视频吧？

职业目标与兴趣：鱼和熊掌可以兼得

有人认为，我们应该通过学习工科等具体实际的科目，来略表进入名校的感恩之情。但在我看来，为什么要浪费"十年寒窗"才挣来的名校就读机会，去学习别人让你学的专业呢？简直是暴殄天物。哈佛、耶鲁、斯坦福之流的大学，其绝妙之处就在于你可以放开胆子研修任何你喜欢的领域，不论你学了啥，名校毕业后都能找到一份很棒的工作，都能获得职业发展，对社会作出贡献。你想做医生但爱好文学？那好，你可以主修文学，同时按照医学预科的要求作好准备。你也许得多下些功夫，但为了追逐自己的梦想，那些付出也不算什么，也都是值得的，对吧？你想从事金融业但喜欢物理？那好，你可以主修物理，同时也去选修一系列经济学课程。在哈佛，不是你要么修读实用的学科，要么就浪费四年光阴在某个注定无法找到好工作的特殊兴趣上——这不是一种"非黑即白"的情况。你完全可以"鱼"和"熊掌"兼得，但你得有策略、够聪明并且独立自主，才能两全其美。

选择主修的专业方向，需要的并不仅仅是对这门学科的激情，还需要与课程、教授、自己与学科要求的匹配情况以及如何学习结合起来考虑。有些专业需要修读的课程远远多于其他专业，那么在你的主修以外还追寻许多其他领域的学术兴趣就不是一个好主意了；有些专业的学生很少，如果你正好渴望老师的一对一关注，那么就再好不过了；有些专业需要写论文，如果你加入了运动队，或者计划着丰富多彩的课外生活，那么你在论文问题上或许就需要点弹性空间了。选专业的过程，是批判性思维的一次实际操练，也是一次创造性的探索。它既是一门艺术，也是一门科学。"血拼"课程时，你需要广撒网。你聆听那些吸引你的课以后，还得基于自己认为重要的变量，分析体验过的一段段课堂经历。哈佛不会告诉你做什么，因为它认为你应该足够聪明去为自己做打算。回头看看，最快乐、在专业上最成功的人，是那些听从自己的兴趣与爱好，而非听从别人"认为"的人。

犯错也没什么大不了的。你择定主修方向以后，在任何节点还可以再换，只要毕业前能达到学术要求就行。许多同学都换过"专业"，哈佛也没太难为他们，它理解人的兴趣会发生改变。转专业时，你需要做的仅仅是和学业顾问聊一聊，向原来的院系提交些文件，再向新的院系提交些文件。我有一位同学，直到大三学年结束时，还在学习生物医学工程。那时他只剩三门必修课程了，但由于太讨厌自己的专业，在大四时转去主修应用数学与经济学。当然，这位同学在其他人开始偷奸耍滑地挑一些好糊弄的课来上时，不得不坐在经济学与数学的课堂里学习所有课程；但这是他个人的选择，他自己承担了匆匆赶上课业进度的后果。作出艰难的抉择，并且坚持不渝，这也是长大成人的一部分。

毕业后的这些年来，我逐渐意识到，能够自己选专业是多么幸运。与此同时，我也开始明白，我对此的感激之情还远远不够。我自己作出了学习心理学的决定，但这是出于它可能使我在"别人"眼里比较风光，以及让我的简历更加漂亮的原因，而不是源自内心真正的喜爱。倘若我更有勇气，更加独立，相信我自己，坚持我的兴趣，我会选择"东亚研究"或者"浪漫语言与文学"。对获得在哈佛就读的机会的感恩，并不表现为去做别人期望你做的事，而是足够勇敢去做你自己期望做的事。

（罗惠文　译）

哈佛选课红宝书

神秘哈佛选课宝典浮出水面。这部被学生们爱死了的指南，其实不只对学生有用，校方也受益匪浅。

在哈佛求学的日子充满乐趣；我最爱的欢乐时光之一，便是每学期初的选课时分。"选课让我乐在其中"——这听上去也许有些矫情、令人无法理解，因为对美国以外的许多地方、许多人来讲，选课的一个显著"特征"就是可选择空间"狭小"，而不是"广袤"。但哈佛卓尔不凡之处——即便与众多美国高校相比——正在于其灵活性及允准学生自主选课的方式。

选课＝"血拼"

在哈佛，每名本科生均须修满 32 门课程才能毕业；换言之，或者说在为时 4 年或以上的共 8 学期里，每学期要学 4 门课。而在这 32 门课程中，按规定得有 12 到 16 门在主修 "concentration" 范围内，具体多少门取决于所在院系以及你所选择的学术轨道——荣誉学位和（或者）论文学轨（thesis track）通常有更高的课程要求。我本科时主修的心理学常规学轨就只要求修习 12 门，但由于我还有拿一个法语专业"证书"（Citation，类似于"辅修专业"）①的"野心"，就还得在罗曼语言及文学系上 4 门课。除此之外，那时所有本科生都必须在核心课程（Core Curriculum）②中选修 7 门。

所谓"核心课程"，就是涵盖 11 个研究领域的一组课程，旨在拓展我们的学术视野，以免成为局限在自己专业里的井底之蛙。从哈佛提供的长长的待选课程名单中，我们总能"挑三拣四"找出符合学业要求的课程；从这个角度来说，即便是"要求"，也并未限制选择。至于剩下的 9 门课程，我就可以从哈佛学院的 30 多个系，甚至从一些研究生院的课里随便挑啦。哎哟，我的天！把这些历数出来真让我有些头昏脑涨，何况我还真不认为自己洞若观火地了解哈佛学生究竟拥有多大自由度去构建课程学习。

说回选课这个话题。您可以想象，每学期从数百种可能性中筛出四五个填补进选课名单里，这还是相当令人望而生畏的。我一考完前一学期的期末考试，就会根据下学期的学业要求和个人

---

① "citation"，与"辅修"（minor）概念相关，是哈佛独特的表明接受过进阶外语训练的一种认证："对外语的进阶训练是通识教育中有价值的组成部分；它允许了学生使用另一种语言进行文化交流、研究与工作。"

② 哈佛后来以"通识教育计划"（Program in General Education）取代了核心课程："新的通识教育计划致力于寻求一条明确的途径，将学生从哈佛课堂所学与常青藤墙外及大学之外的生活打通。通识课程所授的内容是其他课程内容的延续，但方式不同。这些课程的目标不是把学生们拖进某个学科，而是将各种学科带进学生的生活。通识教育计划引导大学里的学生们走近各种学科重要问题与技能，也把文艺、科学和学生们面临的 21 世纪世界及离校后的生活连接起来。"

兴趣，立马跑到网上浏览各个院系的供选课程名单。我会花上数小时的时间去阅读课程描述，再在接下来的数小时里琢磨可以"血拼"哪些课程。

啊，是的，哈佛学生被允许"血拼"课程！更确切地说，每逢开学的第一周，哈佛都允许我们在提交学习卡[①]之前随心所欲地坐进任何一个或无数个课堂。我通常会"逛"10门课，有时为了"赶场"，还会在一节课的中间溜掉，再钻进另一间同时上课的教室。我很享受"血拼"时光，因为其间我可以跟朋友们一起对课程品头论足，可以亲身验证一门课究竟像不像选课目录里它那段课程描述吹捧那样，是个妙不可言的"传奇"。

按图索骥选好课

尽管"血拼"需要从一间教室冲向另一间，是对体力和耐力的考验，但它不是难点。选课中最难的部分其实是在涉足课堂之前，我事先所做的那些研究。研究的中心会聚在《CUE 指南》上。"CUE"代表"本科教育委员会"（Committee on Undergraduate Education），是由哈佛学院发起的一个师生联合体。该委员会每年都汇编、分析和发布上一学年几乎所有课程的学生评价，还搞成了"大部头"予以刊印。在这部指南中，有对授课教师的评

[①] 学习卡是哈佛学生列出自己选定课程名单的正式文档。这些课程将正式计入其学期成绩。

价，有从多个维度考量的课程难度、总体满意度，连"娱乐性"也赫然在列。课程评价的评分数值范围为 1~5，其中，1 最低，5 最高，也采用百分比来表示学生对某门课程的偏爱。尽管 CUE 对每条评价出自谁手一清二楚，但它不会向被"品头论足"的教职员工走漏半点"风声"，也不会在指南中指名道姓地单列出任何一名学生的个人信息；不过，学生的个人评论有可能会在指南中被匿名引用。

我上本科那会儿，《CUE 指南》仅有纸质版，所以我和同学们还得用好几个小时弯腰驼背地抱着这本书，"哗哗"地快速从一页折腾到另一页，对比"法语 42"和"法语 51"的异同，查验"道德推理 22"是否真如某人所宣称那样"小菜一碟"。每个人从自己的角度，拿《CUE 指南》有不同的用法。我有一位关系很铁的同学，他对选修课的期待就是"最简单易过"的课——可能因为他想在大学四年里除本科学位外还拿一个统计学硕士文凭，并且主修的课程都很难——于是，他就会在核心课程中搜寻那些难度为 3 或者以下的课程。我们有一个通俗的、非官方的词来称呼这些好糊弄的课："gut"。"gut course"课程就是少下功夫、容易拿分且很可能学分会"通胀"、老师不那么苛刻的课程。我拿不太准在这一俚语中为什么要使用"gut"这个词，但我猜想可能与胆小懦弱的人挑容易的课来上有关。"gut"原意为"内脏"，而内脏被认为是令人恶心、上不得台面的东西。有意思的是，提及课程时，"gut"原本并不总是像这样被人看低——事实上，许多人需要有"厚脸皮"选择"gut"来平衡高难度课程带来的千斤重担。坦白讲，我就从没专门去搜罗过"gut course"课，我最感兴趣的要么是授课的老师讲得好，要么是需要阅读的参考资料很有意思，要么是课程内容夺人眼球、让我欲罢不能。但我不得不说，最后我按自己套路选择的课里，确有那么一两门结果被同学们划进"gut"课程之列。

我在使用《CUE指南》时，看的第一项便是对授课教师评价。小班课程通常由教授或高水平的非终身教职老师担纲，因此看授课教师是否获得学生的青睐特别重要。对老师的评价主要从讲授是否条理清楚，是否"亲切"，以及课程的知识性等方面来进行。紧接着是助教（Secondary Instructor）评价。在班级规模较大的讲座型课程上，除教授外，还会有辅助教学的研究生。不过，看助教评价时得当心"陷阱"——你根本不知道去年那个被评很酷的西班牙助教今年是否还继续任教。对此，我会添加一个对《CUE指南》的补充性"调研"：如果有认识的人近来上过我感兴趣的课，我就会打听打听助教人选有无变化。想当初，我从有机体和进化生物学系选"女性行为生物学"就有这样的原因。选那门课，不仅仅因为我看上该课在CUE上壮观的好评，还因为室友乔上学年刚修过，她爱死了这门课的教授和助教。借由她在该系的"卧底"，我也确认乔最喜欢的助教依然在该课上任教。

接下来，我看的就是课程内容和参考资料。需要阅读的材料紧扣主题吗？有趣吗？阅读量对这样水平的课程而言合适吗？我总会找那些得分在4或者以上的课程，孜孜不倦地读着《CUE指南》上引用的学生评价。我不怕繁重的阅读量，就怕读的内容无聊，去读一些根本不入我"法眼"的东西。虽然授课教师和助教非常重要，但我知道自己跟书本待在一起的时间比跟教员们待在一起的时间长得多，所以得确信我的阅读书单即将读到的那些材料会能跟我"情投意合"。

最后，我会考察一下课程的学生推荐度。对我来说，推荐度低于75%就相当于亮起了红灯，小班课程尤其如此。一般被我列入考虑范围的课，学生推荐度都在85%及以上。然后，我会通过阅读评论来获得对课程整体吸引力的感受。有些学生说："有意思的主题，但没学到多少东西"；也有学生说："课程负担真的好重，但这是我在哈佛上过的最棒的课之一。"在《CUE指南》中，它设法把具有代表性的评价挑选了出来，加以引用。

细读这本《CUE指南》通常要花一天的工夫。刚开始，激起我兴趣的课程能多达20门，看了评价以后，这个数值就被渐渐砍到10门左右。我会坐在写字台前，用笔记本记下每门课的评价情况，有时还会捧着这些"笔记"去跟同学们就某门课程交换意见，把一堆关于此课的小道消息尽收囊中。我得说，《CUE指南》是帮助我决定"血拼"哪些课程的红宝书。以后我会专门介绍红宝书是怎么炼成的。

CUE也是教授的红宝书

您现在一定正被好奇心所煎熬吧？得到差评一片的课程和教授会有什么下场？我承认《CUE指南》遭受了"分数通胀"之

苦，里面很少有课程得分在3或以下；但这毕竟是哈佛，对教师和课程内容有一定的标准；而且要刺激学生花时间去给出特别低的评分及评语，那门课真的是相当糟糕。此刻，我不能说仅因CUE评分，一门课就被刷了下来，但我的确认为一些授课教师可以通过改进课程内容来回应学生评价；不过，是否这样去做由教师自己决定，行政管理者并不会干预。我不认为仅因一次CUE失败，就要导致授课教师"下课"，而应让调整和反馈一起构成一个自然循环。

　　一位心理学教授告诉我们，他竟然真的读了每一条对自己课程的评价，因为搞清楚学生反馈对他而言非常重要。我也确凿地知道，有些某年被贴上"简单"标签的课程，下一年确实有了加大难度的打算，因为教师也在看《CUE指南》，他们当然不想自己的课被认为是可以蒙混过关的"gut"。但我却从没听说过之前被评价为"难"的课程，之后会因此而降低难度系数。呃，世道常情便是如此吧。此外，哈佛对待教师并不会采用那样非白即黑的方式，因此CUE只是大学管理者致力于解决可能存在的授课教师问题的众多参考变量之一。总体结论就是，尽管《CUE指南》上的评价并不会让职业前途烟消云散，它们却切实向教员们提供了有价值的学生反馈。

　　到最后，我，以及大部分同学，都发现《CUE指南》其实是一件进行学术选择时有用的"补品"。说是"补品"而非诸如"仙丹"之类的灵药，是因为跟任何试图从大众意见中提取出精华的东西一样，《CUE指南》不能被视为什么神奇宝贝，可以代替你为你作出决定。作为有一定理性的人,学生们都明白,这本指南不能简单地望文生义,而是必须根据我们自身的需求与期待来考虑。

哈佛应该继续推出《CUE 指南》吗?绝对应该!事实上也的确如此,虽然如今它改名换姓,被称作《Q 指南》了(其中不仅包括本科课程评价,还收录了研究生课程评价,因而也就不再由本科教育委员会 CUE 一家独办);虽然现在它不再被印刷出来,已完全变成了通过网络随处可以查看的电子版。可以说,哈佛坚持教员和课程对学生的可问责性、鼓励学生反思所学课程价值的实践,都是对大学健康发展的必要手段。重要的是,学校获取正式反馈的过程令学生感到自己是具有主动性、是与本校息息相关的利益相关者,而非被动的旁观者。在这种情况下,过程便与结果同等重要了。将学生纳入大学教学的做法是对学生参与性的培养,也是对其教育体验的提升。

(罗惠文 译)

选课宝书是怎么炼成的

见贤而思齐。介绍"哈佛选课红宝书"后,大学管理者是否觉得咱们学校也可以有,或者想了解更多以激发改进的灵感呢?请跟我来,一起看看哈佛课程评价体系的前世今生与明天。也许哈佛走过的弯路不会成为挡住你的南墙。

最近,因为中国高等教育管理者对课程评价体系颇感兴趣,我被鼓励对哈佛课程指南与评价做过一番研究:它的历史发展、学生与教师对这部指南的评价以及它的前景如何。我试图去回答那些古老的问题:来龙去脉?今时今日?何去何从?

一段曲折的过去

请让我们一起回忆一下,没错,哈佛这部课程评价指南叫做《Q指南》(Q Guide)。"多奇怪的名字啊",您可能这样想。"Q"是什么意思呢?这个"Q"打哪来的呢?跟哈佛许多别的东西一样,《Q指南》也有一段历史故事,尽管与大学里其他更为庄重的传统相比,它的情节不那么跌宕起伏、引人入胜。但当我还是学生时,和许多其他只对《Q指南》功用感兴趣的同学一样,脑子里从未浮现过它的起源这样的问题（我上本科那会儿，它的名字事实上还叫做《CUE指南》）。如果当时你问我它存在多久了，我大概会耸耸肩："可能有20年了？"在我从事的非营利公益事业中，"Q"等于监测、评估项目的成效，尽管它此前便业已存在，却是在大约近十年里在捐赠者和公众要求拿出项目绩效证明的持续呼声中，才真正进入美国大众视线的一种趋势。由于哈佛严格来讲是一所非营利大学，并且始终在大学群体中略微领先，所以我会给它的"Q"多加上几年的年资。想象一下，当我发现哈佛的"Q"，或者说课程评价的历史可以追溯至1925年，也就是90年前时，我有多惊讶！

根据哈佛的说法，《Q指南》最早被称作《大学课程机密指南》(*Confidential Guide of College Courses*)，也被昵称为《机密指南》(*Confi Guide*)。再次让人颇感意外的是，它的"始作俑者"并非校方，而是《哈佛深红报》。这一学生日报社召集本科生对学校里规模最大的一些课程进行评价。在其后的近半个世纪里，《机密指南》发展壮大，变得越来越受欢迎，以致于到1973年，本科教育委员会（CUE），即一个评估本科课程与教学的特别工作组，围绕这些源自学生的测评搭建起了正式的构架，并将其从《哈佛深红报》手里"接管"过来。两年后，CUE推出了首部经校方认可的指南，也就是不久后便声名鹊起的《CUE指南》。作为厚厚的"大部头"评价，它在接下来的三十多年里被系统地汇编发行。

你能想象吗：成百（甚至可能几千名！）的学生，一学期评价多达四门的课程，全凭在纸上手写？真为那些因造纸而被砍掉的树扼腕，为那些以搜集、分析课程评价这样糟糕的工作为业的人们叹息。可怜的树和工作人员终于在 2005 年得到了喘息之机：这一年，CUE 转成了在线反馈系统。翌年，哈佛学院与文理研究生院（Graduate School of Arts and Sciences, GSAS）决定联通它们的课程系统。此举不仅受运作效率驱动，也是服务于大量本科生选择了研究生课程的现实需要。无论如何，此时此刻被叫了三十多年的"CUE 指南"显得不再合适，因为 GSAS 没能被囊括在名字之中。正是由于这样的原因，"Q 指南"得到采纳；它既聪明地保留了原来的读音，又没有将本科学院这一具体含义引用进来。如今，《Q 指南》由哈佛文理学院的注册办公室和研究分析办公室执掌管理。

哈佛评课系统的目标达成了吗？

谁曾猜想到，每学期上千学生使用与提交评价的《Q 指南》，会有一段这般令人肃然起敬的过去呢？我们暂且把历史搁置一边，当前最引人瞩目的问题是：《Q 指南》实际上是否真的有所助益或者起到实效呢？"哈佛 Q"官方网站上引用了海伦·凯勒[①]的

[①] 海伦·凯勒（Helen Keller, 1880-1968）是首个获得文学学士学位的盲聋人士，后来成了一位著名的作家、活动家和演说家。请勿将中国的眼镜品牌海伦·凯勒同她本人混淆，尽管前者取名的灵感源自这一名人（这有些讽刺，因为海伦自己是盲人）。

一句话:"一个人能做的如此之少,一群人能做的如此之多。"好吧,将这句话套在这部指南上肯定是有点过分煽情、"王婆卖瓜"了,尤其考虑到她原本讲的是关于社会影响;但如此引用,也确实暗示了校方"野心勃勃"的目标。哈佛真正想要做得"如此之多"的,是提供有用和可行的对课程与教师的学生反馈,以保持"哈佛的教与学朝更好的方向演进"。除改善教学外,"Q"还意在帮助学生选择最符合心中所想的课程。那它是否达成了自己肩负的重大使命呢?我想答案还不是"是"或"否"那么简单。

正如我先前所提到的那样,许多学生将《Q指南》作为选课的重要信息来源。他们接近"Q"各自心怀"鬼胎":有些想知道作业多不多,有些想知道教授讲得是否有趣,有些想知道老师会不会对学生给予个体关注,还有些只想知道担任助教的研究生是不是真的会讲英语——这并不完全是在开玩笑,我确实听到过许多关于某些数学或科学类外籍研究生口音难懂的抱怨。

学生们动机各异,并且我发现《Q指南》有时还会被误用为"一站式"资源。譬如,我有同学就只看"难度"得分和"课业负担"得分,如果这两项分数太高,他们便不会考虑这门课程。但如果它其实由超梦幻的教授担纲,班级规模小并且彼此关系紧密,对个体非常关注呢?这样的课当然会难,却将学到很多。何况,评价课程的学生来自不同的背景:一些人认为一门经济学课程难,是因为自己没有相关的学术背景;而其他人也许发现同一门课学起来游刃有余,是因为他们之前修过经济类的课程。所以,你就得有一双批判性的眼睛,并始终与自身的看法和经历结合起来。当然，我不认为我的同学们太笨或者太"一根筋"而注意不到这些，但《Q指南》可能也确实容易被滥用。话虽如此，却并不意味着它就不该存在。跟对待生活中许多事情一样，适度自制、有分析意识和开明的心态总是好的。《Q指南》应当与顾问的咨询建议、课程目录、朋友的意见，以及切合自身标准的平衡选课策略与方法结合起来运用。

评课办法仍有软肋？

那么，学生们在做指南里的评价时是什么样的呢？就目前的情况而言，哈佛学生可以从期末考试前一周开始评课，如果一次搞不定，自动化系统便会存储已完成的部分，直到期末考试后他们能没压力地完成整个评估。以2013年为例，"Q"系统的开放时间自4月23日（5月的第一周为考试周）持续到5月26日。5月20日之前完成评价的学生当天便可看到期末成绩，拖拖拉拉的学生则只能一周后再与自己的成绩相见；也就是说，学校事实上并不会"扣留"成绩。讲个大实话，哈佛里是有"空手套白狼"、被我们称作"揩油者"（Free Loaders）的人，这些人自己懒得评课，下一学年又贪得无厌地依赖《Q指南》。不过，揩油族学生的存在并未影响到课程评价的答题率。可以看到，一些受欢迎的课程有高达90%或者以上的答题率！尤其是小班课程的答题率更加趋高，因为对老师而言，谁偷了懒不去评价是非常显而易见的，这种害怕尴尬的想法显然驱动了一些同学，还有我！

此外，在我看来，较小的班级规模也缓和了学生的回应——过度负面的表述会被老师识破身分，并且我很清楚地知道，像我自己便是不想扮演"毒舌"学生的角色的。而另一方面，在大班课程里，高度个性化但具备匿名性的评价有一个可能的常见副作用就是，有些学生或许选择了发泄他们对某位老师或课程的愤怒与沮丧。一门200人的课里，教授要揪出那名批评者，就不再容易了。学生可能在评论部分写上"这门课毁了我这学期的生活！绝对别选它！"或者"教授真的是社交白痴"。虽然这样的个人评论大多不会出现在最终的《Q指南》上（除非许多人表达了同样的观点），它们无所助益，也并非实质性的评价，是可被忽略的部分；但写下这类评语的学生可能在评价系统的打分环节中同样持有偏见，出于怨恨或失意给了极低的评级。毕竟，我们只是凡胎浊骨，并且评课时被有限的后见之明（距一门课程结束才刚过几周！）蒙蔽了双眼。到半年或一年后，我们还会对一位"不好说话"的老师、一门"难过"的课程说同样的话吗？不过，我会假定这样的尖酸刻薄话罕有出现，因为课程很难如此糟糕透顶，学生里面也少有那样心胸狭隘、打击报复老师的。

恰恰是这一点，连同一些别的论据，成了部分哈佛教师所指的《Q指南》之软肋所在。首先，一些教师坚信，课后没几周时的看法是有偏差的，此时的评价可能无法准确反映学生上课的收获。例如，如果约翰觉得一门课很难，即便他期末考试过关了，但由于评课时间是在拿到成绩之前，那么跟普通人一样，他也很可能会将这门课评价为"太难"。而假使是在一年以后，他再回头来看，想起自己期末考试得分其实还挺高，也很感激这门课为后来的进阶课程作了很好的准备，那他的评价可能就会大不相同了。课程委员会对此有一些关于在4个月和8个月后发起课程评价调查的讨论，但终因过高的花费和精力投入，这些都尚未进入执行层面。

其次是顾虑《Q指南》在教师评估上有着不良影响与误导。这样说是因为，教授们被一些包括"Q"评价在内的教学标准框了起来，其中一些由于担心"Q"里的学生反馈给自己带来压力，而向不合乎课程内容或课程本质的学生呼声让步。有人将此视为教学与课程独立性的丧失，并认为非终身教职的教员可能害怕负面评价影响他们在哈佛的前途。同时，另有一些教授发现，《Q指南》对微调自己的课程资料与课业负担很有帮助——至少没听说过，一门在"Q"里被评价为"小菜一碟"的课下一年就加大了难度。无论从何种角度，教师着实把学生反馈当成了教学中的一个重要元素。我们有事实为证：2012年春季，一半以上的教师在评价发布的24小时内浏览了学生反馈。他们不管对《Q指南》本身有什么不满，行动已经表明，大部分教师对学生的教学和课程反馈很上心。

"Q"系统会否"摇身一变"？

我们了解了学生和教师眼中的"Q"，然后呢？哈佛的课程评价机制将走向何方？它会产生翻天覆地的变化，改为包括更多科学测评，不仅在课程刚结束时进行，也在几个月后实施吗？从教师讨论中来看，似乎"Q"在近些年发生显著改变的可能性不大——改革所需的成本与努力大于可产生的实际效用。"Q"现有的形式并不完善，可能反映了人们的某些歧视与偏见，但与此同时，它表现出不可否认的有效机能：聚合了大量的观点，从学生的智慧中提炼精华并为学生所用。尽管在哈佛时，我们将它视为学生生活中的一个部分，并不觉得它有多奇妙，但当局者迷，且让我们站到旁观者的角度来看。"Q"至少说明了这一事实，哈佛在某种程度上关心自己学生的意见；关心程度之高，到了校方将一个源起于学生的简单调查转化为今天这样一个庞大的在线系统的地步。它意味着，校方认为值得砸大把银子去系统收集学生的想法，并将其明确地与教师分享（教师可以看到每一条评语、每一项打分），而且让学生借助这些评价来选择下一学年的课程。任何学生可以对自己任何老师进行评价，讲出自己的心声；老师也真的阅读了这些评价，并从整体上作出行动回应。我请求你再读一遍前两句话，请让它们的含义充分展现在你的眼前。

以学生评价为学生课程选择提供养分的循环存在了近一个世纪，这已经是一大成就了。在实地体验并讨论过美国之外的各国高等教育系统后，我可以大着胆子宣称，世界上大多数国家没有像"Q"这样复杂精细的评价系统。单凭这一点，我便宽宥了"Q"的不完美。在全球教育体系背景下，它的存在是那么独特。鉴于它从不曾衰退的演进历程，相信"Q"将随着时间的推移，逐渐调整并反映哈佛与高等教育的改变。

（罗惠文　译）

哈佛工科的复兴

哈佛大学的工程学有着悠长辉煌的历史。它是一股孕育了一个世纪后终于出世的、不可忽视的力量。它重新定义了接受工程科学教育的意义。

你所不知道的哈佛工科历史

当人们想到美国的工科院校时，麻省理工学院、加州理工学院、卡内基·梅隆大学、斯坦福大学、佐治亚理工学院……这些名字就会浮现在脑海里。没能出现在大家意识中的一所是哈佛大学。在美国，哈佛大学或许永远是最好的大学（有时哈佛大学会输给普林斯顿大学，但是我们可以把它当作"评比技术性的输掉"而忽略掉），可大多数人不会指望哈佛大学工科的强大来为它的声望增光添彩。因此，如果我告诉你，哈佛大学的工科有着辉煌的历史，一度拥有美国最棒的工程和科学学院，你或许会非常惊讶。

1847 年，美国内战尚未开始，工业化浪潮尚未袭来，白炽灯泡尚未发明，马萨诸塞州的实业家艾伯特·劳伦斯

（Abbott Lawrence）捐赠了5万美元[①]，用于在哈佛大学内筹建劳伦斯科学学院（Lawrence Scientific School）。在当时，劳伦斯的捐赠金额巨大，捐赠领域也很不寻常，因为当时在科学与工程领域，几乎没有正式的高级研究机构。尽管劳伦斯并不是哈佛校友，可他是教师们的好友，并认识到了工程与科学的重要性，这些可以从他的声明中找到证据："我们能把那些想要投身于科学实践的人送到哪里呢？我们国家到处都是实干家。勤劳的双手已经准备好用坚实的材料来创造；智者要在哪里指导这些勤劳的人呢？"简言之，劳伦斯希望这所学校能够培养远见卓识者与领导者，他们不仅能在工程和科学领域完成任务、带来丰硕的成果，还能够创造新理念并进行改革。到19世纪末，劳伦斯科学学院很快发展起来，它的声誉也在全美国范围内迅速传播开来。

工科百年：从衰落到复兴

然而，随着20世纪接近尾声，两大因素导致了劳伦斯科学学院名声的衰落：后起之秀麻省理工学院的成长和在哈佛大学校长查尔斯·艾略特（Charles Eliot）在任期间似乎对劳伦斯科学学院的发展前景不那么乐观。或许没能认识到行政分离的高级科学研究院的价值与重要性，艾略特校长尝试将劳伦斯科学学院并

[①] 根据世界货币价值研究网，在2014年约合110-360万美元。

入麻省理工学院，可并未成功。到了 1906 年，该院的科学与工程项目与哈佛大学内的文理学院和文理研究生院合并。尽管劳伦斯科学学院不再作为独立的个体存在，它仍为哈佛大学留下了工程和应用科学领域高素质、广受好评的教师队伍和研究架构。可是，在 20 世纪，斯坦福大学和麻省理工学院等学校的声名与影响力迅速扩展，在人们的认识中，哈佛大学在这一领域的早期领导作用已经消失。

时间一晃又过了一百年。到了 2007 年，早期的劳伦斯科学学院以"哈佛工程和应用科学学院"（Harvard John A. Paulson School of Engineering and Applied Sciences，SEAS）的形式重获新生。在此之前，工程科学归属于"工程与应用科学部门"（Division of Engineering and Applied Sciences，DEAS），由文理学院管理。而现在，预算、沟通、财政、人力资源、信息技术、物质资源、科研管理、教学实验室和管理规划都已分开。为什么哈佛大学作出建立行政独立的学院的重要决定呢？SEAS 给出了清晰的答案："技术已经成为当今社会最重要的领域之一。对于哈佛大学来讲，为保证它始终是高级别、拥有全球视野的教育机构，学校必须拥有工程和应用科学领域的优质项目。"

不过 SEAS 并不会在与世隔绝的环境中运营。哈佛认为，对于 SEAS 来说，与自然科学、艺术、人文学科以及法律、医学、商科、政策、设计等专业领域建立联系很有必要。这种多学科的能量是学院大视野的精髓："通过研究与学术，我们会创造出连接哈佛大学与下一代全球领导者教育的桥梁。通过管理工科与应用科学，我们将解决当前社会面临的最大挑战。"（SEAS网站）

这种展望不仅折射出在劳伦斯科学学院时期，艾伯特·劳伦斯声明的要义，也反映了当前哈佛大学的领导力与解决全球问题的洞察力。这种展望以工程学为中心来实现。就像所有冒险一样，精准的定位是长期生存的基础。SEAS 在哈佛大学和其他美国工程学院中的定位已经很清晰了。它并不尝试与其他技术或工程大学直接竞争，而是在一所世界级文科大学中打造出独特的世界级工科研究与学术门类。在美国，几乎没有文科高校拥有足够的资源来建设如此独特而大胆的工科。

SEAS 的独到之处不仅仅在于它的视野。它选择只关注如下研究领域：应用数学、生物医学工程、计算机科学、电子工程、环境科学与工程和机械工程。学院强调，SEAS 不会建设土木工程、航空航天工程、核工程、海洋工程、采矿与石油工程这些学科，因为这些学科更适合"像麻省理工学院或是斯坦福大学这样的大型工程院校"，同时哈佛大学还抨击着这些工程类大学，表示这些学科属于"上世纪的技术"。SEAS 通过将自己定位在完全不同却刚刚连接起的领域，明智并清晰地将自己与那些潜在竞争者划清了界限。这种方式是将智能商业的市场定位手段应用于学术层面。在日益激烈的竞争领域，哈佛大学继续在思想上和速度上超越着其他高校。

"T型"个体培养

　　SEAS的另一个特殊之处是它专注于培养"T型"个体。你或许会挠着头问什么是"T型"个体。"T型"个体就是那些掌握了自己学科领域的同时，还在跨学科合作中表现出色的人。与之相对的是"一英里宽但只有一英寸深度"的人，他们或许懂一些其他学科，可是没有什么知识深度。SEAS通过在课程中设置大量交叉学科，让学生有机会将他们的专门知识应用于解决更广博领域的问题，来完成"T型"个体的培养。SEAS院长彻丽·默里（Cherry Murray）正在努力地在哈佛大学推行这一教育方式。默里院长本人就是"T型"人才，作为著名实验物理学家，她在光散射、软凝聚态物质和复杂流体方面有着深厚的专业知识；作为极其成功的专业人士，她监管着贝尔实验室（Bell Laboratories）和劳伦斯·利弗莫尔国家实验室（Lawrence Livermore National Laboratory）的众多科学产品和设备的研发，领导着3500名雇员。作为典型的"T型"个体、实验物理学家和一个在男性主导的领域中的女性，默里院长将这种方式的精髓注入SEAS在美国领先的工程教育领域。

　　除了默里院长，我想要单独介绍教师团队中的佼佼者基特·帕克（Kit Parker）和大卫·爱德华兹（David Edwards）。基特·帕克是生物工程和应用物理领域教授，关注心脏疾病对儿童的影响。他曾在军中服役，推迟了在哈佛的教学工作而两次作为空降兵参加阿富汗战争,并由此开始研究军人的外伤性脑损伤。在他最近教的一门课里,学生需要挑战设计一台烤肉机,机器需在技术上超过市场上的同类竞争品。现在,学生正在与美国美食厨房设备供应公司协商生产并向公众销售最终的产品。大卫·爱德华兹是生物医学工程教授,也是一名作家,关注"想法转换"(idea translation)概念——或者说将学术想法带出校园,并通过医药技术、写作、表演和视觉艺术的形式让公众受益。他的研究关注"新的物理参数的数学设计并关注发展中国家的传染性疾病情况,这些物理参数能使纳米结构材料有效传递药物和疫苗至肺部及其他人体器官"。很明显,这些教师并不是普通工程师,而是社会改革者和艺术创造者,他们通过工程的视野作出巨大的社会贡献。他们将艺术与科学的边界模糊,在多学科领域创新——这就是工科的未来。

在学院初设时,SEAS 有 43 名教师。现在,它有 70 名全职教师。根据 SEAS 的信息,"在工程学科每名教师的学术引用方面,哈佛排在第一位"。尽管可能认为学校会强调质量胜于数量,但是 SEAS 在质量和数量方面都有相应的计划,以实现扩大项目来达到将教师增加到 100 人的目标。在哈佛大学目前 65 亿美元的募款活动中,SEAS 的募款达到 4.5 亿美元,这足以证明 SEAS 在哈佛大学的重要性。哈佛大学对工程学非常重视,如果哈佛开始重视什么事情,你就可以期待未来卓越不凡的成果了。

关于哈佛的工程学,你了解到了什么?它有着悠长辉煌的历史。它是一股孕育了一个世纪后终于出世的不可忽视的力量。它重新定义了工程科学教育的意义。用默里院长的话说，它"有望对未来和对世界产生更深远的影响"。为了在世界高等教育之林中保持重要性与竞争力，即便是一所领先的大学也必须重新定义自己，重新包装自己。能看到工程与应用科学学院为自己、为哈佛和为世界积蓄的力量，我很激动。

"随着我们不断前进，我们的指导原则是'在不分裂的前提下发展壮大'。我们的目标是留存建立在SEAS内部的动态文化和紧密联系，与此同时，在教室里、在校园里、世界范围内建设桥梁、拓展能力。"（SEAS网站）

（于娜 译）

科技改变哈佛课堂

哈佛和其他学校继续完善着它们的高科技教室，因为科技是一项革命——它减少了高等教育的障碍，没有学校能免于这种摧枯拉朽的巨大影响，即便哈佛也不行。

我的纸笔情结

现如今，当你审视美国的小学和中学时就会发现，在课堂上使用iPad作为数字化教学方式并不是什么新鲜事了。上交手写的论文作业简直难以想象，因为许多学生在小时候就已经学会使用电脑，可能家里有好几台笔记本电脑或者台式机。在线学习平台，比如可汗学院（Khan Academy）[1]，正在通过向个人提供免费的、可定制的在线学习课程，为很多人展现一幅全新的学习景象。这些快速而显著的变化让我惊奇，却没有一点失落。毕竟我这代人处在数字化教学的一个独特的位置：我们同时体会到了科技变革前和变革后给学术体验带来的变化。

---

[1] 可汗学院是一家非营利性教育组织，在互联网上上传在线图书馆收藏的3500多部可汗老师的教学视频，向世界各地免费提供高品质教育。

读小学时，我的作业全部需要手写，那时候我并不介意，因为我喜欢洁净且印着横格的纸张的质感。我喜欢把笔握在手里，优雅地写着单词，仿佛画着一个个圆圈，我喜欢看着擦不掉的墨迹将我的想法变得永恒。当我把好几页读书报告放在老师的书桌上时，手中报告发出的沙沙声比去踢足球进了球更让我开心。中学时，我开始使用电脑，这个有着模糊屏幕的厚实、方正的机器，能奇迹般地让我写出可以随时修改的作品。我自然而然地喜欢上了键盘，在打字准度和速度比赛中赢过了我的同学。打字时感受着来自按键的些许阻力，看着我的手指在键盘上屈伸，我有一种独特的满足感。我继续交着手写版的作业，为我干净而绵密的书写而骄傲，我的书写能让我在一页纸上挤下同班同学两倍的字数呢。有一次，我竟然被一个坏脾气的老师训斥为"爱卖弄的人"，只因为他让我们概述一本书，但我的小字超出了他提供的纸面空间。我猜他不喜欢这样是因为我比其他人有更多内容可以写。高中时，我开始使用家里的一台康柏（Compaq）电脑录入我所有的论文。尽管我更喜欢用学校计算机实验室里颜色鲜艳的时髦苹果台式机。书写、删改、再写、再删的功能提升了我的创造性思考的速度。我可以写下最初混乱的想法，然后回头剪切、编辑和修改。我的学习也很类似，从沉甸甸的教科书中学习，上交用电脑打出来的作业，用纸质的试卷考试。

恋恋"笔记本"

后来我上了大学，有了属于自己的笔记本电脑——另一台康柏——这让我特别兴奋。虽然它肯定得有 7 磅（约合 3.2 千克）重，但是它完全属于我，我可以把它带到任何地方。它连在一台佳能便携式打印机上，这台打印机很小巧，不超过一部心理学导论课本的大小和重量。尽管这台打印机完全不适合进行大量打印的任务，我想了想，我无需打印太多东西——只有我的期末论文而已。我以为我会记大量笔记，因此买了很多五颜六色的、带有我喜欢的深蓝色横格的笔记本。我骄傲地把新课本和论文活页夹整齐地排在书架上：法语、经济学、心理学、政治学、中国史。夜里，我迫不及待地翻动着《CUE 指南》——哈佛本科生课程评价与选课指南：我应该选法语 25 还是法语 35？谁会是那门 900 人的经济学导论课的最佳教师人选？有人说比较政府学的阅读量是其他社会科学课程的两倍，我应该选这门课吗？就这样，《CUE 指南》中的几页被我折了角，也被我的午夜小零食碎屑弄脏了。

　　当我拿着崭新的带着哈佛 Logo 的笔记本和各色用来记笔记的笔踏进课堂的时候，我吃惊地看到不少同学忙碌地准备着用电脑来记笔记。真是亵渎！如果在忙着敲击键盘，怎么能理解教授的讲述呢？亲笔写下每个词就会好很多，因为写的过程会迫使你将注意力集中在它的含义上。一开始，我用蓝色和红色的笔记了一页又一页笔记，潦草地记录下不停抛到我面前的大量信息。几周后，我的胳膊酸了，于是决定试试用电脑记笔记。我就这样上了瘾，我的手指在键盘上翻飞的速度甚至比教授说话还快，我还能快速对文字进行高亮、加粗、加斜体。最好的是，文字处理软件留下的标记比我匆忙时手写的笔记清晰多了。到大四末期时，我的同学中几乎没有人手写笔记了，每堂课开始，学生快速拿出自己的笔记本电脑——越来越多的人开始用时尚的苹果机了。尽管大课更适于用电脑记笔记，但在一个小型的十人讨论课上大多数学生用电脑打字也不少见。我唯一不带笔记本电脑上课的课程就是我的语言课程。

哈佛：走在科技前沿

老师们也越来越精通技术了。在我大一时，确实已经有不少教授使用PPT授课；到我毕业前，几乎所有教授都用PPT授课，无论PPT做得简陋还是精良。与我高中老师依靠打印的透明塑料片，然后通过笨重、庞大的幻灯机投射的方式相比，这是巨大的提升。大学教师也会在大课堂上用一种特别有趣的技术——当教授想要做一个课堂意见的投票时，我们会拿到小遥控器，上面有很多按钮，可以匿名表明我们的观点：A代表"是"，B代表"否"，C代表"不确定"。这些反馈会被立即收集，短暂的延迟后，教授的笔记本电脑中的在线软件就会对反馈进行分析、绘图，在课堂上展示出来。观点展示为本来没有人情味的课堂带来了一丝亲密感，也为教授提供了如何解释主题的特定方向。

最重要的是，哈佛开发了内网系统（Intranet System）来辅助课堂资料共享。在内网上，每门课都有自己的迷你社区。教授登录系统，每节课后上传他们的PPT讲义并布置作业。在课后，学生几乎可以立即登录系统，下载PPT讲义和作业。课堂通知（比如发布特殊演讲嘉宾的到来和取消通知的信息）、补充阅读材料和推荐研究链接都会在课程网站上贴示出来——对于那些常常贴出本周引人深思的问题，要求所有学生登录并写下回答的教师来说，这个系统特别受欢迎。在很多课程中，除了考试和期末论文外，我们的反馈从参与度和内容两方面被评分。在我的道德推理课上，这些回答的内容经常有好几页长，因为学生在回复其他学生的想法时变得异常兴奋，面对反对意见或遭遇尴尬时变得不再拘束。教授仍可以给我们发邮件，但是内网将留作业和交作业的过程变得简单，让学生和教授从纸质作业中解脱了出来，节省了时间。我们不再需要走到教授的办公室去查看作业任务或者去交作业，我们完全可以全数字化地完成这些事情。期末论文选题通过网络或者电子邮件分配下来，我们基本上都会通过邮件提交自己的学期论文，尽管有古板的教师更偏爱打印版。

我在哈佛读书的四年里体会到的教育科技变化显著，但是这种变革的速度在可以控制的范围。每次有新的改变时，学生和教师都会得到通知，并学习如何使用这些新功能。教授对这些变化的态度很开明，接受得很快，这让我非常惊讶——在我已经成型的教育课程中，我至少是逐步被暴露在科技中，但是教授们直接从纸笔教育转换到数字化教学，而他们年纪更大，更沉溺于旧有习惯里。哈佛全面而积极地接受科技并应用于课堂教学，使科技成为了我们日常学习的一部分。学校领导层深知，选择性地将学习的不同领域进行数字化并不足以让哈佛保持在数字化的前端——它必须全面数字化，或者放弃数字化。到了我毕业的时候，我已经无法想象在大一时亲手翻动那本《CUE 指南》的情景了，《CUE 指南》也早就变成了单一的在线版。我无法想象把论文存储在一个有形的地点；在课堂上不用笔记本电脑做笔记；课后不立刻去下载教授的 PPT。教师在网上提交学生的分数，学生在线查询。课堂学习的所有事情都可以找到数字版或者网络版。

　　我认为我自己比较守旧，适应新科技很慢。我仍然喜欢做类似的事情——尤其是手写。但是我真心认可在线学习，这让学生和教师变得更高效，让我们能够涉猎更多话题，探讨得更深入，能让所有学生更平等地获得材料和资源。我们可以从课程网站上下载扫描过的书，而不必为了图书馆的一本模糊不清的书而争执。教师可以简单地翻动 PPT，专注于和学生互动，而不必为不同的班级一遍遍写板书。我们可以在笔记本电脑或者 iPad 上阅读补充的文章和论文。当然，这种学习模式不是完美无瑕的。有时候学生更急于用电脑查看邮件或者处理其他课程或者课程以外的事情，而不是专注于本堂课。但是这种学习表现行为的影响更取决于学生的自律。如果他们不专心听讲，就不得不找其他方法跟上进度或者承担后果。当我们说到数字化学习时，其好处远远超过了坏处。

　　回看我从小学一年级到研究生的漫长学业之旅，我惊讶地发现科技在我的学习过程中的地位越来越重要，尤其是在我大学期间。今天，哈佛和其他学校继续完善他们的高科技教室，因为科技是一项革命——它减少了高等教育的障碍,没有学校能免于这种摧枯拉朽的巨大影响,即便哈佛也不行。或许哈佛无所畏惧——毕竟它有着三百多年的历史盛名,能够让哈佛的名声持续下去。但是它无法忍受在一场赛跑中落于人后,因为它清楚,作为世界一流名校,它的地位是会根据它适应当代变化的情况而改变的。希望这能成为世界上所有大学都要学习的重要一课。

(于娜 译)

21 世纪的大学图书馆

高等教育正在发生日新月异的变化,即便是图书馆这样一个看似古旧、相对静止的领域,创新激流也正暗自涌动。您敢肯定地说,您的图书馆够智能,赶上了时代、引领着潮流吗?

顶尖的大学要稳坐"江山",少不了聪明的学生、聪明的老师、聪明的管理者。这些优质的人力资源会转化和创造出聪明的设备设施,而设备设施又会反过来催化师生们获得更加骄人、更具创新性的成就,从而形成一个人力资源"软"实力与"硬"件系统的良性循环——聪明的东西让聪明的人如虎添翼,聪明的人让聪明的东西锦上添花。为了佐证这一观点,我想与您分享一个具体的例子,即哈佛令人印象深刻的科技化平台:数字图书馆基础架构(Digital Library Infrastructure)。

图书馆也有前卫、过时之分

在许多游客心目中,哈佛的怀德纳图书馆(Widener Library)是宏伟壮丽、承载着历史的庞然大物;一间间肃静的房间如同一个个茧，庇护着折腰于布满尘埃的浩繁卷帙、研究晦涩难明的学科的莘莘学子。沉重的暗色木料，灼灼发光的精致壁灯，金边的书籍，优雅的意大利大理石，让人仿佛穿越时空，回到昔日。虽然大部分人不会把图书馆想成性感、前卫的，怀德纳以及哈佛的图书馆系统却正身处在数字图书馆基础架构革新的最前沿。哈佛拥有全美第三①的图书馆藏量，麾下集聚了60多座图书馆，横跨海内外，收藏名目超过1700万条，其中单是怀德纳便囊括了600万条以上。容我再重复一遍：1700万条。要高效地追踪、分类、管理，并与哈佛社群分享这样海量的资源，想起来似乎是有点"浪漫主义情怀"，甚至可以说"不切实际"——没有任何形式的实体分类目录或者一般化的电子编目系统能够做到这一点。

哈佛的应对之道是：数字化。尽管校方此前已持续数年数字化了部分藏书，但全校范围内系统地着手进行图书馆数字化却始于2000年，旨在构建一个"第一代产品基础架构"（First Generation Production Infrastructure）以支撑其数字藏品，项目预算达1200万美元。"数字化"的含义是什么呢？将书本、地图、手稿数字化，也就意味着把它们以电子图像的形式存录下来，以便任何人在任何地方均能（从理论上说）无需持有实物便可获得其中的信息。假设我是土耳其人，正在研究、撰写关于19世

---

① 排在前两位的是国会图书馆（Library of Congress）和波士顿公共图书馆（Boston Public Library）。

纪奥斯曼帝国突厥士兵起义的毕业论文，需要借阅哈佛的某卷藏书，我就可以从哈佛在线书目里一路点击，找到我需要的那卷书的电子版本。倘若我为了完成作业，需要参考一部珍贵的手写原稿，我已不必再申请特殊许可，戴上手套，屏住呼吸，小心翼翼地捧着它了，因为只需舒服地斜躺在床上，我便能够在线看到梦寐以求的内容。

打造数字图书馆不是学术问题

集中、压缩和扩展哈佛的数字藏品绝非易事。我们可以简简单单去买一套软件，安装，然后一眨眼，可以用了，对吗？未必。正如学校注意到的那样，"如今，由于所需的基础架构中许多部分都无法在市场上唾手可得，或者仅仅只能购买到零散的工具而非成套的解决方案，因而具有重大意义的技术工作是必需的，由此以搭建起一个工作环境。"这意味着哈佛管理者与外部顾问团队需要花费五年多时间进行一场同心协力的奋战，建立起统一的基础架构联结、存储学校的数字藏品，创造出一个让用户能够找到藏品的清楚明了的信息准入系统，开发一系列核心内部服务使基础架构的各个组件能确保其顺利运行。需要予以解答的诸多问题并不简单：数字藏品将如何储存？产品通过什么样的接口传送给特定的终端用户？由谁和由什么来数字化这些资料？人们将使用什么类型的数字目录搜索藏品？藏品如何命名才能让它们甚至在数字化后都易于识别？哈佛不同图书馆系统访问同一件作品最好的单通道访问方法是什么？如何管理成本？如此等等。绝对复杂缜密的机制，折射出的是真正的技术与商业问题，而不像人们通常认为的是学术问题。正因如此，哈佛处理它们时，采纳了外部技术和商业建议，以期在最短时间里获得最大效益——这在哈佛，包括图书馆系统以外的各个领域，都是屡见不鲜的情形。哈佛，说到底，是一所大学。对一所大学而言，像专门提供技术或商业服务的公司那样花上大把时间与金钱去开发同类技术和商品，是没有财务上或战略上的意义的。聪明的人知道什么时候该开口请求帮助。

我上本科时，很少去访问数字图书，因为我所主修的心理学专业的读物通常已有参考书或电子文本，无需再到图书馆书库作大量研究搜寻。到今天再探索哈佛的数字馆藏，我为其深深震撼：匆匆一瞥，几次点击，便可获得范围如此之广、内容如此丰富的各种资料。哈佛学院图书馆（Harvard College Library），全校图书馆系统中的一个分支，优先数字化了中世纪手稿、历史照片、乐谱和小册子。在网站上，我可以查阅到中世纪的《祈祷书》(*Book of Hours*)，中国20世纪早期的珍贵照片、明代与清朝女性的诗词作品，埃及纸草抄本图片，古典音乐的乐谱和词集，等等。或许是对师生们需求的回应，中国帝制时期的大量珍贵文本、照片与档案被转化成了数字资料，并且还不仅仅是这些——鼠标几下轻点后，我进入了哈佛地图馆藏（Harvard Maps Collection），映入眼帘的是不同时空数以千计的数字图片和电子地图册。在一个我们的世界被称为"尺寸不断缩水"的时代，哈佛浩瀚的图书馆藏与潜在用户之间的距离也在持续"缩水",推动哈佛紧跟乃至引领外部的创新和发展。

哈佛图书馆还有进一步的"野心"

哈佛图书馆系统从学校恩主——约翰·哈佛（John Harvard）400卷赠书起家,成为美国最古老的图书馆系统。这样的数量在今天看来真是微不足道,但在17世纪早期绝大多数人鲜有藏书的情况下,却是一个很大很宝贵的数目。只有受过极好教育和（或者）非常富有的人,才承受得起买书这件事。自约翰·哈佛的初次捐赠后,在近四个世纪里,图书馆与学生群体一起成长,一起多样化。眼下,在学生们忙于打字,忙于上推特、脸书、谷歌,在大学里一路高科技下去的情势下,哈佛图书馆要赶上潮流、站稳脚跟,便是自然而然和势在必行之举了。数字化不仅使获得信息更加容易,而且更具广度。更多的生僻资源能被访问,意味着提升研究、学术的量与深度的难度降低。更多的文本能简便即时获取,意味着学生和学者可以更快地完成他们的分析,拥有更多时间投入其他有意思的课题。我能这样一直不停地列举下去,但想必你已经知道我想说的重点是什么了。聪明的人创造出聪明的系统,聪明的系统进而让聪明的人在工作中愈加聪明。

在高等教育中,没什么是不能完善的,而且总是在持续完善。即便在一个看似古旧、静止的领域——图书馆学,哈佛也处在或者说领先潮流的尖端,因其必须在我们的世界中保有一席之地。如今，它还在继续精炼数字馆藏，并进一步向前拓展，成为美国数字公共图书馆（一个"以向公众提供获取数字资源的渠道为目标，创造超大型公众数字图书馆"的工程）的倡导者。这便是一所优秀的大学如何变得卓越，一所卓越的大学如何变得更加卓越的"秘方"：将自己成功的内部愿景和创新拓展到更为广阔的外部世界。

（罗惠文　译）

哈佛学位别有洞天

同样是本科毕业生,原来哈佛颁发的学位还分"三六九等"!如今其层级竟已达五种之多!走过路过不要错过,看看哈佛到底在学位授予上整出些啥花样——

哈佛学位分"高下"

如果曾经有一纸哈佛学院学位证书摆在你的眼前,你或许注意到了英文之中偶尔会有些拉丁文掺杂其间:*Cum Laude*、*Magna Cum Laude*,或者 *Summa Cum Laude*(至于"洋文"的含义,请容我稍后分解)。这些拉丁短语的使用缘起,可以追溯至始于约150年前的一项特殊传统。

1636年哈佛成立那会儿,本科学院的毕业生还拿着一水儿"标配"的学位。随着学生队伍在规模上日益壮大并更趋多样,区分、识别学业佼佼者的需求应运而生。1869年,哈佛学院成为美国第一所授予拉丁文命名体系最高荣誉学位(Terminal Honors Degrees)[①]的大学。从1872年到1879年,存在着两种

[①] "荣誉学位"不同于我们平时所说的无需考试与论文答辩、授予对社会某个领域作出突出贡献的人士的"名誉学位"(Honorary Degrees)。

类型的荣誉：*cum laude*（意为"with honor"，即"荣誉的"，为优秀荣誉学位），以及 *summa cum laude*（意为"with highest honor"，即"最高荣誉的"，为最高荣誉学位）。1879年后，介于前述二者之间的第三种荣誉加入进来：*magna cum laude*（意为"with great honor"，即"伟大的荣誉的"，为优异荣誉学位）。如今哈佛学院的毕业生可能获得的学位共分五种：普通学位、*cum laude* overall（全科优秀荣誉学位）、*cum laude* in field（学科优秀荣誉学位）、*magna cum laude* in field（学科优异荣誉学位）、*summa cum laude* in field（学科最高荣誉学位）。此外，毕业生还可能获得英文荣誉（English Honors，如此得名是因为——呃——它们是以英文来表述的）：Honors（荣誉）、High Honors（高级荣誉），或者 Highest Honors（最高荣誉），它们的评价范围都仅限于学生所修读学科领域。你现在被五花八门的荣誉搅得有些头昏脑涨了？别！——请让我细细道来。

美国大学怎样算成绩？

首先，咱们一起回顾一下评分或者说评级体系，这是决定学生能否拿到荣誉、拿什么荣誉的基石。在哈佛，就美国大学整体而言亦复如是，总成绩经由一个两步式分数转换系统得出：90～100分转换为A-至A，80～89分为B-至B+，70～79分为C-至C+，60～69分为D至D+，60分以下则为E或F，换言之，也就是惨兮兮的"不及格"啦。这些从D-到A的字母等级然后被转换成标准的 4 分制平均绩点（Grade Point Average，GPA），哈佛及绝大多数高校均按如下"汇率"计算：

A=4.00   A-=3.67
B+=3.33   B=3.00   B-=2.67
C+=2.33   C=2.00   C-=1.67
D+=1.33   D=1.00   D-=0.67
E/F=0

每门课程的最终成绩基于各式各样的评估标准，不同课程之间可能存在着天壤之别。譬如，某一门课的最终成绩也许有 50% 是期末考试，20% 是期中考试，还有 30% 来自平时作业；而另一门课程可能 70% 是期末论文，30% 则是课堂测验。教授们被赋予了自由建立自己评价量规的权力。接着前面的后一个例子继续讲，假如我的论文得了 92 分，我的测验成绩是 90 分，那便意味着，我这门课程的总成绩是 91.4 分，也就是 A-。这一字母等级折算成 GPA 等于 3.67，于是，A- 和 3.67 便会出现在我正式的大学成绩单上。

英文荣誉 VS 拉丁文荣誉

哈佛学生必须修习至少 32 门"半年课程"①（平均每学期上 4 门半年课程，一共要上 8 个学期），才有可能毕业。每一门

---

① "半年课程"是哈佛俚语，指的是只上一学期的课程。

半年课程，不管是"启蒙运动时期的性与性别"（英语系）、"微分几何"（数学系），还是"运动中的大肠杆菌"（分子与细胞生物学系），学分都一概相等。在这32门半年课程中，必须有至少12门在主修领域内。"12"是半年课程数量满足标准主修要求的达标数字。除此以外，学生们还可以选择是否争取在学系里获得院系级别英文荣誉的资格，这通常需要写一篇毕业论文，并且往往须修读额外更多或者更难的课程。

假设我是一名主修方向为经济学的学生[1]，我可以"随大溜"修常规的12门课，也可以从高级课程学轨（Advanced Course Track，ACT）和论文学轨（Thesis Track）中二选一。倘若我挑了ACT，我就有了获得英文荣誉的基本资格；倘若我走的是论文学轨路线，那我就有了获得英文高级荣誉或英文最高荣誉的资格。我是一个有着万丈雄心的人，因此我选择了论文学轨。这下子，除却12门必修的经济学领域的半年课程，我还得再多修3门半年课程以达到15门经济学课程的总量；此外也须完成毕业论文，参加涵盖微观、宏观经济学以及计量经济学在内的荣誉考试。啧啧，这样的负荷令人咂舌吧？不过您知道么，我咬紧牙关、奋力一搏！我修习了那些课程，上交了论文——当然，准时地。这真是谢天谢地啊，因为经济学系可是会毫不留情地收拾那些"拖延症者"的！假使迟交论文，一天就会被扣掉0.06分；

---

[1] 实际上，我本科时的主修方向为心理学，但文中为了更好地阐释范例，这里将主修方向假设为经济学。

因此，如果我的论文本来可以得 3.7 分，由于姗姗来迟两天，实际得分便是 3.58，从而我会被归入 *magna-* 这一类别下（如下表所示）。要够格获得高级荣誉或最高荣誉，我的论文必须至少拿到 *magna-*，这部分将占到总成绩的 40%；另外 40% 来源于我的课程评级（Grades），还有 20% 来源于我的考试成绩（General Exams）。

论文平均成绩 Thesis Avg Grade	得分数值 Numerical Score	课程等级 Course Grade
summa	4.00	A
summa-	3.87	A
magna+	3.75	A
magna	3.63	A–
magna-	3.50	B+
cum+	3.37	B+
cum	3.25	B+
cum-	3.12	B
无差别	3.0	

且让咱们假定，除了论文得分为 3.58 外，我的课程平均成绩为 3.8，我的考试成绩为 3.7。根据前述权重计算，我的总成绩便为 3.692。这就使得我能够稳稳跻身经济学系 *magna* 分类之下，从而具备了获得英文高级荣誉的资格，为自己成绩单增添了光彩（此类荣誉将出现在大学成绩单上）。但是，这意味着我也能够赢得全本科学院范围，即学校级别的拉丁文学位荣誉——*magna cum laude*（优异荣誉学位），一种还将标示在学位证书上的荣誉吗？不见得。啊？为什么？凭啥啊，都下了那么大的功夫啦！

神秘的 GPA 分数线

根据本科生手册上由哈佛管理者与教员制定的严格条规，每类拉丁文荣誉学位都有特定的配额。非常重要的是，如果希望受颁拉丁文学位荣誉，一个必要条件便是候选人须经过所在学系推荐；由是自然而然地，只有那些在系里最叱咤风云的拔尖人物才有资格获选。但光凭这一点是不足以确保赢得此项殊荣的 *summa cum laude* in field（学科最高荣誉学位）要求：我必须在学系外其他课程中也表现优异，总成绩将被作为评判指标；其中包括在非主修课程上的表现，尤其是高水平课程。于是，从理论上来说，我已经可以获得经济学系的英文最高荣誉了，但如果我的通识教育课程[①]得的是 C 和 D，学校就会认为我不符合 *summa* 的条件。可见，拉丁文学位荣誉表明，哈佛持续强调全面博雅教育的重要性。除非你——用阿尔伯特·劳伦斯·洛厄尔校长的话来说——"广泛涉猎，术有专攻"（know a little bit of everything and one thing well），否则你算不得真正的哈佛人。

[①] 哈佛的通识教育课程，原称为"核心课程"，是其博雅教育的关键所在。学生被要求在以下 8 类课程中每类修习一门：美学和审美、文化与信仰、实证和数学推理、伦理分析、生命科学、物理宇宙科学、世界社会、世界中的美国。

既然我"觊觎"*summa cum laude* in field，这无上荣光的最高荣誉学位，首先我必须把系里的英文最高荣誉搞到手。如果按照我前文编的那个"剧本"走，由于我没能荣获英文最高荣誉，这"幻想"便算泡汤了。但是，且让咱们假设我更优秀一点，我够格了，那我的累计GPA将跟所有获得学系英文最高荣誉的"骄子"一起归类筛选，然后被推荐为 *summa* 候选人。鉴于每届限定仅5%的人能够获颁 *summa*，那也就意味着只有约80名学生能够"美梦成真"（一届毕业生大约为1600人）。哈佛没有正式公布过"分数线"到底划到多少，但据小道消息，这条"分水岭"是在3.92[①]左右。考虑到GPA总共才4.00，3.92已经算高到令人"高山仰止"的地步了。

那些获得学系英文最高荣誉、被推荐为 *summa* 候选人的骄子，倘若由于达不到 *summa* 的"神秘分数线"而惨遭淘汰，便自动地获得了受颁次位的拉丁文荣誉学位——*magna cum laude* in field（学科优异荣誉学位）的资格。其他学生要想拿 *magna*，必须在系里已获得英文高级荣誉。所有满足这一条件的学生然后会被按GPA排序，不超过15%，即约240名学生，能够最后获得这一荣誉学位（但记得还有那些拿到英文最高荣誉却在争夺 *summa* 时名落孙山的人，现下对 *magna* 有限的席位拥有优先权）。哈佛2013年 *magna* 的GPA分数线是3.763，也就是说，"剧本"

[①] 所有荣誉的"分数线"每年都会有些微差别，会依据当届学生的GPA水涨船高。

里的"我"凭着3.692的GPA，企图拿magna压根儿没戏！不过，荣耀之门还没完全关闭，我想得拉丁文学位荣誉还有一线希望。

那些获得学系英文高级荣誉、被推荐为magna候选人但又因为在全校范围内GPA不够而被"砍"掉的学生，自动地可以获颁下一层级的拉丁文荣誉学位，即cum laude in field（学科优秀荣誉学位）。因此，在咱们这场"学霸模拟争霸赛"中，这个假设的"我"便将获得这一荣誉学位。其他眼巴巴想拿学科优秀荣誉学位的学生，则首先也须在学系里获得英文高级荣誉。所有满足上述条件的学生然后也按照累计GPA排出顺序，最后不超过30%，也就是约480名学生可以荣获学科优秀荣誉学位（但记得那些拿到英文高级荣誉却没能在magna竞争中胜出的人，如今对cum laude有限的席位有着优先权）。2013年时，哈佛这一拉丁文荣誉学位的分数线划到了3.480。

亲爱的读者，您还撑得住听我继续列举吗？快讲完啦！最后一个拉丁文荣誉学位便是cum laude overall（全科优秀荣誉学位）。所有在学系里获得英文高级荣誉但又没够格拿到学科优秀荣誉学位的学生，便可自动地获得全科优秀荣誉学位。除此以外，GPA不低于magna分数线的学生也有资格获得这一荣誉学位。这样便允许了一些没能获得学系荣誉但整体学术表现出类拔萃的学生有机会获得拉丁文荣誉学位——这是另一次向博雅教育的点头。不过，总共不超过10%，也就是约160名学生最后可以拿到这一荣誉学位。哈佛2013年全科优秀荣誉学位的分数线是3.763，跟magna分数线平齐。

到底要不要搞荣誉学位体系？

如此详尽的介绍之后，你还愿意顺我的思路接着往下探讨吗？实际上，六成的哈佛学生毕业时可以拿到某种形式的拉丁文荣誉学位，还有比例略小的毕业生也会获得学系的荣誉。这样的占比看上去似乎挺高，但其实已经比过去拿拉丁文荣誉学位的比例要低了，1976年时该项比例高达85%。如前所述，拉丁文荣誉学位体系所依据的评量方法相当严苛，并且系统化，确保了其质量以及年度之间的一致性。但不管学校这一方法多么系统好用，它还是允许了学系自己去决定如何评价英文荣誉。虽然我文中是以经济学系作为范例，因为它的"荣誉指南"有现成的、唾手可得的，可其他院系也许未必像经济学系那样以GPA为导向，或许会更多地进行定性评价。如是，允许院系按照自身对杰出学生的定义进行第一轮筛选，再以考察因素更加广泛、覆盖全校范围的第二轮筛选加以补充，这样的机制折射出哈佛专业教育与博雅教育之间源远流长、至关重要的相互作用与影响。

对哈佛拉丁文荣誉与英文荣誉的细枝末节讨论一番之余，别忘了还有关于荣誉体系价值的更大争议。2011年，哈佛教师曾开会讨论荣誉体系，有教师力劝同僚们不要将成绩评分视为预测哈佛毕业生走出校门后能力的终极风向标。哈佛学院前院长、计算机科学教授哈里·R. 路易斯（Harry R. Lewis，哈佛1968届毕业生）说："据我过往经验，哈佛的高分并不能很好地预测未来的成功（我想，当教授是个例外，这一职业将使学术上的成功得以延续）。我在哈佛任教 37 年，所教过的对世界产生最大影响的两位学生甚至都没能拿到学位，更毋论什么荣誉了。"您大概已经猜到这两位学生是谁了吧？没错，比尔·盖茨（Bill Gates）和马克·扎克伯格（Mark Zuckerberg）！当然这两位显然是极具天赋的极端例子，但路易斯教授的观点却不糙：一方面，区分识别学业成就杰出者非常应当甚至可以说举足轻重；另一方面，我们不能忽视的是，一名哈佛毕业生——其他任何大学的任何毕业生也是如此——对社会的贡献并不一定与其学业表现相关，除非是某些特定的需要"学霸"来从事的职业。其实，一直以来，最重要的不是你在学校里已经为自己成就了什么，而是你将对你的国家、对世界贡献什么。

（罗惠文　译）

在哈佛发出领导之声

每当人们知道我是哈佛校友后,总免不了的一个问题是:"哇塞,它是不是真的很难?"它的"难"在于我们被自己和哈佛文化期望实现的一些非学术的成就,这些成就要在"课堂之外"实现。对我和我的每一个本科朋友来说,这就是我们最珍惜哈佛的地方。

哈佛学生竟在课堂之外学到最多?

如果你到哈佛被安排正式访问,通常会有一位极度活泼的"导游"噼里啪啦地给你讲这个令人油然起敬的学院的悠久历史和许多故事,往往还捎带着生动有趣的评论。他/她会额外奉送一些有声有色、非常积极正面的自己的故事,引人入胜的程度简直让人疑心自己竟然到了本科天堂。接近参观尾声时,这位"导游"将以一句简洁、生硬的"宣言"作为结束语:"如果您去问哈佛任何一位本科学生,他都会告诉您,他在课堂之外学到了最多,这正是哈佛与众不同之处。"这是我作为哈佛"官方导游"时,每次参观结束时的校方"规定语句"。

我不知道参观者中有多少人领会了这句"宣言"的含义，甚至不知道他们是否把它当真。毕竟，我刚给他们讲完这么多关于这所世界著名大学的有趣故事，以及令人心潮澎湃的事实。也许，校方把这句话写出来作为一个漂亮的结语，是想让来访者确信，哈佛学生有着学术之外的生活——但这可能太难以置信了吧，因为哈佛的声誉即来源于令人生畏的学术培养，怎么可能哈佛的学生会在"课堂之外"学到最多？这是什么意思？真的吗？

作为导游，我习惯于重复这句话以至于从未思考过其真实性，直到毕业。每当人们知道我是哈佛校友后，总免不了的一个问题是："哇塞，它是不是真的很难？"接下来的一个问题常常是："你最喜欢它什么？"第一个问题很难回答。是的，是很难，但不是如通常所认为的那样，不是纯粹的学业艰难（当然，也确实艰难）。它难在我们被自己和哈佛文化期望实现的一些非学术的成就，这些成就要在"课堂之外"实现。对我和我的每一个本科朋友来说，这就是我们最珍惜哈佛的地方。

"赶集"挑选社团活动

让我给您你讲一个不可告人的小秘密：在我看来，在学术培养上，哈佛本科教育在学术培养质量上的卓越程度其实与它的死敌——耶鲁，或者一些顶尖的文理学院相比，如斯沃斯莫尔

（Swarthmore College）①，又如我的表弟就读的俄亥俄州的欧柏林学院（Oberlin College）②，是旗鼓相当未必会更胜一筹的。事实上，我斗胆在此宣称，如果只是纯粹的本科学术体验，这三所学院甚至比哈佛更强。但我跑题了，这些话语和现在要讨论的主题无关。因为哈佛的杰出在于——我们学生如何作为领袖、社会改造者、新闻人、社区志愿服务者等等成长和成熟起来，等等，这都是在"课堂之外"实现的。如果容许的话，让我以自己作为案例。

高中时，我课外活动很活跃，但这些活动是个人性质的：绘画、在医院做志愿者（我是所在班级唯一的儿科初级志愿者），等等。我没有成为过一个社团的领导者，也没有进行过团队合作。（哈佛怎么录取我这样的人呢？）坦率地说，高中时没有一项课外活动能吸引我投入精力。在哈佛，却是截然相反的情况。入学第一周，我就发现自己出现在美丽的三百年剧场（Tercentenary Theatre）那片开阔的草地上——这也是毕业典礼的集结地，在"新生活动集市"（Freshman Activities Fair）中东挑西选想要参加的社团活动。青青绿草上一排排簇聚着高年级学生

---

① 在美国文理学院排名中往往居于前三位的顶尖本科学院。它的新生录取率不到20%，入学新生的平均SAT成绩比杜克、哥伦比亚等大学的学生都要高。学校办学规模始终维持在一个很低的水平，坚持小班教学。

② 美国唯一有着顶尖的文理学院和顶尖的音乐学院的教育机构。文理学院排名约在20位。这里每年有500多场音乐会在校园内举办。在"实验课堂"，学生可以自己开班授课，从少林功夫到打毛衣无所不有。这里还有整个北美洲第二大的学生合作社，每年经费超过240万美元。小至做饭采购、大到规划运作，全部由学生民主决策管理完成。

的桌子铺展开来，每个"摊位"以五颜六色的横幅、标语、旗帜，将各个学生"经营"的社团区分开来。草坪以社团类型进行分区：文化类、社会服务类、出版类、音乐类，等等。高年级学生纷纷把糖果、传单塞给我，学校还专门给我们新生"买家"体贴地提供了装这些免费宣传品的袋子。

我是一个典型的"社团过量"的新生：华裔学生联合会（直到今天，我的朋友们还开玩笑说我认识从 2003 年到 2007 年在哈佛校园里擦肩而过的每个中国人或华裔）、唐人街公民（Chinatown Citizenship，我给一些不讲英语的年长中国移民讲过公民课程）、《哈佛中国评论》（为这份杂志编辑和撰写文章）、本科生少数族裔招生项目（帮助招收亚裔美国学生到哈佛）、深红核心会（Crimson Key Society，一个有入会门槛的社团，学生们都梦寐以求加入它，不仅因为它是官方导游组织，也因为它以拥有社交最广泛和最有魅力、会举办绝妙派对的会员而知名），以及其他一些社团。这很有趣，也让人应接不暇。我原本可以继续做我的华裔学生联合会的副主席、本科生少数族裔招生项目的协调人、深红核心会的明星导游，但成就我在哈佛"社团生涯"最重要的活动，却并不是我自己去寻求的。毋宁说，是它找到了我。

来哈佛开创自己的社团吧！

大学二年级初，我的室友亚雅（Yaya）叫我参加一个小组——"亚裔姐妹在服务"(the Organization for Asian American Sisters in Service, OAASIS)。它是九个二年级女生试图建立的面向亚裔美国女性的服务组织。第10个创始人[①]退出了,亚雅想也许我会感兴趣。"当然",我说,很大程度上是给她帮个忙。这可能挺有意思的。我毫无准备的是,接下来的三年中会如此更迭着希望、绝望、庆幸、挑战和介于其间的各种情感。它成为对毅力和领导力的最大考验——这是哈佛绝大多数社团创始人都经历过的。

哈佛有几百个学生社团来满足你的各种需求,一点不夸张,真的是有几百个。如果你确实想做些现有的社团无法提供的事情,你还有一个选项,即创办自己的社团。这就是我们所做的选择。我们想为关心社区服务、社会公正和政治问题的亚裔美国女性创建一个紧密的团体,这也是想打破美国社会认为亚裔美国人最少参与公民事务的固定印象。此外,亚裔美国女性还被误解为离群、不协作,我们想证明这些模式化形象是不真实的。我们想展现出这些固定看法的错误性,鼓励哈佛年轻的亚裔女性成为杰出的领袖。我们将以严格的申请程序筛选出一些一、二年级的女生。听起来很简单,对吧?那把它变成现实怎么会如此困难?

真的非常困难。哈佛的亚裔群体并不支持我们的想法,他们

[①] 哈佛大学《大学生社团管理规则》要求,每个社团至少要有10个学生会员才有资格被批准正式成立。

认为我们想创建的这个社团具有排他性，太社交导向，有些像"姐妹会"（Sorority）（由于固有的单性别性质，哈佛官方不认可"姐妹会"这样的社团），也觉得不过是一伙朋友想一起搞个正式的社群帮派。事实上，一位合伙创始人的室友就建立了她自己的"不排他"的亚裔美国女性组织，作为对我们组织的挑战。我在华裔学生联合会的同僚对此充满疑虑，非亚裔的朋友老说"亚裔姐妹会"来开我玩笑。这些都令人沮丧，甚至怒火中烧。然而，我从开始对创建社团的不冷不热，变成了最大声音的捍卫者；我发现自己并不怯于站出来直面不足道的、无理的指责。那些对OAASIS的负面反馈，却加强了我认为它应当存在的信念，反正我总被认为是"underdog"（不被看好的人），总在做一些别人觉得难以实现事情。

为了实现梦想，我们常常熬到凌晨两点甚至四点，制定社团章程，列出社团如何正式获批的方案大纲，设计社团内的成长体系以招募成员。但OAASIS不是我要做的唯一一件事情。同时，我还得在中国学生联盟做公共关系专员，要在宿舍委员会做志愿者，要从事哈佛的招生工作，要做校园"官方导游"，此外还要一学期修五门，而不是四门课程。我的大部分合伙创始人还有更疯狂、更满满当当的日程安排。但我们热爱这件事。异议、挑战、障碍，一切让我们彼此更近，帮助我们反思并精炼愿景和规划，使我们更强大、更坚韧、更有决心获得成功。由此，我们能够把时间管理得更好、在学业上更专注——这都是基于：如果想OAASIS成功，我们就得把所做的每件事情分清主次、提高效率。

由于校园里关于 OAASIS 的争议和各种流言蜚语的蔓延，尤其是因为一位冷酷无情的院长，我们第一次申请正式社团资格时被否决了。具有讽刺意味的是，前面提到的另一个亚裔美国女性组织却获准通过。现实抽了我们一个耳光。这似乎辜负了我们准备 PPT、彩排演说所花费的那么多时间和精力。可我们计划的下一步仍是招募第一批年轻女性加入这个团体。由于没有被正式认可，我们得不到校方的经费支持，也没有正式社团的"合法性"。人们觉得我们傻，甚至认为我们疯了。我们要做的大规模招募必须非常小心，也要极具创新——毕竟这冒着巨大的风险，一旦校方发现我们竟敢使用哈佛设施来宣传一个"地下社团"，我们所有的人就会陷入极大的麻烦。最后，救我们于困境的是，我们这帮人都是其他正式社团的领导者，我们利用自己的关系和渠道暗度陈仓，使得 OAASIS 的事务和活动开展成为可能。

我们终于真的把第一批有才干、聪明、杰出的女生招进了社团。

我们足足用了几周的时间来处理申请、"考查"申请人、作出成员招募决定；在作最后的痛苦抉择时，我们一起熬到了第二天早上 8 点，以决定到底谁能够成为我们的"姐妹"。谢天谢地，几个月后哈佛面对现实，认证 OAASIS 为正式社团。这亏了新成员的活动和帮助，以及在哈佛亚裔社团中产生的尊重——他们慢慢看到，我们并不只是一帮一起瞎胡闹的"姐妹"，而是有决心、活跃的、强大的女性领袖。

回头看来，为取得一致意见的每次痛苦讨论，在"地下组织"阶段，如何既规避哈佛规则又能开展社团活动的充满创意的每次头脑风暴，以及所经历的每个不眠之夜，都让我和我的合伙创始人在可贵的领导力、经营能力、团队合作和批判性思维技能方面得以成长。我们有很好的想法，但好的想法停留在脑子里是变不成现实的。将OAASIS从梦想付诸现实的过程是一块试金石，让我们认识并运用了自身的优势和才能，这种实施方式是课堂上永远得不到的。

OAASIS在哈佛庆祝十周年

不要以为，一旦我们的想法变成了现实，一切就都完美了。事实不是这样的，一切还是很难。我们必须赢得学生社团、自己的社团成员和亚裔群体的信任和信心。过去是，现在仍然是一个持续性的挑战；我可以骄傲地说，现今我们是哈佛校园里最大的女性组织之一（还记得前面提到的那个亚裔美国女性组织吗？没人知道它现在是什么），我们与文化、种族和服务类的组织合作举办活动，鼓励哈佛女性与少数族裔提高领导力和服务主动性。我们可能算成功了，但这是一场远没有结束的奋斗，我希望尚在哈佛的"姐妹们"继续为社团的存在而努力。但所有这一切，都是创业过程的一部分，是从无到有的一部分。即便最艰难的部分过去了，前面还有更大的挑战。我们在最开始的时候其实并没有作好充分准备。毕业以后，作为受到尊敬的OAASIS创始人，再面对工作中的困难，我也早已泰然自若——这得益于我们在校期间，于"课堂之外"所有的忍耐。

毫无疑问，因为自己的种种成就，我的大学生活丰富多彩，但这并不仅仅系于书桌、笔和教科书上。当然，我很看重我的学业经历，但在韦尔斯利（Wellesley College）、达特茅斯（Dartmouth College），或任何其他曾录取却被我放弃的大学，我都可以获得不比哈佛差的学习体验。不能被复制的是得以绽放的领导才能和创业能力，如果把脑子只放在书本上的话，这些能力我永远也得不到。我的同学们也一样，他们的故事比我的还要不可思议、独一无二。我的这个故事只是沧海一粟。他们和我都会告诉你，我们课堂之外学到的，帮助我们毕业后找到了工作，并做好工作。美国公司清楚这一点，哈佛本科教育不只是与学业优异画等号，其价值还在于通过参与课外活动培养起来的领导力和批判性思维。下次你再遇到哈佛学院的毕业生时，问问他/她在课堂之外实现了些什么，答案也许带来的不止是一点点意外，而很可能是——大吃一惊。

（罗惠文　译）

"学生部落"文化

有什么是单靠大学管理机构"孤身奋战"无法达成,还得靠学生社团加以实现的呢?

最近,有小伙伴问我,来自美国多种不同社会经济与文化背景的大学生,都是怎么去适应全新环境的——这里所说的"全新环境",当然指的就是大学啦。此时我刚从"亚裔姐妹在服务"十周年重聚归来,内心满满当当都是对学生组织之深远影响的重新认识和不胜感激。这种影响,在扔掉枯萎的毕业花束后,在见证了诸多美好姻缘与职位晋升后,在经历一次又一次跨州跨国"迁徙"后,仍未弥散。

什么是OAASIS或者什么是其他形形色色的哈佛学生组织能够实现,而单靠大学管理机构本身"孤身奋战"无法达成的呢?那便是:培养一种部落式的归属感,鼓励表达和探讨个人的恐惧与忧思,创造一种狂热的、历久弥坚的,甚至在程度上比对整个大学还要更为热烈和深刻的忠诚。

大小不是先决条件

OAASIS是一个小型组织;不论何时,它均由30名左右的本科生组成。从逻辑上来讲，规模较小的团体似乎更能确保亲密关系的建立；相对大型的团体无法借由封闭的社会性架构，激发更加频繁的个体间互动。然而，哈佛最具"部落"意识、最为源远流长的学生组织之一——《哈佛深红报》(The Harvard Crimson)的成员就多达百位以上。是什么成为一众美国亚裔姐妹淘、一群有理想有抱负的"小记者"之间的黏合剂呢？高强度的目标，高强度的时间安排，高强度的兴趣爱好。《哈佛深红报》志在从所有哈佛出版物——包括它的宿敌《哈佛讽刺》(The Harvard Lampoon)——中脱颖而出，并成为不只是哈佛学生，还有校友以及校园之外居民的新闻来源。它把"未来作家"搁到一段充满压力的"考察期"(Comp)，从而淘汰掉那些信心不足、动机不明的人。留在《哈佛深红报》的每位成员，都想要待在那儿，并且于考察期中都获得了成长。OAASIS 也会让有兴趣的候选人接受时长一个月的考察。这段考察期，一方面在某种程度上是反映一个人到底是不是真感兴趣的"晴雨表"，另一方面也是为了促使其厘清目标与原旨。《哈佛深红报》的成员有的想成为记者，有的想成为商务人士，有的想成为律师或者其他；待在这儿，便有助于他们实现梦想或理清思绪。我的同学蒂娜和玛格丽特都曾为《哈佛深红报》写过文章，如今，蒂娜摇身一变，成为纽约一家顶级律所的律师，玛格丽特则是《纽约时报》的文字编辑。尽管身处不同行业，两位女性都从《哈佛深红报》这一曾主导她们和其他一腔热血的同学们的哈佛时光的社团杂志中，找到了自己的兴趣，磨炼和提升了能力。因蒂娜和玛格丽特大学时代想在《哈佛深红报》愈加出色,也便没有空闲时间再分配给其他上千种小活动了——她俩"专一"地跟一群同受大学报刊锤炼的同窗"同舟共济"。

与挑战同在

"一团和气"不一定就是好事,至少对学生组织而言是如此。大学阶段的学生,正于生命中第一次萌生出了斑斓的翅膀,大多正在尝试从这个世界找到属于自己的一席之地,正在确认或证伪一些貌似跟了他们"一辈子"的假定、成见。当这些人汇聚一堂时,自然而然会遭遇碰撞、冲突和成长的阵痛。在OAASIS,我们有成长于蓝领阶层唐人街或移民社区、父母做着小本生意的姐妹,也有生活在郊区豪宅(McMansions)、爹妈都是白领专业人士的小伙伴。举例来说,起初,我搞不明白为什么好些哈佛的亚裔美国人谈论着亚裔社会[1]、"竹天花板"(bamboo ceiling)[2]和对亚裔美国人的歧视。在我的成长过程中,我对中国文化的传承有着更为强烈的认同,从而忽略了在美国作为政治上和文化上的亚裔美国人意味着什么。对姐妹们的观点,我赞同与否并不重要;重要的是,我会以开放的心态去理解她们,她们会有热情去分

---

[1] 对亚裔美国人特定的政治身分认同。
[2] 指亚裔在美国企业及其他组织中面临一种无形的升职障碍,很难扮演领导角色的社会现象。

享。她们会去关注、理解她们为什么是这样、如何成为这样，以及这种身分认同在我们融合多元文化、充斥着种种政治忧虑的社会中处于什么样的位置。我确实相信，这激发了我更多的同理心，拓展了我的视野，并且不仅仅是对亚裔美国人，也对所有种族、社群、性别以及文化背景的群体。

这样的挑战还会延伸至社团之外。近期，有不知名的人给大量哈佛学生发送了内含死亡威胁的电子邮件，其中尤以亚裔美国学生居多。虽然哈佛行政管理部门和警察局都在调查这些邮件，但亚裔美国学生群体感到学校并没有把此项调查当真来干，于是，OAASIS连同其他学生组织联合起来，就此问题进行了密集的讨论。正是这种面临外部挑战时的团结一致和目标感，强化了社团内部的情感契约。

校友很重要

校友参与度高是学生社团运作健康和高效的标志之一。校友之所以如此重要，是因为他们超越了眼下校园生活的"小宇宙"，是将本科生与他们最终所能成为的人链接起来的表征。他们就是榜样，是激励，是提供实用建议的源泉与宝贵人脉。这就是"我""长大"以后可以成为的人。"我"想要的是有可能的，因为已经有人行进在那条路上了。不仅如此，他们会带来见证历史与挑战成功的鲜活智慧。如是构成一个组织过去和成员未来的双重角色，让学生感到，他们属于一个比眼下日常琐事更大的背景之中。此外，活跃的校友也是从本科体验里浴火锻造起来的强大、紧密情感纽带的明证。学生组织的参与度越高，越是活跃，校友就越忠诚，反之亦然——一旦其良性循环开始，两边均可受益。

一名刚刚步入大学校园的学生，很容易茫然不知所措。你在这儿，与来自五湖四海的数千名年轻人一样，身处此处。富有和贫穷，多数民族和少数民族，农村和城市，人们都渴望获得一种比对整个大学规模更小的一种归属感。你会交朋友，你会去跟有影响力的教员与导师见面，并且你会——希望如此——在大学的熔炉，即学生社团中找到自己。社团通过从磨炼与苦难的洗礼中生成的紧密纽带而团结起来，它将把你和那些倘若你只是作为"独行侠"而独自徜徉于大学"荒原"中无法取得的资源联结起来。

（罗惠文　译）

我为"服务"狂

让全体学生爱上公共服务,让学生社团拼了命都想往公共服务上靠,让学生毕了业还不服务就心里不舒服……哈佛就只干了一件事——

想当年我申请大学时,对一所学校"心水"与否的一个重要考量,便是它有没有强大的、为数众多的服务型和社会责任型学生社团。高中期间我曾在本地医院志愿服务过四年[①],还在厨房里当过四年的志愿者——帮忙给我们那儿的无家可归者准备餐点;在此阶段,服务社会的倾向在我心里生根、发芽,不断生长。我并不是要假装自己比大多数人利他、无私,但我认为,对那些各方面都处于相对弱势的群体心怀责任感是一种极其重要的个人价值;我想要到一所校园文化与学生群体中都凸显出如是价值观的大学深造。

阿猫阿狗也敢称"公共服务"?

在哈佛网站上浏览那鼠标滚轮似乎永远也滚不到头的社团

---

① 美国高中为 4 年制,即 9—12 年级,相当于中国的初三至高三。

名单时，我注意到大量的组织被归入"公共服务"名下，而非"社区服务"①。待到进入哈佛，我意识到，这样的命名是"蓄意"的，这里的服务有着多种形式。过去我在高中所熟悉的是直接的服务，即一个个体的行动确凿地、可见地影响到另一个个体：我烹饪食物，无家可归者饱餐一顿，由此我提供了一次直接的服务。在哈佛，直接服务型社团如"唐人街一家亲"（Chinatown Big Sibling）项目，由本科生来辅导居住在波士顿唐人街、家庭社会经济条件相对弱势的5—14岁的小孩。如果你要参加，就必须保证两年的服务期，承诺至少一周拜访一次自己的辅导对象；除去假期和考试周，那也就相当于每年总共要约8个月时间或者32次拜访，也就是两年里的拜访次数需达到约64次。和我关系很铁的一位同学，就花了四年时间辅导同一个孩子，最后包揽整个项目——也正是这同一位繁忙的同学，在三年里搞定了他的哈佛学士学位，然后在第四年里拿到硕士文凭。直接服务型社团还有"哈佛广场流浪者之家"，它为校园里和校园周边的无家可归者（没错，这里真的有一些）提供营养餐、暂时住所以及资源咨询。每位志愿者须允诺每周至少轮班一次（一次工作2—10小时，并且永远忙个通宵达旦）。好些学生在流浪者之家度过一个无眠之夜后，第二天清晨仍然睡眼惺忪、步履蹒跚地进入教室。一个小但是很有名气的项目是"萨福克监狱教育"（Suffolk Prison

---

① 一个社团可以归入多种分类，例如，华裔学生联合会既被划到"公共服务"名下，也属于"文化组织"。

Education）。它将哈佛学生送到一所中等戒备的监狱，去辅导那儿的男女囚犯完成"课堂作业"，目标是帮助狱友"获得找工作必需的技能和作为有责任的公民去生活"。学生按要求需至少一周去一个晚上，参加从下午6点45分到晚上10点的研讨；参与者的交通由哈佛负责，安全则由监狱负责。

除了这些直接服务型社团外，"公共服务"名单中也包括文化与民族方面的社团，如黑人学生联合会（Black Students Association）、美国亚裔学生联合会（Asian American Student Association）和拉丁美洲女子问题组织（Fuerza Latina）。起初，我不太明白为什么这样的社团会纳入"公共服务"名目下，直到我变成其中一个组织的"老大"才意识到，原来尽管它们并不非得从事直接服务，但其中某些活动的性质符合了公共服务的定义：它们组织与特定人群特征有关的唤醒式宣传活动（譬如，鼓励拉丁裔年轻人参与选举，而这个人群正是比例偏低的投票群体）。这样一来，文化组织提供了公共服务，使更广泛的人群从中获益。不仅如此，这些社团还会组织志愿者旅行，有时还跟直接服务型社团如流浪者之家等合办。

然后就是我原本以为仅应归为"卫生与健康"标签下的组织：癌症协会（Cancer Society）、全球卫生与艾滋联盟（Global Health and AIDS Coalition）、同辈健康交流（Peer Health Exchange）。健康意识能同服务搭上什么关系呢？全球卫生与艾滋联盟的使命中有一部分是"通过教育与唤醒活动，吸引学生投身于蓬勃发展的全球卫生健康运动"，"通过校内外的倡导与行动,影响政策改变",以及"通过直接服务与资金募集,满足本地与全球卫生健康需求"。除明确提出直接服务外,该组织致力于志愿向公众宣传全球卫生健康的议题,而这正是信息性公共服务的组成部分。类似地,虽然"同辈健康交流"听上去,呢,有点像一种同龄人(可以推测应该都是哈佛学生)之间关于卫生健康的交流;但其实不是,当然也不会只关于卫生健康。他们培训哈佛学生去"健康教育缺失的公立高中教授综合健康课程"。组织名称中的"同辈",指的是哈佛学生作为在地方高中就读的弱势家庭背景学生(这是美国最不可能接受健康教育的群体)的同辈;"交流"则指的是一种哈佛本科生与高中生双向进行沟通的渠道。

最后,"公共服务"名单上还有些让你摸不着头脑的社团组织。究竟"哈佛学院咨询团"(Harvard College Consulting Group,HCCG)怎么跟公共服务沾上边儿的呢?"哈佛学院发展开发员"(Harvard College Developers for Development,D4D)又是怎么回事?从什么时候开始,商业咨询变成了一项公共服务?计算机编程又怎会跟服务他人相关?您只需看看这些社团的使命,便会发现简单、很妙的联系。HCCG 是一个非营利组织,其雄心勃勃的未来管理咨询顾问搭建起一个个团队,"为商业机构和非营利组织提供创造性和高效的解决方案"。他们的网站 www.harvardconsulting.org 设计非常专业,颇有麦肯锡和 BCG(波士顿咨询公司)的风范;网站上列出的服务内容包括:竞争分析、市场调查与分析、经营方案、商业模式以及市场营销与广告。所有客户都能免费享受到咨询服务。至于我们的学生开发员，其社团章程上将宗旨阐述为"通过创造一个社群，将从事既有项目或在ICT4D①空间里创生出自己项目的个体汇聚起来，激发学生应用计算机科学对世界产生影响"。"程序猿"竟会在乎一行行代码和自己乏味小隔间以外的世界？没错，这样的"奇葩"真的存在。

服务他人还需自掏"入伙费"

以上列出的每个社团，以及其他纳入"公共服务"麾下的大量社团，都会有各自的章程，这是任何有理想有志向的群体正式注册为学生社团的先决条件。社团章程进一步衍生出了一个群体的使命、愿景、成员加入条件以及选举规则；它可以是简简单单的两页纸，也可以扩展到数十页。每个社团也必须成功地获得两位老师的支持与肯定，由这两位老师担任顾问——都是实实在在的顾问职位，并且还得在校方所要求的文书上签字。每个社团都有各自推选出的领袖，不管其成员规模是5人还是500人，这些领袖在"荣登大宝"前，通常都得作为"平头百姓"在社团里至少待上个一年，更多是两年或三年。学校的确会给各个学生组织

---

① ICT4D 即 Information communication technologies for development（旨在发展的信息通信技术）的简称，是一个涉及通过技术应用在社会经济发展、国际发展与人权方面提升生活的新领域。

提供资助机会，但金额往往覆盖不了运作成本，因此，学生们得交"入伙费"，得筹资，或者举办各式各样的收费活动，以保证社团能够有基本的偿付能力继续生存下去。

回想我们大学时"日理万机"的高强度时间安排，我对如此之多的学生选择了参与公共服务社团颇感惊讶。课业负荷满载，有课外活动、社交生活，然后还有公共服务。整个时间安排已经众所周知地不只是满了——简直是溢了出来。根据我的观察，我还想指出小小的但相当关键的一点：通常，学生们是在一个其他人可能认为不那么理想的环境中——收容所、监狱、唐人街破败不堪的地下室——提供服务。这样的地方，与我们温暖舒适的宿舍所形成的物理和心理上的差距，如同隔着一道天堑，或者一片漫无边际的海洋。可是，当一个人将手伸向另一个人时，那道天堑，那片海洋，便瞬间消失。剩下的只是我们，从本质上来说，是两个进行双赢互动活动的个体。这便是我们在哈佛所持有和被鼓励的态度，而非"怜悯"，或者"打发"，或者高高在上俯瞰其他在悲欢离合中挣扎的人们。哈佛也许是一所精英大学，将世间所有资源拢聚脚下，但这并不意味着我们就比那些靠薪水苦苦维持温饱或者根本就没有薪水可拿的人更该享有生活、爱与尊重。

如何让学生爱上公共服务？

利他主义行为也有实用的成分。英语里有句谚语，叫作"Kill two birds with one stone"，汉语中对应的说法也就是"一石二鸟"啦。套用在咱们现在的情况中，第一只鸟就是公共服务，第二只鸟就是专业发展，有人也许还会加上第三只鸟：个人成长。公共服务社团既提供了公共服务，也检验并发展了学生的技能、领导力和战略思维。虽然参与社团带来的影响在不同社团间存在很大差异，但一个事实是，学生并没有义务一定要加入更毋论建立一个涵盖公共服务成分的组织。哈佛并没有明面上的规章制度，甚至没有隐形的压力迫使你去"表演"公共服务。这里所存在的，是学生间共通的一种思维模式，或者说思想倾向，那就是：课外活动不应只让自己受益，如果可能的话，还应让哈佛社群，让波士顿社区，让美国及整个世界受益。

事实上，我后来发现，"公共服务"的标签并不是由哈佛说了算、来指派给各个社团的，而是由社团本身去选择要不要给自己贴上这样的标签。这一小小的真相便解释了为何如此之多的社团，包括我所提到的那些看上去似乎不属于服务导向的社团，都被放到了这一目录类别之下，那就是自我认同与个人选择。即便社团的核心使命并非公共服务，可学生们想要将自己的组织认定如此。这可能是因为他们想把服务包纳进自己的活动中，也可能是因为想使自己的社团对"沉迷"于服务的全体学生更具吸引力。不管是什么原因，对服务的倾情投入是显而易见的。

这看起来似乎有些崇高，是的，理想主义，但还有什么时候会比大学更适于培养责任感并使其深入骨髓呢？一旦一种服务的文化渗透进了你的生活，就很难再把它抛诸脑后。如今，我很遗憾自己为了工作奔波太多，常常将自己整个人连根拔起，辗转各处，以致于没有一个稳定的出口"发泄"我想要为人直接服务的欲望。我感到愧疚、不负责任、过于放任。这样的自我克制感播种于中学，生根于哈佛：对于我而言，想要并需要尽一切可能地为他人服务，正是我的一种生活方式。我不是要宣称我情操高尚，只是因为我很幸运地进入了一所如此这般的学校，被一群充满关怀并将其作为日常生活一部分的同龄人所包围。这便是哈佛的服务文化对我产生的影响，并且我相信，每一所大学都有这样的选择和能力去感化它的学生，让他们拥抱服务，将服务作为生命中精粹、基本和必需的一部分。

（罗惠文　译）

我的住宿生活

哈佛的确拥有耀眼的学术光环，但是这所大学的瑰宝却在于它创造了一个活力四射、联系紧密的学生群体，这就是哈佛本科教育经历的核心。

在中国，大家总是这样介绍我："这是王可，她是哈佛的毕业生。"最普遍的回应是："你能去哈佛读书，一定是最优秀最聪明的学生。"我一直以来都在思考：从社会大众和媒体"钦定"的世界最好的大学毕业，被界定为"最优秀和最聪明"究竟意味着什么？这意味着我是一个学术奇才吗？这意味着我可以轻而易举获得一份报酬丰厚、地位高贵的工作吗？这意味着我被列为社会精英，智力高人一等吗？根据我的个人观察，许多人都会这样说，他们的确也这样对待我。但是，我一直坚信，哈佛本科带给我的核心价值，既不是学术能力，也不是吸金大法，当然更不是社会地位；我最珍惜的哈佛教育，并不是她世界一流的设施、四处获奖的教授、高水平的学术讨论，而是一个独一无二的生活机会，让我在课堂外与一群各不相同、极富才华、胸怀大志的年轻人一起，去学习，去娱乐，去生活——是我的哈佛宿舍生活。

新生主任亲手安排住宿

哈佛的确拥有耀眼的学术光环，但是这所大学的瑰宝却在于它创造了一个活力四射、联系紧密的学生群体，这就是哈佛本科教育经历的核心！几乎所有的哈佛本科校友都会告诉你，比起师从曼昆教授（N. G. Mankiw）或者萨默斯教授（L. Summers），他们从彼此身上学到了更多的东西。我可以想象你们也许会挑起眉毛，表示怀疑——"怎么可能呢？"怎么不可能呢？哈佛煞费苦心地将她本科2007届的1650个聪明努力、各赋特色的学生集中在一起，紧凑有序地安排在她独特的住宿系统中，共同学习生活四年。一旦你了解了这个系统对学生日常生活的深刻影响，你就会明白哈佛本科教育的真正价值所在。

甚至新生还未踏入校园，这个住宿系统就已经悄悄地启动了。入学之前，新生要填写一份住宿申请表，内容包括希望有几个室友、自己的学习特点和社交习惯，以及一堆其他个人问题，来帮助新生主任（Freshman Deans）安排住宿。哈佛学院的新生主任会花一整个夏天的时间，认真审阅这1650份申请表，小心翼翼地将这些兴趣和背景不同的学生搭配起来，而不是把相同背景的学生放在一起。这是一件艺术工作。如果不这样做，一个在田纳西州接受家庭教育的基督教小孩又怎么可能有机会和一个来自纽约最好的公立中学的犹太教小孩住在一起呢？华盛顿州一个追求增加社交和教育的中国家庭的女儿怎么可能与一个来自麻省、热爱拉丁文的白人女孩每日交流呢？一个来自缅甸的留学生又怎么可能生平第一次和一个从墨西哥移民到洛杉矶的女孩成为朋友呢？

每个新生都和几个室友一起住进哈佛园（Harvard Yard）里17栋新生宿舍楼中的一套房子。这些宿舍楼只有大一新生可以进入（高年级学生的安全识别卡刷不进新生宿舍楼），每幢楼有好几个单元入口，每个单元都有一个舍监（Proctor）专门管理和监督。这个舍监往往是哈佛的研究生或者职员，就住在单元入口的房间里。舍监的职责主要是通过组织社交聚会和给予生活和学术的辅导来创造一种和谐的团体氛围。因此，从新生踏入房间的第一天起，舍监就成为了学生群体的一部分，学生们有一位每周7天、每天24小时住在一起的生活顾问。

在新学期开始之前有迎新周的活动，新生可以选择地参加各项迎新活动。可选的迎新活动丰富多彩，有为热爱艺术的新生提供的艺术活动，为喜欢社区服务的新生提供的都市活动，为热衷户外运动的新生提供的户外活动；对于国际生，也有强制参加的国际生活动。学生还有机会参加宿舍卫生小组，通过打扫宿舍小赚一笔。我就参加了这个小组，并且在我卖力地刷马桶和地板时熟悉了这帮组员，与他们建立起深厚的友谊。

迎新周，也被我们戏称为"哈佛营"，它为新生提供了一个互相认识、适应宿舍和了解哈佛的机会。比如，如果我挂科了应该怎么办？我想家了怎么办？图书馆怎么用？当然，我们也有很多社交活动——比如冰淇淋狂欢和"初次亲密"舞会（First

Chance Dance 是新生第一次寻找男女朋友的机会；毕业时有一场"最终幻想"舞会，即 Last Chance Dance）。事实上，大一一整年都感觉像是一场连续不断的迎新活动，因为总是有各种各样的社交活动让大家加深相互认识。每个宿舍单元几周一次的小聚也加强了宿舍圈的集体认同感。来自一个几乎全是白人的小城镇高中，我生平第一次结交了很多非裔和拉美裔的朋友。我既认识了在纽约上东区曼哈顿长大的公子名媛，也认识了第一次来到美国的、因家里无法负担学费而接受全额资助的国际生。

舍监竟能叫出本楼所有新生名字

大一时我很幸运地被安排进了一个小巧温馨的宿舍格里诺（Greenough）。我喜欢穿着睡衣在过道里晃悠，跑到男生宿舍区和朋友阿诗文、马特一起讨论经济学或者闲聊。阿诗文是一个来自纽约的印第安美国人，马特则来自新罕布什尔的一个小镇[①]。我喜欢在新生餐厅（跟《哈利·波特》里面的餐厅几乎一模一样）里逗留四个小时，跟朋友们讨论政治，议论教授，或者萨默斯校长又怎么搞得与全体教授对抗起来。我喜欢和舍监、舍友坐在客厅里，品尝新鲜出炉的糕饼，大声抱怨期中考试。这些都是我难以忘怀的大一回忆——这段奠定了我人生最坚定友谊基石的时光。

---

① 似乎是命中注定，我们仨毕业后都有机会在北京待过一段时间。

大一快要结束时，学生们自由选择和另外 7 个同学形成一组，参与到分配新宿舍楼的抽签系统中去，通过抽签将每一个小组随机分配到 11 栋高年级住宿楼中，度过余下的三年哈佛时光。在凌晨的时候，决定我们未来宿舍命运的神秘信封被悄悄地塞进寝室门缝。接到住宿楼分配结果通知的那天简直是一场盛大的仪式，大一学生就在餐厅里疯狂庆祝。每一栋住宿楼都给"大一毕业生"发一件特别的楼衫，欢迎新成员。那天我们小组在餐桌上手舞足蹈，披着楼旗，穿着楼衫，头顶楼帽。"欢迎加入艾略特楼（Eliot），哈佛最好的宿舍楼。"一个高年级女生边扔给我楼衫，边朝我喊道。至此，我已经不仅是一个哈佛的学生了，我还是艾略特楼的成员。

哈佛的住宿制受到牛津和剑桥的启发。不同的是，每一栋楼仅仅承担住宿的功能，而不是大学的学术分部。大多数的住宿楼都建造于 1930 年代。当时的校长阿伯特·劳伦斯·洛厄尔决定创造一个新的本科住宿系统，不仅能丰富学生的生活经历，也能通过抽签让每一个学生都有机会平等地被分配到各个住宿楼中，每栋楼有自己鲜明的特色。在哈佛，有超过 97% 的本科生都住在宿舍楼中。艾略特楼因为她窗外极其美丽的查尔斯河畔风光和春季豪华舞会而富盛名。每一栋楼都有自己的特色和优势，但是每一个学生和校友都觉得自己的宿舍楼是最好的。为什么呢？

因为这个住宿系统的魅力在于，它让学生们对自己的宿舍楼产生强烈的认同感。每一栋楼都有两个"家长"（House

Master）——一个哈佛终生教授及其伴侣。我的"家长"是里诺·培尔堤莱和他的夫人安娜·本斯特德。里诺是一个意大利人，他是意大利文学的教授；安娜是英国人，在波士顿一家广播电台工作。那个夏天，里诺记住了整整100个新加入学生的名字和面孔。正因为这样，在我们拖着行李箱进入艾略特楼那天，他才能站在入口处，一个个叫出我们的名字，热情地迎接我们。里诺和安娜就住在艾略特楼旁边的一栋小楼里，在那里经常举行美妙的茶会。楼里也有一群跟我们住在一起的导师（live-in tutors），他们通常是哈佛各个研究院的博士研究生。他们的职责在于给予我们关于本科学习、申请研究生和找工作的建议和指导。假如我准备本科毕业后，申请法学院的研究生项目，我就可以寻求法律预科的导师；如果我想去申请一份在法国实习的资助，我就会去找助学金导师。这些导师也是我们的朋友——我们经常一起在餐厅里用餐。

每一栋宿舍楼也有自己独具特色的餐厅，这是一个非常重要的公共场所。艾略特楼的餐厅是一个优美高贵的传统大厅，有雕刻的墙壁，精美的吊灯，长长的橡木桌子、朝向外面的石阶。大家都非常喜欢玛丽娜，她是一个亲切的波兰女士，每天给我们刷饭卡并温柔地告诫我们要好好注意身体。我早上喜欢吃一个煎蛋，跟厨师们拉几句家常，他们常常给我的蛋卷里塞很多火腿。大家都喜欢在餐厅里聊天，晚上我们也会带着作业坐到橡木桌前。我在哈佛印象最深的几次谈话都是在餐厅写作业时发生的——跟一群累坏了的朋友们一起在这个温暖的餐厅里闲聊真的很神奇。你会感觉到你不是孤身一人,而是属于一个更大的群体。每当我怀疑自己时,正是这种感觉鞭策我继续前进。在这里,我总能找到一群在餐厅里奋斗、写作论文的朋友,和他们一起熬夜码字,拼凑着第二天就要交的八页纸的哲学论文。第二天早上,经历了一夜九个小时的鏖战,我轻松地跟才进来吃早餐的朋友们打着招呼,脸上挂着疲惫的胜利微笑——他们总是拍一下我的背以示祝贺。

舍院间的"战争"

在哈佛遇到其他学生,无论什么时候我都会大声说出我的名字、我的宿舍楼,再问她/他住在哪栋楼里,然后开一个关于那栋楼的玩笑。哦,亚当斯楼?真可怜,你们餐厅里总是有大一学生来混饭。哦,马瑟楼?真可惜你们的宿舍是学校里最难看的。不过,谁有资格说咱艾略特楼不好呢?嘿嘿。住宿楼给我们提供了很多只有"圈内人"才明白的笑话,还常常隐藏着宿舍间各种形式的明争暗斗,希望证明自己的宿舍楼最好。有的宿舍楼甚至会向别的楼发动"战争":有一年,艾略特楼偷了亚当斯楼古色古香的中国锣,亚当斯楼马上奋起反击,把艾略特楼的旗帜给偷了;又有一年,邓斯特楼的学生在他们一年一度的烤山羊派对后,把吃剩的山羊骨架扔到艾略特楼的垃圾箱里,企图吓唬我们。当然,这些都是善意的取乐,往往增强了我们对自己宿舍楼的认同感。

这个住宿系统也是我们参与哈佛社交生活的一个重要渠道。除了每个宿舍楼内部的活动，学生还可以到其他宿舍楼参加活动。每个周末，一些学生就会在他们的宿舍楼客厅里举行派对，哈佛也经常从学生社交基金拨款加以赞助。有的客厅甚至被称作派对客厅，经常引来大批学生。我和室友们就很痴迷于派对。我们常常计划着先去艾略特楼的这个派对，再去卡伯特楼的那个派对，然后再和朋友们到柯克兰楼的另一个派对来结束一个夜晚狂欢。宿舍楼的派对都是通过口口相传，或者通过宿舍楼的邮件名单来传播的。每一个宿舍楼的成员都在这个名单里。如果我想星期六去中国城，我就可以通过这张名单发送邮件邀请大家，组织一个外出聚会。

最重要的是，这种住宿制度带给我们对同学情谊的最甜美回忆——我的朋友成了我的家人，艾略特楼成了我的第二个家。在这个充满压力和挑战，甚至有些孤立无援的学校环境里，每天回"家"、回到艾略特楼都带给我安慰和温暖。我记得，在艾略特楼著名的春季豪华舞会上我和室友在餐桌上跳舞；我记得，室友在浴室被一只巨大的蟑螂吓得惊声尖叫，管理员弗兰西斯科跑来做掉它后，毫不留情地嘲笑我们；我记得，在"家长"里诺和安娜的家里帮忙组织茶会，然后我们把糕点偷回宿舍；我还记得，和我最喜欢的导师一起去波士顿城吃饭，认识了她的教授男友，他还开车送我们回到艾略特楼；我还记得，和我的室友们一起嘲笑里诺，他在正式的艾略特晚餐聚会上喝了几杯葡萄酒，发表演讲时就口齿不清了；我还记得，我写一篇期中论文时，朋友们深夜给我带回零食，给我鼓劲儿；我还记得，每天晚上睡觉前，哈佛商学院明亮的灯光倒影在墨绿的查尔斯河上，每天早晨醒来时，明媚的阳光洒在蔚蓝的河面上闪闪发光。这些记忆不仅印在我的脑海中，更会刻在心中伴随我一生。

也许您会惊讶，现在作为一个哈佛的校友，我仍然会这样向一个哈佛学生或校友介绍自己："我是2007届的本科毕业生，是艾略特楼的。"其实，每一个哈佛学院的毕业生都会在介绍了他的毕业届次之后马上告诉你他的宿舍楼名字。因为我们认为，在哈佛接受的真正的教育来自我们的朋友和同学，得益于哈佛学院的住宿系统带来的同学间的共同生活。这就像我们发明了一种秘密语言，只有曾经生活在其中的人才能明白。正是这个秘密语言，这个强大的凝聚力，将哈佛的校友们联系在了一起——这就是为什么即使才互相认识30分钟，一个校友在毕业15年后会热心帮助我介绍一份工作，这就是为什么我会毫不犹豫地用休息时间为一个正住在艾略特楼的本科生提供学术和求职的指导。我们都为这一段共同拥有的经历全身心地投入了感情，而这一段经历将持续不断地丰富着我们的人生。

哈佛告诉我，教育不仅仅是日复一日地通过记忆公式和理论来训练思维。教育也不仅仅是得到一份工作、赢得社会经济地位的手段。它是精神的营养，开拓思维和眼界，引领人们翻越家庭、文化和社会筑起的高墙；它塑造着一个个虚怀若谷、一生不断追求真理的人。哈佛对于我的影响，仅次于我的父母；她成就了今天的我。在那四年里，我从同学身上学到的好奇精神和他们对多样化和多文化视角的追求,也将从智慧、精神和感情方面继续塑造我的一生。

（胡馨月　译）

宿舍也可以是"家"

哈佛分配住宿时曾按"三六九等",家境不够殷实的学生竟被指派为"土豪"同学端菜上饭;哈佛"死对头"——耶鲁的校友,居然自掏腰包,花了相当于今天近2亿美元的巨款打造哈佛舍院……请让我们一起来揭开那些不为人知的哈佛舍院故事。

哈佛住宿系统注定"低效"?

如今,颠覆性创新在高等教育领域中风起云涌,见诸各大职能部门。"慕课"(MOOCs)、软件系统、数字化图书馆,如此等等,彻底地改变了学生高效获得和加工信息以及学习的方式,以无形的数字化取代了有形的实体。哈佛对这些变化不仅没有"免疫力",事实上还热切拥抱了其中许多技术革新。然而,学生体验中有一项却是无法被有形"化"无形的,并将持续相对低效地运作下去,它就是——哈佛本科生住宿系统。

哈佛新生按学校要求,均需住校,生活于新生专享的哈佛园(Harvard Yard)内;到高年级时,便有了住在高年级舍院或校外两种选项,其中97%的学生的选择是将舍院作为自己的"家"。哈佛舍院不仅仅是一间间寝室或者一幢幢宿舍楼;它们是学生印刻回忆、创建社团、学习如何成为领导者的社区；其功能定位并非单纯作为容纳学生生活的实体性的"壳"，而是积极促进个人成长与知识探索的活性催化剂。作为舍监的教师跟学生住客们同吃同住，营造一种家的感觉；专攻某些学术和职业领域的研究生也驻扎舍院，为本科师弟师妹们提供学业、生活和职业上的辅导与建议。每座舍院均有属于自己的餐厅、健身房、研讨室、教师会议室、图书馆、活动室以及其他功能性空间，折射出哈佛一个个"五脏俱全"的缩影。如此这般拥有独立的餐厅和图书馆，并由单独的职员团队运作，并不是高效的做法；管理12个独立预算的实体，跟12种不同管理风格的12组舍监打交道，于哈佛而言也非高效之举。但是，这所高校却持之以恒地追求着这个住宿体系的日臻完善。

　　容纳这样大规模的本科生于校园住宿系统之内，在美国不是一件寻常事。为了让您对此获得一个直观感受，咱们可以参考如下信息：麻省理工学院有70%的本科生住在校内；加州大学伯克利分校，也就是美国最顶尖的公立大学之一，有74%的学生住在——请注意，不是校内，是校外；密西根大学，美国公立大学中排名前五的学校，有90%的高年级学生也都住在校外。在斯坦福，尽管几乎所有学生都住进了学校，但住的可能是舍院（Residential Halls），可能是主题宿舍（Themed Houses）[①]，也可

　　[①] 主题宿舍是规模较小的建筑，聚焦某个特定的主题，如社会服务、多元文化生活，等等。

能是公寓和套间；它们有着各自的运营系统，并且其中一部分没有教师与研究生"驻楼导师"。在哥伦比亚大学，虽然94%的本科生住在校园里，但分住在两种不同的宿舍内：一种是大学自有的，另一种是挂靠于大学的；后者不纳入学校住宿系统进行运营。那为什么哈佛，当然，还有哈佛的"对头"耶鲁——也有一个类似的体系，执着于维持这套非凡而又复杂的住宿系统呢？

舍院竟曾流行同窗奴役

对此，我们得追根溯源，从历史长河中"捞"答案。1636年，当哈佛成立之时，它招收的所有年轻人都跟校长住在同一屋檐下，这种局面在今天看来简直是不可思议的。尽管数十年后修建了学生宿舍，但住宿条件仍然乏善可陈：气氛沉闷，设施简陋，管理严苛，饭菜难咽。正是最后一条，致使学生们曾因变质的黄油和腐败的白菜进行过抗议。撇开生活环境的种种不便不谈，其中还突显了社会的不平等：富家子弟能有幸从住宿系统中分到一间真正的房间；而家境相对较差的学生则被放逐到更为阴湿、肮脏、狭小的阁楼空间里，有的甚至还要伺候钞票多的同窗用餐，替"富N代"的"小伙伴"誊写笔记。好在18世纪下半叶，这一同龄人"奴役制度"被废除了，所有学生获允能够住进同样的房间，吃到同样难以下咽的饭菜。不过，暴露在自由市场机制之下的住宿系统中又涌现出新的不平等：有财力的学生可以一掷千金，到校外租赁豪华的私人寓所，命令自己家里的仆人烹制一道道菜品，而不必花钱到食堂喝那令人疑窦丛生、"据说有肉"的神秘"肉汤"。直到阿伯特·劳伦斯·洛厄尔（1909—1933年在任）校长决定创造更加兼容并包的住宿系统并改变哈佛整体本科体验的愿景时，这个贫富两重天的世界才画上了句号。

1907年，还没当上校长的洛厄尔先生便如是阐述他的理念："我们想要的，是一个集聚来自这片国土各个角落各类群体、有着不同经历以及尽可能不同社会背景的人的系统。简而言之，我们想要的是这样一些学院：它们个个都是全民性并且民主的，个个都是大学整体的缩影。"他等待了相当长一段时间，才等到理念成熟，才有了能将想法付诸实践的资金。1928年秋天，耶鲁校友爱德华·S.哈克尼斯（Edward S. Harkness，耶鲁1897届校友），美国最富有的人之一、著名的慈善家，提议给洛厄尔校长300万美元①来建立一所"荣誉学院"；这所学院中要配备舍监、导师，学生从二、三、四年级里选取。此前，哈克尼斯也曾向他的母校——耶鲁表示过捐助这笔款项的意愿，但不得不因校方的拖延与犹豫不决撤回了自己的承诺。洛厄尔校长立刻接受了哈克尼斯的馈赠。虽然由一名耶鲁人出资，引发了哈佛最不同凡响的培养方式的萌发，显得有些讽刺，但这事实上也是哈佛与耶鲁"斩不断，理还乱"的关系中颇有诗意的一个篇章：耶鲁1701年由十位牧师所创立，而这十位牧师全部毕业于哈佛。

尽管学生和教师都反对新的住宿系统，但洛厄尔校长"笑到

---

① 据美国劳工统计局数据，1928年的300万美元相当于今天的4100万美元。

了最后"。距哈克尼斯先生最初提出捐赠不到三年的时间里，七所舍院便开足马力全面运营了。在这打头的七所中，有四所是以哈佛校长的名字命名的（邓斯特、列文瑞特、柯克兰、艾略特），两所承袭了杰出的哈佛家族姓氏（亚当斯、洛厄尔），一所以约翰·温斯罗普（John Winthrop）——一位创建马萨诸塞湾殖民地（波士顿市前身）的领军人物命名。最后，哈克尼斯先生总共掏出了 1300 余万美元①。

按照当初的想法，这些舍院各自遵循自己的程序招生，包括单独的申请短文、面试以及社交推广，舍监手握"生杀予夺"大权。没了校方的统一监管或者说介入以后，个人喜恶与偏见又占了上风。舍监们开始根据个人偏好选拔高年级学生，一些舍院获得了精英汇聚之所的声誉。我待过的舍院——艾略特楼和洛厄尔楼因作为新英格兰白人私立预科学校精英的游乐场而"臭名昭著"；温斯罗普楼和柯克兰楼住进了许多运动健儿（包括后来的总统约翰·F.肯尼迪，他当时加入了学校游泳代表队）；邓斯特楼（Dunster）搞政治活动，聚集了许多自由主义者；有艺术气质的学生和同性恋者涌往亚当斯楼（Adams）；黑人及其他族裔的学生去了马瑟楼（Mather）和"四方院"②（有意思的是，这些舍院离其他宿舍楼最远）；剩下的则进入列文瑞特楼（Leverett）

---

① 相当于今天的 1.77 亿美元。
② "四方院"（The Quad Houses）地处哈佛园的西北部，与其他舍院遥相对立，依查尔斯河而建，包括普福尔茨海姆楼（Pforzheimer）、卡伯特楼（Cabot）和柯里尔楼（Currier）。

和昆西楼（Quincy）。

随着哈佛日益增强的社会经济背景多元化与种族多样化，前述住宿系统的非正式分层越来越引来不快，变得难以为继；于是，1971年，校方废除了原先的申请系统，转而让学生排出自己前四位的选择。正如你所预想的那样，虽说新办法多多少少减轻了一些之前的纷扰，但各大舍院依然很大程度上保留着先前的身分认同。任其自由发展的话，学生们仍旧会被按照三六九等与自己社会背景相似的同志放在一起。终于，1998年，哈佛不顾学生的强烈反对，将住宿分配程序完全随机化，谁跟谁住一起便全凭运气了。这一完全随机的做法，旨在体现住宿系统内最大化并创造真正的多样性。如今，新生们被放进随机住宿分配系统时，分为了男女混合或单一性别的群组，每组可以多达八人；并且每个分组可以与另一组串联起来，从而保证串联的两组能够被分进相邻的舍院。

哈佛还将砸10亿美元改造舍院

历经三个世纪，哈佛住宿系统才演化为现在的模样。持续了三个世纪的，有顽固的不平等，也有不断增强的多样性；持续了三个世纪的，是哈佛对自身住宿系统的积极调整、改变，以创造出一个个更加公平、异质化和真正兼容并包的社区群落，从中折射出或者说更多情况下是引领更为广阔的美国社会中正在发生的变化。然而，今天的桂冠并不会拴住这所大学前进的脚步，它最近正在着手做一个10亿美元的多年期项目，以更新和改造12所本科舍院。该项目是哈佛当下大规模筹资活动中一个核心组成部分，其总体目标为65亿美元。尽管舍院依然"金玉其外"，但内部格局与结构实际上已经陈旧过时了。为此，哈佛决意改善房客的居住体验，这一举措也激起生活在舍院中的学生和老师一起来进行社交互动与脑力碰撞。改造后的舍院将以更大更友好的公共区域为特色；智能教室与研讨室将融入更多科技元素，以迎合高科技学习的特征；大厅与楼道空间将重新设计，以增加学生与顾问的互动和同伴间的交往。所有的一切，都服务于优化、深化和永恒的多样化舍院社区这一宗旨。

作为哈佛的校友，我坚定地支持母校始终不渝并且与时俱进地聚焦于住宿系统。我已经没法再多地强调昔日艾略特楼的生活经历对我在哈佛接受的教育是多么不可分割的一部分，它在我关于哈佛的回忆中有多么举足轻重。我当然不是唯一持此观点的人。现在（事实上这一"传统"也已延续了好几十年），哈佛本科的校友们自我介绍时，总是先说自己是哪一届的，然后便会讲所从属的舍院。以我为例，"我是2007届的，艾略特楼"。言谈之间，如果不掺杂进我们为自己舍院感到的无上荣光，不频频提到它，就没法说清楚自己作为校友是什么样的人。这也正是对哈佛之远见及成就的一个小小注脚。引用校方募款论证中的一段陈述："舍院生活对于一代又一代本科生而言，一直是哈佛本科体验的一块基石。通过本次募款活动，我们可以确保，舍院将不仅仅作为基石，而且将成为下一代改变世界的领袖的发射平台。在此过程中，我们将创造一份慷慨的传世之宝，它将陪伴着未来一代代在我们的舍院中生活与学习的哈佛学子们永世流芳。"祈愿永远如此。

（罗惠文　译）

十年回首自难忘

我对大学的预想是对的,但也不全对。事后来看,我在大学里对"成功"的认知变化,实际上与我的人际交往息息相关。

大学跟我想象的不一样

十年前(2003年),我在改变人生的道路上迈出了第一步,驶入其后十年作为"家"的港湾:哈佛。噢,在此之前,我的生活已经近乎"完满":中产阶级家庭的独生女,身体倍儿棒,接受过美国很好的公立学校教育,学业不自谦地说可谓出类拔萃,眼前坦途一片——完全没有贫穷或者暴力之类的负担。对世界上大多数人而言,这样的生活水平便是他们为之奋斗的目标,是也许只能在他们美梦中浮现的海市蜃楼。我是如此幸运,我要做的,仅仅是顺着这样的轨迹运行,有一天甚至比爸妈还成功——从事更稳定的职业,赚更多钞票,在美国享有更高的社会声望。

我曾希望,大学是我"寒窗苦读"孜孜以求的那种生活的延伸:无边学海、机会云集、成就斐然。我也曾企盼,能在这里找到比高中更多的知心好友,因为哈佛里会不乏真正"理解"我的人。我的预想是对的,但也不全对。我学到了很多,得到机会无数,我想事实上也算成功——但这未必是原先我料想中的那种"成功";我后来确实结交了许多"死党",但过程的艰难比预期的大了很多。事后看来,我在大学里对"成功"这一概念的认知变化,实际上与我的人际交往息息相关。

刷马桶初遇我的宿舍

颇有意思的是,新生年对形塑我的大学经历起到了举足轻重的作用。不知是何种运气、因缘或者魔力综合作用的结果,在哈佛根据1600多张住宿偏好表、手工将能互补且"对上眼"的室友进行"配对"的过程中,我相信自己被分进了最棒的宿舍。事实上,许多住在别的宿舍的同学也会如是宣称。我对他们的言论的可靠性持保留意见,但这很大程度上也展示出哈佛在令学生融入宿舍方面做得多么出色。

格里诺(Greenough),我大一所在的舍院,从我与它相遇的那一刻起,便是那么特别——那是在新生向导前的热身活动(Pre-orientation)中,当时我被指派去打扫它。我选择了到哈佛的学生宿舍楼里干一周的脏活儿,顺便挣大约800美元:洗马桶、抠黏住的口香糖、清理一网又一网纠结在一起的头发……这是为迎接新学年即将入住的"房客"们所做的准备。干这些差事的新生被称作"宿舍工作团队",说真的,这在新生之中还相当受欢迎，原因有二：一者它是个赚钱的好机会（如果你选择参与其他新生体验活动，还得付给学校钱）；二者它是个在……呃……诡异有趣的环境中了解同届"小伙伴"的好机会。最后，我被分配到了清洁格里诺的工作团队里，并且坚持要打扫未来属于自己那间宿舍——我相信只有自己才可以来一次彻彻底底的大扫除（是的，我是一个清洁控）！

入住新家第一天

不过，闲话休提，还是说回我们的故事吧。入住宿舍那天，妈妈帮我把三大箱行李填进空空荡荡、四四方方的寝室时，我的室友们开始陆续现身。住在隔壁屋、与我共用一扇门的，是一位聪明的白人女孩。她来自马萨诸塞州的一座小镇，有着毫无异议的中产阶级家庭"出身"，没有任何我臆想的那种东海岸的自负。我套间（Pod）①里四"姐妹"中的另两位分别是：来自纽约皇后区的华裔美国女孩，因其超凡的写作功底被一家流行的青少年杂志盛赞为"美国最酷的女孩"之一；来自博茨瓦纳的女孩，

---

① 格里诺楼共有四层，每层截为三大块空间，称作"pods"，相当于"套间"。每个套间包含数个居住着同性别学生的房间，并以双开门与同层的另两个套间分隔开来。每层楼的三个套间中所居住学生的性别，要么是"女-男-女"格局，要么就是"男-女-男"。我那层楼是按"男-女-男"分布的，所以隔壁两个套间里住的全都是男生——对中国大学而言，这样的混搭宿舍恐怕很难想象吧？

曾靠奖学金在一所美国精英寄宿制中学学习。我也跟一些同层的"邻家"男孩们打了照面。来自纽约州北部的印第安男孩是最早问候我的人之一，他用灿烂的笑容迎接我，并将我介绍给他同样热情的父母。

高兴得快要眩晕的感觉从我脚尖冉冉升起，幸福来得太快：我刚搬进新"家"没几分钟，便被一群陌生人的友好与善意层层包围。那天一整天，都被如此这般的互相介绍所占据。我遇见了住在大厅对面的两位男孩——两个个子高高、壮实英俊的运动型男生，分别擅长帆船和英式足球；也碰到了住在阿什文（我前面提到的印第安朋友）旁边那位永远没睡够的新罕布什尔州孩子。我发现一位曾在此前的"录取生周末访问"活动①中结识的故知，即一位墨西哥裔美国姑娘，就住在我的楼下；由此又认识了她的室友，一位缅甸女生、哈佛为数不多的该国本科留学生之一。然后，我见到了住在一楼南面极其亲切的一群男同学：来自田纳西州、大学前"在家上学"②的基督教徒迈潇，来自波士顿市郊富人区的犹太孩子埃文，来自威斯康星州

---

① "录取生周末访问"于每年 4 月末举行，被哈佛录取的新一届学生可以在作出是否接受录取到哈佛就读的决定之前，选择到校园里游访一个周末。

② "在家上学"（Homeschooling）又被称为在家教育、家庭学校教育，指的是以家庭为主要教育场所、通常由父母或家庭教师组织开展的教育活动。它在美国从 19 世纪末开始萌芽，20 世纪七八十年代开始合法化。一些拥有较好经济实力和较高文化素质的中产阶级家庭，由于认清了学校教育的程序化、机械化等弊端，或者出于宗教、安全等方面的考虑，不愿再将孩子送入学校，从而选择自己在家教育孩子的方式。目前中国也有零星实践，但尚处于"地下阶段"。

小镇、信奉天主教的双胞胎之一克里（他的孪生兄弟去了圣母大学①）。最妙的是，我在哈佛最好的新朋友，同样是在录取生周末里"勾搭"上的同学，也住在格里诺！虽然之前我并不以为将在入住第一天遭遇冷落，但我也未曾指望会被这样"来势汹汹"的友善和率真压倒——它们跟我与生俱来的谨慎个性是背道而驰的。"当然每个人最开始都会很和蔼可亲啦"，我如此论断。我想大家是在"试水"，示好是将友谊之帆驶向彼此的最好手段。

男舍友的午夜邀约

我曾以为，我们往来频繁的舍院开课以后会"安分"下来，结果出乎我的意料：它只会变得愈加活跃。与此同时，我野心勃勃地为接下来的整个学年规划了课程"蓝图"，给每门课买了不同颜色的分类彩色笔记本，花大量的作业时间去把自己潦草的经济学笔记誊写得完美无缺。我当然想多去社交，但我从高中阶段起，一直都将学习生活与社交生活严格区分开来，总是自己在房间里完成家庭作业。可是如今呢？阿什文老把我拖去跟他、迈潇和来自新罕布什尔州那位舍友一起"学习"。一开始让我挺失望的是，我发现所谓的"研讨"，就是不停地吃阿什文惊人的零食

---

① 圣母大学（University of Notre Dame），一所私立天主教大学、研究型大学，被誉为美国精英大学中的贵族典范。

库存（奥利奥饼干、品客薯片、好时巧克力），聊除作业以外的一切事情。不过，随着高糖零食存量的减少，我对这些午夜研讨的好感也逐日增长。也许是糖分过多，让我头脑不清，产生了幻觉，但不久我便开始期盼阿什文那具有感染力的理想理性主义、迈潇那不动声色"假正经"的诙谐机智，打破我一个人坐在书桌前执迷于反复绘制供需曲线的单调乏味。阿什文和迈潇在掌握经济学原理方面往往都比我领先一步，于是，他俩就会花时间陪我一起"过"一遍我们的作业。很讽刺，对吧？我学会如何很好地跟他人一起学习的地方，竟然是在哈佛——一个通常被假定为竞争白热化、同学间"你死我活"地斗争的地方。即便后来我们没有同样的作业了，我们还是选择在一起学习，感受这种"同志"之谊。这是我人生中第一次从同学、从朋友那里体验到如是温情。

格里诺里的"居民"，也就是我们啦，大多喜欢与自己楼里的人交往，因此，它变成了我们新生年的生活中心。我们在四层楼间上蹿下跳，彼此戏谑、搞一些恶作剧，互相帮助"消灭"食物，把衣服借来借去，一起学习，甚至一起约会。回眸往事，作为一群文化背景、宗教信仰、政治倾向与雄心抱负如此不同的人，我们能在一起玩得那么好，真的是非常难得。我在格里诺里看到的一切让我相信，一切人际关系皆有可能，相敬相爱可以超越我们社会中人为筑起的分界和恐惧带来的偏见。这也许乐观得有些天真，但我很高兴能以这样的假说而非某种阴谋论开始大学生活。

"命途多舛"的"姐妹帮"

然而，宿舍生活并不总是一帆风顺的。我也在与宿舍女生的关系中苦苦挣扎过：跟我最铁的乐，98%的时间都与男朋友泡在一起，以致于我们住得虽然只有1分钟之遥，我却基本上没怎么见过她，说是"咫尺天涯"一点儿也不为过；我跟隔壁的劳拉也几乎没说过两句话，因为我喜欢在学习时带上我们之间那扇门，这完全是出于习惯；我跟蒂娜，来自布鲁克林的华裔女孩，有过一段暴风骤雨般的友谊（可惜暴风骤雨的特点是很快便会时过境迁），这源于我俩都有固执、鲜明直率而往往相左的观点；我感觉跟从缅甸来的魏玛一度走得非常近，然后由于一场误会彻底闹翻了。刚开始时，责怪另一个人斤斤计较、感觉迟钝、自私自利是很容易的。说到底，谁又非得有"姐妹帮"呢！对吧？我花了很长时间，才承认这一点：我就是斤斤计较、感觉迟钝的那个人。高中时，当我总是与别人保持一定距离的时候，要回避自己的缺点是轻而易举的；但到大学后，跟与自己看待问题颇不相同的人的亲密情感，把我逼到不得不与这些问题狭路相逢的境地。超越界限与背景的友谊的确是有可能的，但付出与谦逊必不可少，正如我从经验中学到的那样。尽管捡那些友谊的碎片带来了难以想象的阵痛，但与这群女人建立起更加互敬互爱的关系也是非常美好与愉悦的。

我为什么要唠叨这些呢？纵然这与"友好的人际关系"之间

有着千丝万缕的联系，看上去却与"成功"似乎毫无瓜葛？尽管我跻身哈佛已然非常幸运，但能结交到一帮志趣相投的朋友、学会友爱而离开哈佛让我更觉有幸。对于我付出无数努力才学到的东西，即如何经营与形形色色的人之间真正、有意义、彼此尊敬、互相促进的关系，而我高中阶段所收获的成功不过是"小菜一碟"而已。我意识到，如果你只是一个人，又非常自私，那么过着薪水可观、工作舒心的"舒适美丽人生"也没啥意思；朋友的爱与支持，是一种需要用心去"挣"、去珍惜的赐福，而不是只要心里想想就会从天上掉下来的馅饼。这对自小娇生惯养、总被庇护的独生子女而言，是多么始料未及而又重大的启迪！我希望每个正在一头扎进大学的青年人都能获得这样的启迪。

（罗惠文　译）

大学教育的社会价值和品质

学生或毕业生总是和与他们同样背景的人们扎堆"混"在一起，你可能觉得这没什么大不了。看，就算哈佛耶鲁这些名校也存在这个问题，甚至更加严重。然而，我可不这么认为。

最近，我在浏览脸书（Facebook）上的新消息时，看到OAASIS（我在哈佛读书时和别人一起创建的一个女性服务社团）组织的一场社会活动的照片。当我用鼠标点击一张张照片时，有两种互相矛盾的感受同时袭来：其一，来自哈佛的社团里紧密相连的友谊所带给我的怀旧之情；其二，来自看到超越这些"小团体"强加于人的社会限制带来的庆幸之感。

我可以看到你的眉头皱了起来，亲爱的读者，请允许我解释一番。

"大学时代"的魔力

对于美国和中国的很多大学生而言，大学时代是一个转变时期。你离开老家，有极大可能性要去往一个更大的城市。也许你的父母没有读过大学,所以你有些惊恐、自卑,会因受了委屈而感到愤愤不平。你也许要人生第一次自己洗衣服和做清洁。你也许以前从没见过来自克罗地亚或呼和浩特的人,又或许你本人就是从克罗地亚或呼和浩特来的人。可能你从未拥有过一场风花雪月的故事。可能除了在圣诞节或者春节的时候你老爸老妈允许你喝一点点酒外,其余时间你滴酒不沾。大学是聚集了所有"第一次"的未知领域。这是一场启蒙仪式,你和其他年轻人一起被丢进充满严酷考验的熔炉里,比如在兄弟会[①]成员的欺凌下,患难与共的学生们缔结起有弹性且感性的盟约。我曾经从美国或是中国的朋友那里听说,他们有一些密友就是父母在大学时"创造"的"结晶",这种事儿毫不令人惊讶。那个看到过你因作业第一次拿到"B"而落泪、和"另一半"一次次分手又和好、克服宿醉带来的头痛欲裂去完成期末论文这桩桩往事的人,那个见证过你因搞定了 CS 50(哈佛大学一门入门级的计算机课程)的项目设计而兴奋地猛击桌子、神魂颠倒地去跟在生物课上认识的那位性感的运动员约会、第一次小口喝下苏格兰威士忌(标志着你长大了!)的人——这就是与你难舍难分地"绑定"在一起的人。

与那些和你分享这种默契的人在一起,这听起来挺不可思议的,不是吗?每当工作或者生活让你筋疲力尽的时候,你需要

[①] 美国大学里的"兄弟会"是一种社团组织,成员大多是非富即贵的家庭出来的男生,要加入兄弟会往往需要经历各种严峻考验。

喝一杯酒或组织一场聚会来放松一下，就会给他们打电话。每当我一年一度与大学时的五位室友见面时，我们就会立马进入一种叽叽喳喳、嘻嘻哈哈的模式。"你老公怎么样了？他每天早上还会给你写爱心小纸条吗？""你还记得你在我房间到处玩自拍的那个时候吗？还有我们在过生日的时候互相打扮成对方的事情？""你见过约翰·K吗？他曾经是那么风流倜傥，现在却又矮又胖，被银行的工作搞得疲惫不堪、魅力全无。"除了她们，我不可能与别的姑娘在数月甚至数年的分离后还能瞬间开始这种亲密的谈话或者嬉闹。

精英教育反而变成障碍？

然而，有时我们过多地陷入这些为了追求归属感和安全感的相互交流，特别是当我们感到有压力的时候、搬到一个新地方的时候或者只是简单地想休息一下的时候。在纽约的朋友们主要都把休闲时间花在与其他哈佛、耶鲁、普林斯顿的家伙们混在一起。尤其是在美国的亚裔人，他们会像企鹅族群一般团结在一起。亚裔人，打钩；父母因求学深造来到美国，打钩；有着常青藤或者与常青藤差不多的大学的教育经历，打钩；在金融业、私募基金、风险投资、管理咨询或科技业工作，打钩；自称"吃货"和旅游爱好者，打钩。和这些人在一起，或者总是想和与自己背景相似的人在一起，并没有什么错。然而，当这些限制多多的社交群体几乎出现排他性的时候，我们的教育就误人不浅了。

教育的真正价值,不是让我们只能和那些拥有同样的文凭、背景和兴趣爱好的人交朋友。这些构成了狭隘的眼界和心胸,掩盖住了真正的教育的优点——对我来说,就是扩大和深化一个人从智力到心灵的好奇心和开放性,以及培养永不满足的求知欲。我可以从"权威"的角度说,即使是哈佛的教育也未必提供了这些优点,也许,从某些方面来讲,当在校生和毕业生的生活被所谓的教育、职业和社会经济学意义上的精英主义的"乌云"所弥漫,哈佛的教育反而变成了通往真正的教育之路上的一种"妨碍"。

大学教育的终极目的是什么?这是一个永无止境的辩论话题。它应该强调为学生作明确的职场准备吗?或是应该着重于塑造学生终身学习的理念?这个问题没有一个众望所归的标准答案——通过简单的网页搜索你就会知道,结论就是:压根就没有结论。我并没有兴趣掺和到这场争论中去,因为有太多比我更伟大且聪明的头脑已经发表了他们的论点。我确信真相就在这两极之间的某个地方,随着时间的流逝和制度的变迁而起伏。

不过,"教育的品质"这个概念,我很感兴趣。教育的品质与教育的目的有何不同?在我看来,"品质"就是实现"目的"的那些价值观,无论"目的"是培养学生工作中用得着的技能和知识,还是培养在性格和智力方面得到发展的思想家,对"品质"的定义都是相似的。举一个简单的例子——正直。无论是学习会计技能,还是学习如何激励一个团队向更高的目标前进,

"正直"都是关键因素。于前者而言,一个不具备正直品质的会计师,将会让他/她所在的企业陷入道德上和法律上的财务困局;于后者而言,一个不具备正直品质的领导者,将会使他/她的团队犯下道德上和法律上的错误。

有很多种品质可以引导我们实现工作或生活中的目标,但是首先出现在我脑海里的是好奇心、宽容、正直。

好奇心①的火花一旦点燃,引发的就不是一个问题,而是众多问题。如果没有好奇心,仅仅一个答案就能满足我们;而有了好奇心,一个答案可以引出很多乃至更多问题。如果我们处在黑暗的隧道里,好奇心就是强大而永恒的烛火,闪烁着光芒,引导我们向着真理的方向一步步前进。好奇心是永远不会被平息的渴求,它绝不仅仅是一种性格特点,更是一种生活方式。

宽容②让我们的心敞开,与五湖四海的兄弟姐妹们联结在一起。我们生而被分为不同的阶层、种族、文化背景,以及其他无穷无尽的人为的分门别类,并因此感到困扰。然而宽容的品质拆除了这些人为的障碍。它引发理解和同理心,并且让我们认识到,一个人不该被贴上与生俱来的标签,而是应该被予以单独的

---

① 清华大学经济管理学院院长钱颖一教授指出,中国学生缺乏好奇心、想象力和批判性思维能力。"好奇心和想象力部分来自天生,至少有一些人是这样,但是后天会把它们磨灭。因此,不是我们的学校'培养'不出杰出人才的问题,而是我们的学校'扼杀'潜在的杰出人才的问题。"(来源:搜狐教育,2014-12-19)

② 《2014年中国大学生就业报告》显示,54%的2013届本科毕业生认为其大学期间"包容精神"这一素养有所提升,高职高专毕业生这一比例为48%。

关爱的复杂个体。

正直,这种诚实的可贵品质的形成过程中充满了艰难斗争,但是其回报却往往很难显现,或迟迟不来。一个聪明的头脑如果没有了正直的品质,将会着眼于短期的个人利益[1],而使得长远目标支离破碎,结果惨痛。形成正直品质的训练,是一个随着时间的推移不断被考验和煞费苦心地建立的过程,而一个简单的行动就可以将它推翻。如果说,好奇和宽容都是对外表现,正直则是内在的自我修炼,只有你自己才能了解你的正直到了什么程度。

无论你认为高等教育的目标应该是什么,我相信这个目标应该是被好奇心、宽容和正直这些品质所引导。商科专业、法语专业、神经科学专业、电影专业、建筑专业——它们都应该在好奇心、宽容和正直的方向上发展。工程师、律师、电脑程序员、医生、城市规划师们——他们都应该在好奇心、宽容和正直的方向上实践自己的专业技能。

通过被那些比我更聪明的人熏陶,通过被那些比我"读书少"的人的感染,我所学到的是,没有这些持之以恒的美德,大学毕业生身上那种原始的智力与勤奋通常只是一些自我吹嘘的特质,不过是空空作响而已。我期待所有的教育工作者,可以在承

---

[1] 著名学者钱理群曾提出,中国大学"在培养精致的利己主义者"。对此,北京大学校长林建华在接受记者采访时表示,他理解的意思是,"这些都是高智商的人,如果价值导向不对,对于社会的危害会更大。我不认为这是我们学生中的主流,但是是一种需要高度关注的倾向。"(中国广播网,2015-03-07)

担起为数以百万计的年轻头脑进入社会作准备的这份工作之时，能够思考这一观点。

（马妍　译）

哈佛新招——宠物疗法

小鸡、小鸭、小猪、小羊、小兔子，还有小猫！为什么这些动物宝宝会出现在哈佛校园？这是今年秋天哈佛做的一件新鲜事儿——宠物疗法。

哈佛旧貌新颜

9月，我回到波士顿参加一位大学时的朋友的婚礼。这是我今年第二次回到波士顿。当飞机滑向洛根国际机场时，我的内心因映入眼帘的美景而欢愉——鲜艳的红色和橙色涂抹在柔和的绿色上，预示着新英格兰的秋季已经来临。每次我来到波士顿都像是回到了家——除了我成长居住的华盛顿州的城市以外，这里是我待过最久的城市。因此可以预见的是，每次回到波士顿，我都会直奔哈佛、麻省理工学院附近，故地重游。

每次我去哈佛广场（Harvard Square），都会发现新店铺如雨后春笋般冒了出来，这些店铺通常是商业设施（有两层的24小时星巴克，太赞了！）。这些令人感慨的画面让我开始怀念过去的美好时光。那时，家庭式商店还是这里的主流。不过，当我踏进校园时，我的烦恼就变成了快乐。那些以前就在、以后还会存在的，见证了哈佛变迁的古树、胖胖的松鼠和成群结队的游客，不断延续着我对这里的无尽回忆。而那些变化，变化得太多了、太好了！彩色的法式设计的草坪椅（这些椅子和巴黎卢森堡公园的椅子一模一样！）就在新生宿舍中间的小院里，不断诱惑着学生离开兔子洞一样的宿舍，在美妙的春日、夏风和秋阳里放松身心。对了，还有停在快速主路边的快餐车，学生们去上瑞典语课或者前往古人类学实验室的路上就能闻到上好的咖啡和糖的香气。如果他们还有时间，还可以到快餐车前漂亮的桌椅边歇歇脚。好啦，我知道这些不只是学生专享，游客也能享受得到。但是学生不仅仅受益于这些服务，也受益于由此带给校园的邻里感。

校园里的"动物医生"

尽管我看到哈佛自我离校后发生的一些积极的改变，但是没有什么能比得上我在2013年9月26日的那个星期四看到和体会到的一切。那是新英格兰典型的秋日：明媚湛蓝的天空中点缀着白云，天气凉爽到正适合穿上我的皮夹克和新马靴。天气也足够温暖，以致于我兴致勃勃地从朋友家用20分钟走到哈佛就开始流汗了。当我正在思考要从我最喜欢的三明治店——达尔文店——点些什么时，我踢到了一堆干枯的落叶。我午餐时见的朋友是大学时的挚友，我们在一起度过了很多困难的时光，尤其是在毕业后做研究工作的那段时间。午饭时一起聊天后，我决定步行前往她在校园里的办公室。我们经过了安纳堡食堂（Annenberg Hall，哈佛本科生食堂），发现科学中心前很热闹。科学中心是学术中心，不同年级的学生常在此聚集。有传言说兴建科学中心是为了研发一次成像照相机，这应该给了你一个暗示，解释为什么这座建筑这样朴素而不起眼。

一开始，我看到一些父母领着蹒跚学步的小孩子，于是纳闷这天是不是"带孩子来工作日"①。但当我走近时，我看到令人难以置信的场景：用铁丝围成的栅栏里关着很多动物宝宝——小鸡、小鸭、小猪、小羊、小兔子，还有小猫！我想这可能是哈佛正在教授一门有关动物的课程，所以把活样本带了进来。但是为什么要把它们放在室外让所有人来看呢？还让所有人来抱！小孩子抚摸它们，大人也在抚摸，穿着哈佛运动衫的年轻人也搂抱着这些弱不禁风的动物宝宝。我和我的朋友一遍遍地低声说："天哪，天哪，它们怎么会在这儿！太可爱了！"一头雾水的我转向一个穿着哈佛运动衫的人问："呃，为什么这些动物宝宝会在这儿？谁把它们带进来的？"一位抱着一只小奶猫看得出神的男同学回答说："这是今年秋天哈佛做的一件新鲜事儿——宠物疗法。抱着这些动物宝宝应该能帮助学生减轻压力。"

"什么？太不公平了！"我和我的朋友一起回应道，"为什么所有好事儿都发生在我们离开之后呢？"我们旁边的一个陶醉其间的女孩说道："你们不是唯一错过这些的人，我今年春天毕

---

① 在很多工作场所，每年都会有一天，员工可以带小孩来办公室。

业,也错过了。"我还是不相信,所以我想要了解更多细节。这些动物每隔多久来一次?哈佛是从哪里得到这些动物宝宝的呢?很明显,学校安排每周四把这些小动物从波士顿以外的地区带进来。很明显,这种做法是在追随耶鲁法学院(Yale Law School),他们首先开始了"宠物疗法",允许学生在考试期间看望蒙迪(Monty),一只可爱的斗牛犬(耶鲁大学的吉祥物)。在耶鲁大学,考前紧张的学生可以带蒙迪出去走一走,或者只是抱着它放松心情。在哈佛大学,我们的吉祥物是"深红"(Crimson),这种颜色有时会化身为大学的捐赠者约翰·哈佛。我知道这有点令人困惑,不过更重要的是你没法跟一个过世的人或者某个颜色一起漫步来减压,你当然也没法拥抱这位逝者或者深红色。但为什么是动物宝宝呢?为什么不是肥嘟嘟的虎斑猫和活蹦乱跳的金色寻回犬呢?我的没什么科学依据的猜想是:动物宝宝的可爱是公认的、毋庸置疑的,因为它们有着讨人喜欢的柔弱和新鲜感。可爱的东西总能给我们的脸上带来笑容,而"微笑"这个动作显示出心情的改善。

动物宝宝能给学生解压吗?

此时此刻,可能有人会摇摇头,认为这个动物宝宝计划似乎很无聊。首先,小动物和优质的大学教育有什么关系?其次,把这些小生灵带到校园来不会很浪费钱吗?比如说这些钱本可以用于助学金啊。第三,我们怎么才能知道动物宝宝疗法是否真正能帮助学生减轻压力呢？让我们逐一来解答这些问题。

我承认，抱抱小动物并不是什么学术追求。但时至今日，哈佛的教育并不仅仅由学术构成——它关注学生体验，这包括生活质量。对很多大学来说，能否改善学生体验是一块试金石。这些大学一直尝试以此来将自己和其他大学区分开来。当然，并不是说在校园里养小猫就能帮助你增加申请人数，但是提供一个更全面、更以学生为本的教育至少不会损害你的吸引力。

认为花钱在宠物疗法项目将会削减其他资金的想法本身是有误导性的。在哈佛和很多大学，资金都在"地下仓库"中，这意味着为某个特定目的准备的资金将无法转移到别处。换句话说，这笔动物宝宝资金更可能来自用于专为改善学生体验的经费，或者这些经费可能来自那些没有说明具体用途，或者特别说明希望将钱用于改善学生体验的捐赠者。因此这并不会使助学金减少，因为助学金来源于其他渠道。

最后，有大量证据显示，和宠物互动能帮助减轻压力。一篇耶鲁大学法学院的文章指出："拜访治疗犬（therapy dog）能带给人更多愉悦感，让人更冷静，最终产生更多情绪上的幸福感。这一证据是提出引入治疗犬蒙迪进入图书馆的有利因素。对于耶鲁法学院和图书馆而言，我们学校学生的健康和幸福是最重要的。"所以显而易见，这种排解压力的方式并不是疯狂的想法，而是建立在验证了"动物医生的确可以帮助人们减压"这一研究基础之上的。

大学应给学生更好的体验

尽管最初在母校偶遇这个新项目时我感到非常惊讶，但我越想越觉得这个项目很有意义。它反映出哈佛在持续改善学生体验时的方法，反映出哈佛是如何创造性地解决部分学生问题的。我知道并不是每所大学都能负担得起将毛茸茸的小鸡和胖乎乎的小猪带进校园的费用，但是大学应该考虑如何为所有本科学生提供更好的环境和更优质的生活。关键就在于持续寻找学生体验中的问题，向学生寻求反馈和他们的兴趣点，以适应不断变化中的学生总体特征，千万不要在一个成就上沾沾自喜。很多美国的大学不像哈佛一样关注学生体验，也不注重改善学生体验的资源。但是这些学校正在改进不足之处：敞开大门，邀请学生来活动中心；提供学术和心理咨询；提供每周的宿舍内社交活动。这些措施很基本，但是也很重要。严格说来，这并不是什么难事，但是学校需要首先检查自己的初衷，把学生放在大学体验的核心。

（于娜 译）

毕业典礼：最后一课

哈佛每年会有两个演讲：一个毕业纪念日演讲，一个毕业典礼演讲。两种演讲嘉宾的选择，校方行政管理人员都作不了数，谁来演讲还得看学生、校友的意愿，得体现出他们的兴趣与价值取向。有人为此也许会说毕业典礼演讲是观测哈佛社群的"精神指标"。

唯美的大学"压轴戏"

在美国几乎每一所大学，毕业典礼（Commencement）都是一场"重头戏"。它们讲究排场，大多还蕴含着满载故事的历史与传统。这在哈佛这所美国最古老的大学里自然展露无遗。我们会以各自舍院为起点开始游行，排成一列纵队，穿过剑桥的街道，再杀回哈佛园（Harvard Yard）。在这里，我们亲眼目睹了教授、学校管理者、"重量级"校友与嘉宾身着笨重的平绒长袍，头戴奇特、华丽的帽子或头饰，慢慢悠悠地绕着大家新生时代居住过的红砖楼招摇过市。它们都是被成千上万的学生风雨无阻地践行着的习俗，早在我们之中任何人呱呱坠地之前便业已存在。这就是传统。在这儿，有欢笑声、"喋喋不休"的话语声与一片欣欣向荣之态，有怀旧、渴望与焦虑——它们是数世纪以来毕业生们常有的情绪，也让我们对一个群体、机构产生皈依的情感，这比一帮人仅仅是"扎堆儿"在一起妙多了。这就是历史。

我们的毕业典礼总是定点在三百年剧场（Tercentenary Theatre），它在哈佛纪念堂（Memorial Church）与怀德纳图书馆（Widener Library）之间那片无边绿茵中。剧场边上弯弯曲曲的老树目睹过一代又一代的学生，见证了数百场的入学、毕业典礼；那些历史沉淀渗入了榆树、枫树、皂荚树，它们又将沉默的智慧与优雅的致礼回馈给今天这场盛事。夏天的微风温柔地托起我们各自舍院的条旗，扬起每个学院（School）的旗帜，当中所蕴含的丰富涵义便也就随风招展、弥散。这里有艾略特楼（Eliot House）[①]的盾徽，它衍生自艾略特家族的徽章：银色与一波波蓝色相间，寓意这个源自英格兰的家族在德文郡与康沃尔郡的两支。神学院的盾徽则基于托马斯·霍利斯（Thomas Hollis，正因蒙其捐助，哈佛在1721年设立了美国首个神学教授教席）的徽章：其中三支冬青枝（Holly）代表了他的姓氏。法学院的徽章由三捆黄金组成——这是艾萨克·罗亚尔（Isaac Royall）家族的徽章，他于1779年在法学院开创了第一个教授教席……本科生站在自己舍院的条旗下；研究生立于他们院旗前，有些穿戴着

[①] 艾略特楼作为哈佛学院早期的几所舍院之一，于1931年"开张"，命名自查理斯·威廉·艾略特（Charles William Eliot, 1834—1926, 美国著名教育家，1869—1909年间任哈佛大学校长）。

所学领域的标志，如书本（哈佛教育研究生院），又如地球模型（哈佛肯尼迪学院）。

你所不知道的毕业演讲

这般诗情画意地描述下去，或许你会以为，这是一篇对哈佛毕业典礼唯美、抒情的叙事散文。并非如此。我勾勒出如上图景，是想生动地刻画出它们多彩的形式，展现出支撑起典礼运作机制的精心策划与细节周密的仪式。然而，那些可爱的传统非同凡响之处不是历史和荣耀，而是它们中的许多已顺应并逐渐融入现代生活和情感这一现实。第一个例证便是毕业演讲。通常，我们每年会有两个演讲：一个毕业纪念日（Class Day）演讲，一个毕业典礼演讲。前者时间上先于后者，并且为哈佛学院应届毕业生专属，其演讲嘉宾由大四学生委员会物色。毕业纪念日演讲一般被称作"搞笑演讲"。像威尔·法瑞尔（Will Ferrell）、柯南·奥布莱恩（Conan O'Brien）、艾尔·弗兰肯（Al Franken）和阿里·G（Ali G）[1]这样的著名谐星和幽默作家在毕业纪念日演讲上所讲的那些很有味道的笑话，的的确确曾"一石激起千层浪"，让我们笑破了肚皮，也令家长脸红。而使全体毕业生如沐春风的毕业典礼演讲，则几乎永远都是"严肃"的，它由哈佛校

---

[1] 由英国演员萨莎·拜伦·科恩（Sacha Baron Cohen）扮演的角色，主持《阿里·G个人秀》节目。

友会敲定演讲人选。在这两种演讲嘉宾的选择过程中，校方行政管理人员都作不了数，谁来演讲还得看学生、校友的意愿，得体现出他们的兴趣与价值取向。有人为此也许会说毕业典礼演讲是观测哈佛社群的"精神指标"。总的来说，挑选演讲者的过程本身虽然将传统涵盖在内，但由谁演讲和演讲本身则是与"一本正经的传统"不沾边儿的。

你脑海中浮想的演讲可能是一场劝诫哈佛毕业生去做未来领袖、主宰世界的说教——不然面对一群"过度成功"的人士还能讲出个啥？你意料之中也许有这样的台词："你现在是最棒的，要再接再厉做最棒的，要挣大把大把的钞票，要做每个人的老板。"这难道不是衡量成功的标准吗？难道不是现代社会评价哈佛、耶鲁、清华、北大、剑桥、牛津，以及世界各地顶尖大学毕业生的标准吗？这些学校的毕业生理应成为银行家、咨询顾问、教授、律师、医生，毕业便朝着企业总裁或政界高官的道路前行，如此等等。我们理应很有钱，45岁时有游艇、有大宅，过上了退休生活——对吧？可是，这都是哈佛毕业典礼演讲者最不可能鼓励我们去憧憬、去实现的人生目标。

两个比尔，同一个人类

我2007年毕业时，我们的毕业纪念日演讲嘉宾是前总统比尔·克林顿，毕业典礼演讲嘉宾是比尔·盖茨。一个在世界上最强大的国家保持了最高的总统"票房"，另一个在世界上最富有的国家成为了最富有的人。此二人如果不讲权和钱，会讲什么呢？

克林顿总统提到一个概念："ubuntu"。此乃南非科萨部落用语，意为"我因你而成"。它是一种认为人类之间息息相关的观念，即人在世界上不是孤立的，而是社会的一分子。克林顿当天所说的"社会"，指的就是我们的"国际社会"；他亦谈及我们如何亟须不将自身视为一个个体去追逐个人的成功，而去为全世界兄弟姐妹的福祉与兴盛奋斗。非洲的艾滋病不是只属于"非洲"的艾滋病，印度尼西亚的海啸不是只属于"印度尼西亚"的海啸——我们思考时不应将其看作"他们"，而应视为"我们"。他敦促我们"花尽可能多的时间、爱心与精力去考虑那99.9%的人"。这些话出自一位魅力超凡、颇有争议的政治家之口或许有些意外，但源于应对全球卫生健康问题最成功的组织之一——克林顿基金会的创始人（他不干总统这份世界上压力最大的工作后所做的事）口中，却并不令人感到意外。

比尔·盖茨讲述了自己与妻子梅琳达如何扪心自问"以我们所拥有的资源，怎样能最大化地造福最多的人？"的心路历程。这位先生，这位在这个地球上给我们大多数人提供了影响日常生活的科学技术的人，宣称"每个生命都有同等的价值"，指出"有些人的命比别人的命值得拯救"的观点是"令人作呕的"；这位先生，这位受益于资本主义而使得富可敌国、功成名就在自己身上成为现实的人，致力于推进创新型资本主义（Creative Capitalism）——在其中，市场力量可以更好地服务于贫困者，以令我们世界里倾斜的"天平"趋于平衡。他并不只是进行一通简单的"救救穷人"式演说，而是一番极具说服力的阐释：如何利用纷繁复杂、让企业与政府获益的现代科技与创新，在发展中国家拯救生命、改善生活。盖茨向我们发出挑战：以我们过硬的文凭和才智天赋，能否应对重大的全球问题，为更多人的幸福贡献力量？他也为我们送上离别的祝愿："我希望，你们将来评价自己的标准，不单单是以职业上取得的成就，也包括你们为改变这个世界最根深蒂固的不平等所作出的努力……以及你们如何善待那些远隔千山万水、除了同为人类之外与你们毫无共同之处的人。"这些话出自一位身家数百亿的富豪之口或许有些出乎意料，但源于一个与妻子一起成立世界上最大的基金会之———比尔和梅琳达·盖茨基金会的人口中，却并不令人感到吃惊。他捐赠了超过 270 亿美元以解决世界范围内的医疗与极度贫困问题。

名校毕业就敢豪情万丈

两位截然不同的名人，两个判若两途的职业，两种大相径庭的个性，两场如出一辙的演讲。在如此之多可供选择的话题里，他们都谈了对全人类的博爱；讲到借助我们的才智与能力，以巧妙、系统的方式服务于更大福祉的需要；提及我们应当跳出自我，超越个体成就的狭隘。一个栖身于伊拉克难民营的穷苦孤儿跟我们一样，一个丈夫死于艾滋、自己业已感染 HIV 病毒的尼日利亚妇女也跟我们一样。

你可能会问：为什么？但我会问：为什么不是这样？我们，作为稳拿"好工作"的顶尖大学毕业生，有年轻的活力，有社会的认可——我们没什么输不起的。正因这种优势，我们也许以为自己所向披靡、高人一等，从而面临迷失谦逊与对全人类同理心的危险。但也恰恰是由于这种优势，我们随时能以最佳准备状态服务于最富挑战性的愿景，投身于最具挫折性的目标。这不是要我们牺牲健康、财富或快乐去为其他人做牛做马的简单论证；事实上，两位比尔都在演讲中指出，我们应该并且必须为了全人类的共同利益有所行动，这不只是借由个体层面的同情与怜悯，还包括在梦想和卓越层面上进行革新与创造。我们不必放弃自己的生活，恰恰相反，我们可以通过为更多人幸福的奋战来改善自己的生活。

当我谈起此类事情时，扔给我的一个最常见的是这样的不屑之辞："呃，你从哈佛毕业，所以你有这样的抱负自然是容易的。你没啥损失。其他人可能就消受不起这般豪情壮志了。"此言不虚，因为我们是幸运的，失败成本如此之低——这是为何被命运眷顾的全世界一流高等教育机构毕业生应当拥抱理想与热情的所有理由。无论是比尔们还是我，都没要求世界上每个人都按这套干，而是说像哈佛、耶鲁、清华、北大、剑桥、牛津之流的毕业生，身处一个独特而资源丰富的位置，就该系统地厘清并实现面向全人类的人道服务。

无论何时想起毕业典礼，我记起的是来自克林顿总统和比尔·盖茨的行动呼吁，是他们的谦虚精神，以及他们向我、向我的同龄人所下的"战书":拥抱同一个人类。我已然发现,随着人们年岁益高,会越来越愤世嫉俗,越来越自我专注于个人的"小家"、职业、本土世界。因此,我生命中最大的挑战之一,便是为我们全人类、为我现在身处的世界、为未来一代又一代人赖以生存的世界全力以赴。我盼望全世界2013届"新科"毕业生会同样接受这一挑战,放低身段并为此努力。

(罗惠文　译)

校友篇

凭什么我要捐钱给母校？

哈佛教育的特性使得哈佛的实际成本比6万美元的标价学费要高——这个价格能够成为可能，是源自校友的慷慨。回馈母校是如此"给力"，如此必须，远非一种象征性表示或个人责任感。它构成了大学的生命线。

哈佛资助学生的钱从哪儿来？

人们通常会假定，进入常青藤和顶尖私立大学的都是有钱人家的孩子，因为这些学校每年的学杂费基本上等于一个美国中等收入家庭的全部"进账"。像哈佛，加上生活开支和其他费用，上一年学得花差不多5.6万美元。显而易见，只有富人才有财力把子孙送进"名门"，对吧？

那是我过去的想法，也是我在美国任何地方（尤其是新英格兰之外）遇到的人的想法。事实上，没有比这种想法更离谱的了。2003年我被六所大学（其中五所是精英私立大学）录取时，哈佛给我的父母提供了最慷慨的经济资助"礼包"，尽管他俩各自的薪资都高于平均水平（两份薪资一个孩子）。人们知道我的资助时总觉得意外，但考虑到哈佛的财政资源（拜托！364亿美元的大学捐赠！），给我资助又算得了什么奇闻呢？直到毕业前，我都没怎么细想过这些钱是从哪儿来的，学校也没向我们解释过这些钱到哪儿去了，只说自己很有钱——即便作为给哈佛招了四年生的人，我也没捞到过一句解释。当你的学校富可敌国（这不是夸耀，是真的比世界上很多国家还要有钱）时，为什么还要质疑哈佛的慷慨资助呢？

我以前一直以为，哈佛给在校生的经济资助是从巨额捐资中"拨"出的"一毛"，我到读研上高等教育课时才恍然大悟：哈佛是不能动用捐赠资金的，它们相当于大学的一个受限储蓄账户[1]，平时攒利息，在"万一"情况出现时提供紧急资金。哈佛各学院用于经费预算和经济资助的钱跟捐资是分开的。还有，哈佛本科学院的经济资助大多来自校友！我简直不敢相信。更吃惊的是，高额的6万美元学费其实比哈佛提供一年本科教育的实际花费要低。是的，我再说一遍：6万美元学费标价低于学费的实际价值。低价的原因是？校友支持！

你可以想象，教授解释学费构成时我的豁然顿悟。过去的一切现在都说得通了！且让我把故事时间往回倒一点，"穿越"到我刚读本科的时候。

---

[1] 美国的银行提供的一种账户服务，由账户持有人（可以是个人、公司、组织）对账户的存取款金额等进行限制，以保证其用途保持在"计划内"。

爸妈交了学费还给大学捐钱!

大一开学没几周时,父母给我打电话进行"每日例查"(这例查往往一天好几回)。在问到"同学们怎么样""喜欢你的室友吗"之余,他们提到哈佛寄送了新生班的消息和一封哈佛本科生家长基金的信。"那是什么?"我问。他们说是一个希望以捐赠来支持我的教育体验的请求。"那就太傻了,"我说,"你们都已经为我付过学费了。"但父母无论如何还是给了。"我们很高兴你在哈佛,我们想支持你的学校。"他们说。

不久以后,他们开始每年一两次地接到哈佛学生打的电话。我父母总会掏钱。没有很多,但却是定期的。他们从不间断,我在校时是这样,毕业以后还是。与此同时,我就优哉游哉地不用给学校捐我根本还没有的钱。唯一一次是大四时的"毕业班学生礼物计划"(Senior Gift Initiative)。这是我们学院的一项传统,每个毕业班都会赠予学校一份"礼物"——钱。这既有象征意义(表达我们的感激),也很实在(可以用于学生项目和经济资助)。回想起来,这也是一次让校友习惯捐钱观念的绝佳培训。我父母热衷支持,最后我捐赠了一笔对当年作为一个穷学生的自己来说数额相当可观的钱来帮助一位贫困学生。这个活动因为少许竞争意味(我们能比2006届捐得多吗?我们能比2006届让更多学生参与吗?)以及少许声誉因素(有不同的捐赠"等级",捐得越多,得到的等级越高)显得有趣。这就是我从2003年到

2011年的全部捐赠。

毕业以后，我几乎就没想起过给学校捐款。我在国外拿的是"非营利"薪水，根本没有余钱。再加上我总觉得捐钱是有了很多钱和职业更稳定时的事，"我能在十年后捐2000美元，为什么要现在捐20美元呢？"我想。哈佛依然坚持给我的双亲寄信、杂志和最新信息，并且，由于我留联系地址时填的是父母的住所，哈佛就寄双份。我没想起来更新自己的联系信息，所以在巴黎和北京时从没接到过捐钱的电话。而另一方面，我妈就得应付两"套"电话。可怜的爹妈！即便在偿还亲爱女儿的学费贷款时，还继续起劲地捐钱。我有内疚感，但总对自己说，当我负担得起时，我要捐很多。

你可能会奇怪，即便负担得起，为什么就要给学校捐赠？你和父母不是已经向大学付过学费了吗？我不能代表其他哈佛校友回答，但答案于我是清晰的。本科四年对我的成长，以及一些最强的能力与性格的发展是重要的。我并非一直快快乐乐，也会是首先指出哈佛经历并不那么美好的校友；但我的评价是，如果没有在哈佛所交的那些朋友，没有在哈佛所承担的那些领导角色，没有哈佛提供的国外实习与旅行，我绝不会成为今天这样一个人——所有皆因哈佛而成为可能。就像我坚信应通过志愿活动回馈社会，我同样坚信要回馈母校——你可以把它称作一种责任；但我也可以在此做"免责申明"，父母既然给我付了学费，因此从经济角度来说，我不欠哈佛什么。一些身负贷款的毕业生离校后不那么愿意捐赠是可以理解的。现在，时间切换回今天。我一直以来都有因个人责任感而产生的回馈意愿，但当我发现校友提供了学生经济资助外，还提供了更低的学费价格时，我意识到自己大大低估了我的支持所能提供的力量。哈佛教育的特性，最基本的各种项目，以及最特别、最独特的那些项目，使得哈佛的实际成本比6万美元的标价学费要高——这个价格能够成为可能，是源自校友的慷慨。回馈母校是如此"给力"，如此必须，远非一种象征性表示或个人责任感。它构成了大学的生命线。

捐赠背后的原因

当然，我现在是做大学融资咨询的专家，了解经费筹措的运转。我上一个客户是威斯康星的一个地区性小型大学。虽然它的筹资运作与哈佛超强的"筹资机器"毫无相似之处，但却加深了我对基于个人、机构和政治原因而向母校捐赠的理解。人们因情感原因而捐赠——因为他们热爱大学时光；人们因个人满足而捐赠——因为他们乐于看到自己的名字出现在通讯中和牌匾上；人们因个人影响而捐赠——因为他们喜欢听到在校生谈起校友捐赠如何使自己的经历成为可能；人们因机构原因而捐赠——因为他们想要自己公司赞助母校的一个项目或一届学生；人们因个人私利而捐赠——因为他们希望捐钱有助于孩子今后更容易上母校。人们因以上种种原因而捐赠，但共同的是，这些人捐赠是因为他们在意。

在威斯康星最后与高校客户在一起时，我开始去想，我在意的是什么？我想到过课外活动、教授、美丽的宿舍与教室、一直都有的免费食品和饮料。这时，我想到了学生。我想到我的同学们，那些来自中产阶级家庭的，那些家境殷实的，那些来自海外、家庭收入在美国得算在贫困线以下的同学们。我想到了申请哈佛的低收入少数族裔家庭的学生，他们连公立大学都负担不起。很显然，我会因为关心入学的可负担性而捐赠。我被教导也一直铭记这样的词句：只要能被哈佛接纳，经济原因就不应当成为不报到的理由。我喜欢这句哈佛大实话，这对于低收入家庭和生活舒适但负担沉重的学费就会吃紧的中等收入家庭同样真实。哈佛给中产阶级家庭最好的经济资助，作为一名来自中产阶级家庭、父母受益于此项目的校友，我不可能不支持它。

经过如此思虑之后，我制定了一个给哈佛月度捐款的"程序"。在约两年里的每个月，学校会从我的银行账户直接收到一笔固定金额的钱。每个月，我收到一封感谢信。我确信将会接到某位学生请求更多捐款的电话。我确信我会给得更多。现在我捐钱不算多，但我知道，不愿意给予今天的小额捐赠而借口"当我有钱时"会捐笔大的，这样不是"奉献感恩"的修养，我再也不会这么想了。再说，我不认为我很快就会有钱。虽然如今这个月度"程序"未能继续，我更乐于到年底再考虑多渠道的慈善捐赠，但哈佛仍然是我"心水"捐赠对象中具有"诱惑力"的一员。但万一过几年我真的腰缠万贯，必定也少不了哈佛的一大笔。

（罗惠文　译）

大学如何募款？

哪些大学需要募款？

什么是募款？如果说募款是为事业或项目募集资金而组织的集体活动，那么，大学募款就是为支持高等教育而募集资金的组织行动。

过去，美国私立大学和公立大学的资金来源非常不同：历史上，公立大学享有州政府的大力扶持，其资金来源于纳税人；而私立大学虽然可以收受联邦政府给予的用于研究及其他学术性、计划性目的的资助，但不能获得政府对学校运营方面的资助。

现在的美国公立大学，由于成本上升、经济增长缓慢，州政府给公立大学的钱变少了。例如，我的客户、一所位于威斯康星州的地方公立大学，预算经费过去有60%来自州政府，现在仅有15%。因此，募款是私立大学和公立大学要生存下去时应运而生的产物。大学募款在美国是一个崛起中的行业，并且还会继续高速成长。

下表中的数据表明，私立大学历来在募款上更为成功，因为他们早就不得不这样做,他们从来没有公款作为靠山。

美国不同大学的募款情况[1]

学校	学校类型	学生人数	运营经费预算（美元）	年度募款（美元）	捐赠基金（美元）
哈佛大学	私立研究型	21000	35亿	6.39亿	320亿
华盛顿大学	公立研究型	42428	50亿	4310亿	29亿
韦尔斯利学院	文理学院	2300	2亿	630亿	15亿
威斯康星大学普莱维尔分校	地方公立	8000	1.48亿	250亿	2900万

谁来募款?

一般而言,大学的筹款过程涉及学校中的五个部门。

首先是发展办公室（Development Office）,它是大学里唯一用于募款活动的组织、启动、跟踪和管理目的的部门。办公室的工作人员的唯一职责就是给大学"挖钱",员工从新近毕业生到

---

[1] 运营经费预算:大学运营开支总额。
年度募款:上一财年募得的资金总额。
捐赠基金:大学的捐赠基金就如同这所大学的一个储蓄账户。募得款项不得用于大学培养项目、奖学金或其他任何预算。这些钱存在一个投资账户中,投资于股票和证券以获得尽可能多的收益。哈佛大学捐赠基金数额惊人,不只是因为募款得法,且因为投资得力,回报丰厚。但在股市暴跌时,哈佛大学的捐赠基金比2008年达到的350多亿美元缩水了20%。

已从事募款活动几十年的专业人士都有。每一所大学都有这样的部门，他们不会去做管理校友俱乐部之类与募款无直接关联的工作。

二是校友会（Alumni Association），这是与发展办公室联系最紧密的部门，因为募款收入的主要来源之一就是校友。校友会工作人员的唯一职责就是掌握校友动态，沟通、协调校友关系。请注意，校友会是绝对不会向校友开口要钱的！他们只和校友联络感情。一谈钱，感情就被破坏了。钱的事情只需要交给发展办公室去搞定。

三是文宣处（Communications），它监管大学与外部的所有书面和口头沟通，负责精心打造特定的文字和图像，描绘统一的学校的对外形象，也经常撰写学校领导和发言人的讲话。他们为学校制作宣传册、宣传品、年度报告和所有视觉产品。但是他们不会去撰写和发送"募款通讯"之类的宣传品。

四是校长办公室（Office of the President），它负责协调大学校长的所有活动。由于校长工作极其繁忙，所以发展办公室要与校长秘书、协调人和后勤人员保持密切联系，以确保校长将募款活动列入行程，并与重要的捐赠人会面。校长办公室不负责独立募款。

最后，每所大学都有一个管理实体，通常称为理事会（Board of Trustees）。理事们有自己的全职工作，以志愿者领导的身分自愿参与学校管理。其成员很多都是校友，以及行业、非营利组织和学术界的领导人。这些理事是除校长之外最重要的象征性领袖，需要他们参与和帮助接触最重要的一些捐赠者，甚至可能理事自身就是最大的捐赠者。理事会也不会自己去募款。

在募款过程中，每个部门都有不同的职责和行为。但你会发现，只有发展办公室才能去要钱，其他部门都只是协助者和促进者。没有任何大学募款活动可以撇开发展办公室的参与、批准和资源支持而开展。

募款满足什么需要？

大学为多种不同需求募集资金，大多可被归入以下分类。

1. 固定资产需求：为学校新建建筑或建筑整修募款。这些项目通常吸引巨额捐赠者，他们可能对在校园中捐资筑起一栋以自己名字命名的大楼有兴趣。例如李嘉诚就在斯坦福大学医学院捐资修建了李嘉诚学习和知识中心（Li Ka Shing Center for Learning and Knowledge）。

2. 运营需求：募款以支持学校发展运营，不被指定用于具体某个项目的捐款。

3. 奖学金、经济资助：为成立学术奖学金和助学金而募款。这在大学校友募捐中很受欢迎，因为这为他们提供了一个支持那些付不起上学费用的学生的机会。这些钱可被放入奖学金和经济资助的共同资金内，或可由捐赠者掌控授予奖学金的选择权。

4. 捐赠基金：作为捐赠基金的募款不会被花掉，而是储存为一笔基金，随着时间的推移获得利息收益。最流行的捐赠基金形式是奖学金和教职资助（Professorships）。捐助者提供一笔初始资金，每年使用其中一部分固定金额，其余的用来获取利息，因此可以使用很多年。

5. 学生项目： 为学术性项目募集的款项，用来支持学生在课堂内外的体验。可以为学生提供更好的实验室设备，也可以为学生在暑期进行国际实习提供资金支持。

当然还有其他原因促使大学募款，但以上这些是最主要的。

大学从来不为它的运营经费预算直接募集资金，然而，捐赠基金每年获得的收益通常会用来支付大学的运营经费预算。因此，人们经常间接地为学校的运营捐赠，但这不是一个非常有趣的、吸引人们捐赠的类型。捐赠者通常不乐意直接捐钱给学校作运营经费，他们更愿意支持一些与学生体验直接相关的事情，如一笔奖学金或者一栋校园建筑。

有限制的捐赠

另一件非常重要的事情是，捐赠者有权力限制学校如何花这些钱。捐赠者希望学校对它的开销负责，他们这么做的部分原因也是想告诉学校，他们希望学校怎么用这笔钱。

限制有三种类型：受限、部分受限、无限制。受限资金只能用于一个特定的目的。比如，如果我只想要资助奖学金，我就将指定我捐赠的款项只用于奖学金，不再用于别处。捐赠也同样可以被部分限制，这表明，捐赠者可将一部分捐赠限定为奖学金，而其他用于资助大学总体发展目的的资金将不受限制。比如，如果我捐1万美元给一所大学，我可以指定这笔钱的一半被用作奖学金（受限），另一半用于大学的总体发展（无限制）。无限制型资金可以被适用于多种不同目的。比如，如果我想要给我的学院捐款，但是我不指定款项具体使用在哪个方面，这就是无限制的赠与，学校在任何需求下都可以使用这笔钱。

显然，大学倾向于获得更多的无限制捐赠，但是美国的捐赠者心眼儿都挺多，许多捐赠都受到了某种形式的限制。

怎么募捐？

大学的用钱需求有多少种，就有多少种揽钱方式。各种类型的非营利机构使用的方法略微不同，大学倾向于使用如下几种：

1. 电话募捐：几乎每所大学都有一个电话募款程序，通常是雇用在校生给在校生的家长和校友打电话请求捐款。学校付给这些在校生基本薪资和绩效奖金。

2. 直邮募捐：传统上，大学和其他非营利组织倚重于给校友、在校生家长、毕业生家长和其他捐赠者寄送信件进行募款。这些信中说明大学目前的状况、捐赠多么有意义，并游说对方捐赠。大学在邮寄信件上花大把银子，这确实是最稳定的捐赠收入来源。

3. **电子慈善事业**：包括两种主要方法——电子邮件募捐和在线捐款。电子邮件募捐与直邮募捐类似，只是以电子邮件方式替代了传统邮件寄送方式。在线捐款则是当一位捐助者登录大学的官方网站时，通过一个专门的在线表格捐赠资金。

4. **特别活动**：依靠学校、学院举办特别活动，如一场正式舞会或拍卖会，通过售票和企业赞助方式筹集资金。活动可以是小规模的，如高尔夫这样的户外活动或共进早餐，由校长和被选择出来的、对学院感兴趣并有捐赠能力的潜在捐赠者参与。这些活动通常广受捐赠者好评，有较好的宣传作用，但花钱多，性价比不高，不是长久之计。

5. **个人募捐**：个人募捐就是大学高层人员通过个人请求向捐赠者募款。这种方式通常针对最慷慨的捐赠者或那些具备高资助能力的潜在捐赠者。

谁是捐赠者？

大学与其他非营利组织不同，因为通常大学的受益面更窄——确切地说，就是他们的学生。当然，较大的研究型大学有直接或间接造福于所在社区的项目，但如果一个普通人没上过这所大学，他是不会平白无故地开一张支票给它的，除非存在个人关系，例如孩子是这所大学的学生。

大学最常见的捐赠者有：

1. **校友**：校友受大学的影响最直接，对母校有最紧密的关系和情感,这使得校友最有可能回馈学校。因此,创造好的大学经历,通过使校友了解最新母校动态来与其保持联系,让他们为所接受过的教育自豪,是为大学自身谋福利。这是校友会的关键之处:没有好的校友关系和跟踪系统,美国高校会失去主要的募款收入来源。

2. 在校生和毕业生家长:那些对孩子正在或已经接受的大学教育感到满意的家长,除支付学费外,可能愿意为大学捐赠。学费用来支付他们孩子的教育,给大学的捐赠则为了帮助提高学校的教育质量。由于付学费和捐赠乍看都是在给学校交钱,因此家长与校友相比,整体上没那么大方,这并不稀奇。

3. 公司企业:一些公司给大学的捐赠直接来自企业机构,或者通过企业的附属基金会。这些捐赠通常是以支持一个特定的学术计划或新增建筑为目的,并限制只用于该目的。有些企业的捐赠也用于资助一个联合项目,例如,波音公司给一所大学捐钱,意在支持公司和大学合作项目的工程技术研究。但并非只有大型企业才会捐赠,地方企业同样愿意,尤其是对那些服务当地的小型学院。

4. 基金会:基金会也会给学校捐款,它通常支持研究或学术计划。

5. 慈善家:一些慈善家对推进高等教育十分感兴趣,尤其在研究和学术方面。他们可能没上过某所大学,但是对学校的影响和成长感兴趣,并且可能因为一个具体的原因选择提供一项重大的资助。

捐赠人需要被感恩

捐赠者的捐赠源于各种个人原因。但是，大多数捐赠者还是乐于让他们的捐赠行为被感恩。对捐赠者的认可，很重要的原因在于这可以让他们感到满足并有意再次捐赠，这对募款来说十分重要。你不能指望每年都会出现新的捐赠者，但你会希望之前的捐赠者可以一次次给你捐款，而且越给越多，这是一个成功的募款运作的标志。大学和其他非营利组织已经形成了成熟的对捐赠者的感恩机制。

1. 信件：最简单的机制是给捐赠人寄送一封感谢信，感谢其慷慨捐赠（哪怕只是 10 美元）。许多大学给巨额捐赠人寄送个性化的感谢信，比如让发展办公室的工作人员，甚至校长给捐赠人亲笔写一封感谢信。

2. 电话：除了感谢信，巨额捐赠人还会接到来自大学代表打来的感谢电话。打电话感谢捐赠的可以是发展办公室的工作人员，如果着实是一笔巨大的捐赠，校长大人也有可能亲自致电。

3. 见面会：通常情况下，一所大学会组织活动招待那些慷慨的捐赠者，以便让学校的校长和领导有机会当面感谢他们。这些特殊的活动往往规模小，很奢华，捐赠者将会受到非常个性化的对待。

4. 捐赠社交圈：许多大学为那些巨额捐赠人建立"捐助社交圈"（Giving Societies）。比如，捐赠 50000 美元的人可能成为校长圈子（the President's Circle）的一员，这意味着他们可以与校长会面，并享受特殊的捐赠者特权。捐赠5000美元的人也会隶属于一个不同名称的社交圈。捐赠社交圈有不同层级，每个等级都有对应的特权和认同。

这一切还不够——

当捐赠者捐出他们的钱，并且收到感谢信和感谢电话后，接下来要做什么？

任务尚未完成——捐赠感恩仅仅是一部分，捐赠周期这还只是一个开端，远未结束。为了让你的捐赠者感到满意，愿意再次捐款，并捐赠更大笔的资金，每所大学必须进行"捐赠管理"，及时告知捐款的进展情况。捐赠者是慷慨的，但也是聪明的。他们会想：我捐的钱被用到什么地方了？学校是如何履行他们的职责的？

大学获得的捐赠越多，越需要关注捐赠者的需求，以确保他们满意。收到捐赠仅仅是与捐赠者建立终身捐助关系的第一步。如果捐赠者捐了一大笔钱，大学需要准备捐赠报告，详细汇报财务报表和资金的使用情况。大学也要通过电子邮件、电话或见面会的方式，与捐赠者保持适度频率的联系。这些机会并不是仅仅用来对他们说声感谢，或是要求再一次捐赠——而是让他们再决定捐出一笔钱时可以想到本校。

重要的是，捐赠给大学的每一分钱都必须记录在发展办公室的账本上。这些数字每年要经会计师事务所审计，并被公示在大学网站。对大宗捐款，必须给捐赠者提供单独的审计报告。

大学寻求捐赠时,如果不继续跟进,就是大错。打好每一个忠实的捐赠者(尤其是慷慨捐赠者)的地基,你将会得到年复一年的可持续回报。

(根据我在2012年"麦可思校长管理讲座"上所作的专题讲座整理)

(罗惠文　译)

大学，我为什么记得你？

致力于兴趣所在，发展宝贵的领导能力、社交能力甚至是许多高难度技能，同时从社团活动中获得大量乐趣。正是这些，让我们从"哈佛学生"成长为"哈佛人"。

最近，一个纽约的项目让我在客户的办公室里扎下了营寨，从而有幸与跟我有数个生命交汇点的一位老先生比邻而坐。这位老先生成长的地方，正是我芝加哥公寓所在的那条街；他曾经上过的小学，恰恰就在我的公寓对面；且和我一样，他也毕业于哈佛。不过，相似之处也就到此为止。他是一位年过八旬的犹太人，是全球金融界里响当当的人物，还有迄今我见过的最漂亮、学识成就最高的夫人（73岁）——这些跟我都沾不上边儿，即便如此，我很享受我们之间愉快的交流，尤其是在谈到共同的母校时。我注意到，对于这样一个人生已被"丰功伟绩"以及与全球业界领袖情谊所定义的人来说，有两样东西一定会卸下他礼节性的面具，柔和他犀利的目光：美丽可爱的妻子和哈佛往事。

金融大亨最深刻的大学回忆

这位先生（姑且让我们把他称为 B 先生）上哈佛时，学校教育中还流行着阶层与种族隔离的社会风气。犹太人、来自中西部、一穷二白的孤儿，这些"标签"意味着 B 先生跟 1950 年代典型的哈佛学生有着天壤之别：典型的 WASP（White Anglo-Saxon Protestant），即白种的盎格鲁－撒克逊新教徒，应该来自东海岸，并且家底殷实。在那个年代，学生想住校还需要申请。那些竞争最激烈的舍院（包括我住过的艾略特楼）偏爱的是 WASP 家庭的学生，而 B 先生恰恰没有这样的"背景"。最后，他进入了邓斯特楼。这幢宿舍虽然金玉其外，房间却过于"玲珑"（真挺小的），也过于"远离校园尘嚣"（说白了就是偏僻）；它当然不像艾略特楼、亚当斯楼和温斯罗普楼那样享有盛望（约翰·F. 肯尼迪住过温斯罗普。尽管他不是 WASP，但也算够有家底的）。不过，B 先生却没有怨言，他说他完全不介意这些，因为他已经在哈佛得到了不可思议的机会。谈到大学，我原本以为他接下来会讲讲学业如何为他提供了一片公平竞争的天地，B 先生却出乎意料地开始说起作为《哈佛深红报》(*Harvard Crimson*)一员时的经历。《哈佛深红报》是我们学校的校报，也是美国这类报纸中历史最悠久的。它完全由本科生来运营——所有商业上的事务、出版印刷以及编辑方面的决策都由学生来作出，因其非营利性而彻底独立于哈佛；甚至直到今天，它还是校园中最活跃的社团组织之一。

话说20世纪中期，当时学生参与社团活动的顶点，便是加入一个排他的哈佛男子社交俱乐部——终极俱乐部（Final Club）[1]。尽管B先生从未跟我提起过这茬，但凭借我对终极俱乐部历史的了解，我清楚彼时它并不接受他那样的学生。而《哈佛深红报》作为一个更加企业化、任人唯贤、看重才智胆量胜过家庭背景的地方，就难怪B先生会投身其中了。他说，遍数他在哈佛达成的各项"伟业"，最引以为豪的便是在《哈佛深红报》的时光。在那里，他曾跟诸如大卫·哈伯斯塔姆（David Halberstam）[2]、杰克·罗森塔尔（Jack Rosenthal）[3]等后来的美国传媒大亨打成一片，当然，他们那时还不过是花大把时间指点江山、激扬文字的黄毛小子。B先生宣称，关于如何写作，自己在《哈佛深红报》学到的东西比在任何课上听到的都要多（尤其是他作为一名物理学专业的学生）。他如今颇以文笔为傲，笔墨功夫对于他的工作——国际宏观经济咨询颇有助益。

社团恶作剧引发国际风波

B先生在娓娓讲述他与校报"同事"如何因为一个哈佛历史

---

[1] 终极俱乐部对成员会进行严酷的淘汰。候选者需要经历一场"肉搏"，最后剩下的极少数才能成为被认可的成员。
[2] 美国著名记者、作家、历史学家，普利策奖得主。
[3] 美国记者，纽约时报基金会名誉主席。

上极富传奇色彩的恶作剧（请允许我补充一句，这样的学生恶作剧相当多）差点被踢出学校的故事时，脸上洋溢着神采。为了能让诸位看官更好地理解我接下来要讲的这个故事，首先就得扼要介绍一下哈佛最旷日持久的一场社团对抗。

《哈佛深红报》纵然是哈佛规模最大、最为人熟知的出版物，《哈佛讽刺》（Harvard Lampoon）却可能是最排他、最神秘、最"挑三拣四"的一家校内媒体。与作为新闻日报的前者不同，《哈佛讽刺》是一份诙谐幽默的期刊。它当属美国此类杂志的"开山鼻祖"，是美式幽默的重要传播媒介，出了大红大紫的谐星像柯南·奥布莱恩（Conan O'Brien），也出过广受赞誉的作家约翰·厄普代克（John Updike）。跟《哈佛深红报》一样，《哈佛讽刺》也是完全由哈佛本科生来管理运营的，同样独立于大学之外。由此，这两个如此不同、操作层面上又如此相似的组织为何会演变成相互作弄的对手便可猜想一二了。

言归正传。1953年时，《哈佛深红报》和《哈佛讽刺》之间关系日趋紧张，大战一触即发。4月26日那天，《哈佛讽刺》的社长约翰·厄普代克（碰巧是我最喜欢的美国作家之一）发现，该刊举足轻重的吉祥物，即一只铜制朱鹭，竟然从它"栖息"的《哈佛讽刺》的堡垒消失了。显然，谁干了这起勾当不言自明。同日，《哈佛深红报》的总编与社长据报双双失踪，看似是被《哈佛讽刺》的编辑"绑架"。当然，由于绑架在那时是违法行为（今天依然是），两位《哈佛深红报》的领导不久便被释放了；他们于是马不停蹄地跑到纽约的联合国大楼，展开了"苏维埃行动"——这些别出心裁、或许可以说是有些疯疯癫癫的年轻人，把偷来的这只铜鸟拿去向苏联驻联合国副代表谢苗·K.察拉普金（Semyon K. Tsarapkin）展示，献给新"开张"的莫斯科大学作为贺礼。没摸清这只鸟来路的察拉普金先生，居然郑重其事地接受了这份来自美国最富声望的学府的礼物，他极可能还庆幸自己为苏联新的高教旗舰收到这样一份象征吉祥的礼物。

后来正如B先生描述的那样，《哈佛深红报》将偷来的物件赠予当时的冷战敌对国的行为，引发了一系列政治与国际上的骚动。美国的政府官员、外交人员纷纷被拉进这趟浑水，最后美国人将朱鹭从新主人手中解救出来，放回到了《哈佛讽刺》的屋顶。B先生现在讲起这个故事来就乐个不停，说当时《哈佛深红报》的编辑们，包括他自己，身处险境，濒临被哈佛开除的危险。好在美国的外交提案平息了苏联方面的情绪，哈佛也意识到，赶走自己聪明、爱开玩笑的学生，只会引来对这件本希望被遗忘的事情的更多关注。于是，它在尘埃落定后只是被"定义"为大学里一系列离谱事件中的一件，是《哈佛深红报》与《哈佛讽刺》间"骇人听闻"、趣味十足的战争中的一役。

尽管B先生的故事跟我待在哈佛时的经历并无相似之处，我还是能够领会隐含在这起他和《哈佛深红报》的同僚制造的"国际事件"之下的趣味与幽默。在哈佛，尤其是课外活动中，有大量这样的案例。作为一名曾经的哈佛本科生，我亲眼目睹过舍院间的友好对抗，比如，艾略特楼就偷过亚当斯楼的传统象征——中国锣。我还记得在莱蒙特图书馆（Lamont Library），一位同学为完成加入某个社团的胆量测试,当众大声说出一个很失礼的词,引来一片欢声笑语。噢!或者那一次,为了证明自己的胆色,我跟一群 OAASIS（亚裔姐妹在服务）的大四妞接受挑战,穿着男装在哈佛广场四处晃悠呢!其实,这都不过是哈佛学生恶作剧和推陈出新的创意行为中较为平淡无奇的——有一半的轶事我都没法向你透露,因为,亲爱的读者,现在要把它们拿出来分享实在是太难以启齿啦。

母校自豪感原来建立在课堂之外

你可能会奇怪,为什么我要选择 B 先生不同寻常的故事作为讨论哈佛社团活动的例子?理由其实很简单,我只想向你展现,在我踏入哈佛的 52 年前,它是如何给一个犹太孩子留下弥久不散的味道,以及这个犹太孩子脑海中镌刻着的那些难以磨灭的印记,与我是如此相似。我们最先、最喜欢回忆起的,不是神圣的礼堂,不是诺贝尔奖得主、精心筹备的正式舞会、华美盛大的毕业典礼和其他仪式,而是那些课堂之外的往事,那些体现出创造性、想象力以及不只是一点点的反抗精神和适量的顽皮往事。我想,这些特质勾勒出了一些最成功的哈佛毕业生的轮廓,自然也是我的一些死党同窗的部分特征的体现。致力于兴趣所在,发展宝贵的领导能力、社交能力甚至是许多高难度技能,同时从社团活动中获得大量乐趣,正是这些,让我们从"哈佛学者"成长为"哈佛人"。定义我们的,不是我们取得的学习成绩或获得的奖项，而是拓展我们边界的各种经历——自我的边界、发展的边界、情感的边界，这些经历让我们勇于承担犯错的风险，萌发从失败中学习的灵活性与顺应力。

我们记忆中的哈佛跟父母和其他人口中的是那么不一样，这很有趣，也挺蹊跷。事实上，我们对母校的自豪感，并没有建立在学校的外部名声上，而扎根于自己耕耘的那些温暖的友谊、学习到的人生经验、培养起的非学术技能中。即便是B先生，提起他今年即将从哈佛毕业的侄孙时，也难脱俗套：家长式的口吻，历数完侄孙重要的学业成就后便戛然而止。但如果是他的这位侄孙亲临现场的话，我想他同样会以之前的方式，眉飞色舞地讲述自己的哈佛生活：幽默滑稽的、共通的、更为人性化的课外经历。它们有瑕疵，有趣；它们令人惊讶，令人感伤；有的显得执拗，有的显得微不足道。但正是这些经历，定义了我们，定义了我们是怎样的"哈佛人"。

（罗惠文　译）

校友重聚所给予的力量

我和朋友们因重聚而引发的自我反省，鼓舞我们勇敢地继续完成人生中的重要决定，并激励我们继续相信自己的潜力。

一视同仁的重聚时刻

2007年从哈佛本科生院毕业时，我无法想象自己的人生会是什么样。毕竟，我刚同一群精力旺盛的人度过了紧张充实的四年，五年后同学重聚时大家会更具智慧更有担当，想来是很自然的事。五年时间很长——长到足以让一个刚出大学校门的金融界新人挣到比资深教授多几倍的收入，并将这些收入尽数花在曼哈顿的居住和娱乐上；长到足以成为真正的住院医生，并对人们的生命负起责任；长到足以拿到一个法学学位，发现自己讨厌当高薪的公司律师，却因学费负债20万美元而不得不为；长到足以消退对投资银行的热衷，然后进入工商管理学院，为毕业后进入对冲基金再次耗尽自己的热情作准备；长到足以和大学时期的男/女朋友分手或者结婚生子；长到足以让人每年都换工作，去念研究生院，但仍然没有找到理想职业是什么的答案。这些只是我和我的同学在离开母校的五年里取得的部分"成就"。老校长艾略特曾告诫哈佛人:"入校为增长智慧,离校为更好地服务你的国家与人民",我们已花了四年时间努力完成这句话的前一半,但我们是否真的更好地为国家和人民服务了呢?

没人事先这么严肃地看待五周年重聚。任何哈佛本科生院的重聚都是为了放松,为了开心,为了怀旧,为了加强与朋友、同学以及母校间的关系。这是哈佛为获得校友持续关注与支持而创造环境的"软外交"。每一年,哈佛都会举办五周年、十周年、十五周年(以五年为一间隔类推,一直到七十周年)的重聚。对,你没看错,92岁的校友确实会回到哈佛,有的坐在轮椅上,有的扶着拐杖。每一届都会有自己的一套活动,有自己的校友委员会,自己的文宣处,自己的募款委员会在年中向同届校友募捐,还有自己指定的哈佛员工监管重聚活动的后勤工作。虽然每个重聚活动对参与的校友来说都是特别的,但大家普遍认为五周年重聚是最有趣和令人激动的,因为大家都还年轻,未婚的还相对较多,还在探索事业和未来,而且最有可能举行好玩的派对。虽然哈佛会向校友提出特别的捐赠请求,也会鼓励重聚的几届在捐款方面友好竞争,但不会有来自学校的压力或者强制要求捐钱才能参加重聚。不管你是刚辞职的无业人士,家庭主妇或带着四个孩子的家庭"煮夫"(针对带小孩来聚会的校友,哈佛会提供照看小孩的服务。照看孩子的是哈佛的本科生,学校付他们工资),背负着高额学生贷款而无力捐赠的医学院研究生,或是成功企业的总裁，任何校友都可以参加。所有人参加一样的活动，付一样的钱，吃喝也都一样。在重聚的时刻，所有人都被平等对待。

"八卦"可以强化校友归属感

对这个五周年重聚，大家都有很多期待，也做了大量的宣传。在2011年秋天，离2012年5月的重聚还有好几个月的时候，我的朋友就已经开始互相发邮件问："你会去重聚吗？我正在考虑呢……"哈佛也开始定期发出邀请，并让大家上五周年重聚网页，在上面能看到参加所有的活动要多少钱，会举行什么样的活动，有哪些同学已经登记要来。我从没想过不参加——毕业之后旅居国外意味着我跟一些朋友已经三四年，甚至五年没见过了！这也是我和我的大学室友为数不多的见面机会，因为大家都居住在美国不同的地方。当然我也非常好奇大家这五年都有哪些变化（感谢Facebook让我已经得知他们在过去五年都做了什么），以及我以前约会过的男生们有没有变为成熟、更有担当的男人。

让我们面对现实吧：对我和我的同学来说，重聚时闲话社交八卦与建立专业的人际关系同样重要。正是我们之间这些非常个人化的联系，让我们感到彼此属于同一条涌向充满各种可能性的汪洋的激荡河流。这是一种对更大一个群体的归属感，即便它的基础是一个个细碎的八卦。因为这些小事，是我们的小事。我们有一套别人听不懂的语言：

"你还记得 Owl① 里那个打橄榄球只跟 Kappa Alpha Theta② 的女生约会的小伙子吗？他现在完全没有以前萌了。"

"你记得那次在 Pfoho③ 的 90 年代疯狂派对吧？你布置的那个。"

"你肯定记得她，就是 Bee④ 里的那个社会研究毕业论文写韩国整容手术的女生。"

"中文课在 Vanserg⑤ 真是烦死了，我每次都要花半个小时从 Mather⑥ 走过去。"

就算把这些话读上几百遍你也不会明白它们的意思，除非你曾经历过所描述的一切。就算是我那些在哈佛拿过硕士、博士学位但在别处上本科的朋友，也无法完全欣赏和理解哈佛本科生共同拥有的回忆、话语和经历。你可以把这看作精英主义，也可以把它理解为和在哈佛与这帮同学一起时的那部分自己所建立的联系，一种不可磨灭的、深刻、真实且永恒的联系。

---

① 夜猫子俱乐部（Owl Club）是哈佛的男子终极俱乐部之一，成员中英式橄榄球球员较多。终极俱乐部极具排他性，对许多大学生而言往往是社交生活的最顶峰。自男子终极俱乐部 19 世纪始建之初，它们已然赢得了数百万美元的私有财产，这些财产不受大学监管。

② 卡帕·阿尔法·西塔（Kappa Alpha Theta），哈佛的一个姐妹会，被普遍认为充斥着身段苗条、金发碧眼的姑娘。

③ 哈佛的舍院之一——普福尔茨海姆楼（Pforzheimer）的简称。

④ 哈佛的一个女子社团。

⑤ 哈佛的一幢行政教学楼，靠近大学的东北角，距离本科学院较远。

⑥ 哈佛的舍院之一——马瑟楼（Mather）。

不完美的重聚带来的活力

我曾有的种种顾虑——面对前男友们的不安，反复回答同样的问题（你在哪里？在做什么？），与太久没见的同学重新联系——统统都在重聚开始后消散得干干净净。当然，出席的人里面有一半我都认不出（在此之前我的同学从没这么大规模地为社交目的聚在一起过），食物也并不出彩（大部分吃起来都像是食堂的东西），有些人并没有变得不那么势利或者奇怪；但我很高兴能见到那些我曾关心的、曾与我一起分享过亲密和重要经历的人。最重要的是，我喜欢这种属于一个比个人大得多的群体的感觉。我的这些同学有一天会成为政治家、行业领袖、激进分子、老师与教授、企业家和远见者。我们这届910个同学一起庆祝（超过了全年级人数的52%——这是哈佛的记录！）的场景提醒我，我们这代人拥有的建立一个更公正、更和谐、更负责、更关爱的世界的巨大潜力，以及因潜力而产生的巨大责任。

在我们的重聚之后，我跟一些朋友说感到自己重新充满了活力，有了新的目标，并决心在人生和职业中绝不接受任何低于我奋斗标准的成就。出乎意料的是，相当多的朋友同意我的感受。他们不见得喜欢所有重聚时与他们说过话的人，也不见得欣赏这些人的工作，但他们和我一样感染到了对我们的潜力的乐观态度。"给予了很多的人，被需要得也会很多。"我和朋友们因重聚而产生的自我反省，鼓舞我们继续勇敢地完成人生中的重要决定,并激励我们继续相信自己的潜力。

在思考"服务国家和人民"的劝诫时,我意识到对于我们这代人来说,"我们的国家"已不再指美国,而是指世界;"我们的人民"也不再局限于美国人,而是全世界的公民。每一次看到我的朋友和同学,都在提醒我:我们这些来自不同种族、文化、社会经济背景的人,虽然分散在世界的各个地方,却怀着共同的愿望,希望共塑我们更好的未来。我从重聚中明白,跟我们需要做的比起来,我们已经取得的成就如此苍白。我的同学给了我力量和鼓舞去完成那些世界需要我做的事。

(李惠普 译)

校友搞定校友：哈佛校友工作秘笈

校友重聚会成为一件被哈佛毕业生经常提起的事，是因为"重聚"的概念早已被嵌入他们意识之中。这种嵌入，是因为校方每年付费雇用数以百计的哈佛在校本科生，让他们担任校友重聚活动的酒水服务员、保姆（照料校友带来的孩子）、清洁工……

校友重聚是件有趣的事。我们这群2007届哈佛毕业生从毕业一年后就开始聊起重聚，在接下来的四年里一直在谈论它。典型的对话是这样开始的：

校友A："对了，戴夫今年参加了他们的五周年校友重聚。听他说活动超酷，除了一点——带酒精的饮料全喝光了。"

校友B："什么？！酒都喝光啦？那可够疯的。希望到咱们重聚时别遇上这茬儿。那你觉得，见那些毕业后就再没见过的人，会不会有些怪怪的？"

校友A："谁知道呢，但大家都说五周年校友重聚是最好玩的。"

校友B："嗯呢。我在想贝丝会不会去。我俩快永生没见了。"

这样的谈话没什么深度可言，但从中可以感受到，哈佛的校友重聚（美国大学整体上也是如此）是想要"有趣"和为了"社交"的。它成为一件会被毕业生经常提起的事,因为"重聚"的概念早已被嵌入他们意识之中。这种嵌入,是因为校方每年付费雇用数以百计的哈佛在校本科生,让他们担任校友重聚活动的酒水服务员、保姆(照料校友带来的孩子)、清洁工,是希望他们见到年纪较长的朋友们每年谈起重聚,希望他们知道,这是重新感受到集体精神的为数不多的机会之一。

不"开小灶"的校友聚会

哈佛的校友重聚机构运转有力,具有常规性。校园里每年举行以五周年为增量的各届校友聚会,每届校友聚会都有由当届校友组成的筹备委员会。每位校友均被邀请参加重聚活动,不分职业贵贱、收入高低、地域所在、倾向如何。只要哈佛有你的电子邮箱地址,你就逃不过这重聚邀请的天罗地网。在这里,大款校友、著名校友没有特殊待遇,人人付一样的钱来参加活动。这并不是说我们毕业五年就有许多有钱或有名的校友,但你能够体会到学校的这种理念。校友重聚被设定为令人享受的活动,而不是一场谁挣钱最多、谁上了新闻的展览。况且,今天在事业起步阶段、囊中羞涩的校友,说不定就是明天的硅谷之王;今天一贫如洗的医学生,保不定就是美国下任卫生部长。

这种看似人人平等的做法,并不意味着哈佛就没有自己的"小九九"。它当然有!每所大学都渴望高高兴兴和充满感激之情的校友交出大笔大笔的钞票。可是,哈佛在我们人生中这一阶段的做法是软推销：在我们是年轻校友时把我们"哄"高兴，感觉到被重视，放长线钓大鱼。哈佛的新近毕业生毋庸付钱就可以参加世界各地的校友俱乐部，在哈佛各种活动中获得折扣，在毕业几年后还可以享受免费的职业建议与支持。

让校友帮你干"脏活儿"

每届校友重聚活动都有单独的募款委员会，但它在年轻校友中并不是受人喜欢的角色。通常是由一些志愿者负责人发出邮件来招募其他志愿者，然后几十位校友组成专门的募款委员会。校方会有一名全职募款人员来担任组织者与后勤协调者。

校友志愿者需遵循哈佛为其编制的在线请款（solicitation）指导手册。每位校友志愿者有一个自己的在线网站账号，登录后可以到校友名单里去挑出那些好意思伸手向对方要钱的昔日同窗姓名。这个团体在夏天的校友重聚活动的前一个秋天组建起来，募捐行动会持续整年，直到5月校友重聚的现场活动结束之后。每位校友志愿者可以按自己的节奏和方式去联系自己募款名单上的校友。当然，校友们也许没有职业募款人员的专业手腕儿，但其他校友却更易接受这种作为朋友和同学的娓娓劝说。以校友赢得校友，不仅节省了哈佛校方的时间与财力，还是一种更加有效地接触校友的途径。

尽管我们这些校友已经讨论了重聚活动好几年，但收到正式的2007届五周年校友重聚电子邮件邀请函，是在2012年1月

12日，只比重聚活动提前了不到五个月。虽然这封电子邮件是经过校方确认的信息，但它是从组织的同学个人邮箱发出。没错，我们没有收到来自哈佛校方花哨的正式邀请，而是一封来自同学的、友好的、活力四射的提醒。内容很短，也很简单：

亲爱的凯特：

欢迎你来我们的五周年校友重聚！时间是2012年5月24日（周四）至5月27日（周日），只剩几个月时间啦。别像对待核心课程论文那样拖拖拉拉，快腾出时间来，就是现在。朋友、乐子，还有那些神圣的哈佛礼堂在等着你哦！

重聚策划委员会正在玩命策划一个超棒的有各种活动的周末，关注一下我们近期的电子邮件吧。我们会发给你所有你需要知道的信息，我们保证，任何形式的自我推销至少是有料的。

想知道更多关于我们五周年重聚的信息，可以访问哈佛2007网站：http://classes.harvard.edu/college/2007。我们确定更多细节后会对网站进行更新，3月时会推出重聚活动通知与住宿登记。

希望你想要返校的心情跟我们欢迎你返校的心情一样激动。期盼5月聚首同庆！
艾莉森·卡斯特·凯维和海宁·古因洛克
2007届校友重聚策划委员会联席主席

这封电子邮件在我和室友、朋友们之间掀起了一波电子邮件热潮。"你要去吗？""呃，可能吧。""不，你绝对应该去！""好吧，我会考虑一下。"让人们来参加的最好方法就是同学压力（Peer Pressure）。哈佛让校友来帮它干"脏活儿"。无论哈佛在外人看来多么受人敬仰和享有声望，校友却有很不一样的视角。即便是最好的大学邀请你去重聚，并不意味着你自然而然就该去。你去，是因为你想见朋友，是因为你想看看每个人在做什么。你不会因为哈佛叫你做什么就去做。你做，是因为你的朋友们在做这件事，你不想错过。

不"正式"的活动安排

每隔几周，我的同学都会发来简短、活泼的电子邮件，提醒我们去注册。从网站上可以看到哪些同学已经回复参加了。我看了名单，几乎认识的所有人都要去重聚活动，那我为什么不去呢？但活动有些费用。当然，一年挣6位数的银行从业者不在乎付这近300美元的活动门票费和额外的旅费；但对于我们这样曾在非营利组织里打拼的人，对于从研究生院毕业不久的朋友们来说，一个周末就花掉大把银子并不是心甘情愿的事。因此，我们犹豫再三，辩论掏钱买包含所有活动在内的通票和单买单项活动门票的优劣，甚至还设想偷偷溜进去。我们听说，没票直接进入活动现场是相当容易的。我真的考虑过这样做，但最后决定，既然我实际上是有收入的，还是应该为参加的活动买单。我认识好些人不花钱"蹭"了活动，并且没遇到任何麻烦。不管怎么说，

"偷溜"是五周年校友重聚经历的一部分，因为我们可以说是最穷但又最好玩的一群校友。重复一遍，这都是为了好玩。像一位朋友所说的那样，哈佛并不会因为你偷偷溜进去而羞辱你——如果让你恼羞成怒，有朝一日你非常成功了再不参加校友活动咋办？

校友重聚活动从周四晚上，一个重建联系的联谊会开始，然后便渐入佳境。真的几乎没什么"严肃"或"正式"的活动——它们主要都是社交性的。周五，大家可以选择继续在波士顿或哈佛游玩，但大多数都只是跟朋友一起随便逛逛。周五晚上是"正式"的开幕活动，一个有专业美食服务、有DJ和巨大白色帐篷的户外派对。但这也不算真的正式——没有领导讲话，没有繁文缛节。你只是走进去，然后开始和朋友、和同学聊天。从傍晚直至凌晨（我们大约凌晨1点离开的），我们聊天，大笑，跳舞。有时候由于太久没见过一些人，以及有些人之前根本就素未谋面而有些小小的尴尬，但最终都被一种集体归属感和开心所取代。哈佛盛会结束后，大家还在酒吧、饭店、宾馆意犹未尽地继续派对。

我们中大多数人的周六从哈佛三百年剧场（Tercentenary Theatre）外、混杂在日光中的午间野餐开始。野餐持续了好几个小时，一直到下午晚些时候。仍然没有正式的辞令或典礼，只有简易自助午餐、一张张餐桌和随意的聊天——在周五晚上的派对跟周六晚上的正式舞会之间，我们需要放松和养精蓄锐。野餐之后，我们寻机去本科时所在的社团组织的重聚活动。然后就是准备周末最大的活动——鸡尾酒会。它今年在艾略特楼，我从前自己的宿舍楼举行。

怀旧的力量

大家为鸡尾酒会而兴奋，因为这是盛装打扮，是像昔日一样在学院里打成一片的机会。每个宿舍楼每年都有冬季正式舞会和春季正式舞会，这鸡尾酒会让我们对那些旧时光无限怀念。为舞会作准备让我想起我和室友们如何从一间屋窜到另一间屋，帮助彼此搞定礼服、发型和化妆。然后，步入郁郁葱葱、绿荫婆娑的艾略特楼庭院，让我想起有一年穿的那条引人注目的红色缎面礼服裙，想起另一年迷恋的某个约会对象，想起毕业典礼前夜甜涩参半的在哈佛的"最后一舞"舞会。我们回到了这儿，五年间增长了智慧，但一举一动仍会卷起避闪不及的怀旧浪潮，冲击出那么清晰的回忆，让我们回想起曾经更加年轻、更加无忧无虑的自己。

这些小小的、不断回闪的片段，联结在一起，形成一种强烈的精神纽带，与在母校的经历联系在一起。这其中有校友重聚的力量——它有让校友自发地在脑海中形成这样的情感纽带的力量。你会希望校友认为勾起他们怀旧之情的是自己，而非哈佛。这是校友重聚的成功之处——并非立即去敛财，而是精心编织出离校已久的校友与大学之间解不开的情结。

但重聚不全是乐子与游戏。不幸的是，毕业后有四位同学去世。为了纪念他们，哈佛在周日早上举行了追思会，这样2007届校友可以向朋友、向同学聊表敬意。正如在家庭中、在紧密联系的圈子中一样，我们想要向那些属于我们中的一员，却已离开我们的人致意。即便与那些亡故的同学没有私交，我们也为失去同届年纪轻轻的校友而遗憾和悲伤。

当我们聚集在另一幢宿舍楼——柯克兰楼吃最后离别的早午餐时，任何最初的尴尬感都已经消失得无影无踪。环顾朋友和同学们拿着托盘盛着食物坐在庭院里或者长长的餐厅桌子旁，似乎一切都没有改变。我们熟悉餐厅周边的路，知道饮料机的确切位置，知道热菜在哪儿，水果在哪儿，刀叉勺子在哪儿。我们在桌旁坐了数小时，像以前那样徘徊不散。但许多事情已经改变，而且还会继续改变，使我们一年年与曾经四年的共同经历渐行渐远。但重聚是恒定不变的事，我们总是可以指望它把我们带回那段共同的经历，不管这次"穿越"多么短暂。重聚是感性的事，从来不是仪式性的或是正式的。大多数人不会支持他们没有感觉的事。他们支持有着某种情感或相关联系的事。从这一点来看，哈佛非常成功，我不认为它最终在获得校友支持上的卓著成就"纯属巧合"。这所大学不仅提供了卓尔不凡的在校体验，在校友们离开神圣的哈佛殿堂后，仍通过诸如重聚之类的特别体验出色地延续着其培育过程。

（罗惠文　译）

共担伤逝

当哈佛遭遇学生意外死亡时，它是什么态度？封锁媒体、颁布"禁言令"，还是……

亲爱的读者，我将向您坦承的一个事实是：这篇文章非常难写。哦不，并不是技术层面上的困难——所需的全部事实论据都不难获得，只要做一丁点儿功课足矣；它难在情感层面，因为它将触及一个我们中的大多数不愿甚至是主动回避去深思、更少去公开讨论的话题：一条生命的消逝，一条年轻的、聪颖的、满怀激情与希望的生命的消逝。我们知道，每有亡故，总会给身边人留下一片悲寂；然而，不知何故，我们总感到，对生者冲击更大的，是那种突如其来的戛然而止。

噩耗传来

2014年2月11日，那是一个星期二，清晨6点半，我醒来习惯性地用手机检查电子邮箱。在收件箱里躺着的50封新邮件中，我的目光立刻被定格在了一封来自我所联合创办的"亚裔姐妹在服务"（OAASIS）的哈佛女校友邮件上。OAASIS是一个旨在为哈佛的亚洲及亚裔女性提供服务、社交与领导力发展的平台，以姊妹式的协作来取代竞争的学生社团。毕业之后，我们还继续通过哈佛学生组织网站（hcs.harvard.edu）上的校友电子邮箱名单进行联系，给彼此发群组邮件。讨论主题从时尚建议到面试小窍门，从财务管理到政治与社会趋势。我们绝不是唯一一个提供校友邮箱名单的学生社团，许多社团都这样干。OAASIS 的女校友尤其活跃，是因为它对成员经过了精挑细选，并且在规模上利于建立亲密私交。然而，那天，那封电子邮件却充满了忧郁："噩耗。请查阅，所有 OAASIS 校友！"无须打开邮件，便已能对"噩耗"二字的含义猜个八九不离十。它由一位比我要小的校友发出，而非我的同届，因此我在心里默默地往下过着收件人姓名列表，看看我所认识的全部 OAASIS 后辈们在不在里面，疑惑谁会是这条令人悲痛的消息主角。

颤抖着，我点开了这封邮件，读到如下内容：

亲爱的校友同伴们：

我们的本科生中发生了一起惨绝人寰的悲剧——OAASIS 最小的妹妹之一，安吉拉·马修（Angela Mathew，2015 届），今天在一场车祸中逝世。卷入这场车祸的，还有其他几位哈佛本科生。

我对此已茫然不知所措，我的心为那些熟识她的姐妹们碎成一片一片：这是一件将影响我们所有小妹妹，影响曾与安吉拉至少共度过一个学期的新近校友们的重大事件；它将无可避免地在某种程度上或以某种形式塑造我们的姊妹情谊。我希望我们作为校友，能够尽自己所能地在各方面成为支撑她们的源泉。此时此刻，我们需要团结在一起，真正成为所有姐妹能够停靠的港湾。

现在，让我们：

1．拟一条信息，共同发送给在校的本科妹妹们；

2．向你关系密切、认识安吉拉的姐妹伸出双手，让她们知道，你这里有可供倚靠的肩膀；

3．如果你有关于我们还能如何应对此事的任何其他主意，请回复这封电子邮件。咱们一起推动这件事情。

你们的姐妹，詹妮弗

校友干了什么？

私底下，我并不曾认识、了解安吉拉，但那已经不重要了。重要的是，一位前途光明的年轻女性失去了她的生命。重要的是，一个家庭失去了他们宝贝的女儿。重要的是，我们关系紧密的社团组织失去了其中一位姐妹。重要的是，哈佛失去了社群中的一员。

除却单单发出慰问性的文字，OAASIS 迅速起来行动。接着最初的那封电子邮件，刮起一阵强烈的意见交换疾风。我们选定了一篇正式的对本科成员的慰问信。我们建议以 OAASIS 的名义在安吉拉追悼会上送去鲜花。我们讨论了如何主动联系认识的在校本科生，看他们是否需要情感支持或者心理咨询。我们问及如何给 OAASIS 提供资金援助，从而能够向安吉拉的家人"聊表心意"。就我个人而言，我联系了两位如今在马瑟楼（Mather House）和艾略特楼（Eliot House）当驻楼导师（Residential Tutor）的本科同学，请求他们与自己舍院的 OAASIS 小妹妹进行一对一谈话——驻楼导师的职责便是提供情感支持，以及在舍院社群失去成员时进行非正式疏导；我也探访了与安吉拉相识的一名本科成员；最后，还到哈佛校友捐赠网站上给 OAASIS 的账户打了一笔赠款。

　　上述的最后一项，可能还需要稍微阐释一下。在哈佛，任何正式注册的学生社团均有权接受来自校友、朋友和家人的捐赠。每个社团都会分配到一个捐赠账号，捐赠者在通过网站捐赠时注明这个帐号，非常简单、快速。具体来说，我上了哈佛捐赠网站后，选择"哈佛学院"作为接收学院，标明捐赠金额，选择"哈佛学院不受限"作为适当的学院内资助方式，用键盘敲出 OAASIS 的"大名"与捐赠账号，再输入我的个人信息与支付信息，然后点击"提交"即可，30 秒搞定。在随后不到 1 分钟的时间里，哈佛已经将收到我信用卡捐赠的确认回执，以及与之相伴的感谢函送进了我的电邮收件箱。根据既往经历判断，我知道他们还会在月底寄一张感谢卡到我的邮政信箱。我所捐赠的钱，直接进了 OAASIS 官方账户，她们从中可以获得必需的资金。如果我想要直接捐助本科生院，还是同样的流程；并且我可以选择捐给不受限基金、助学金、哈佛图书馆，或者工程和应用科学学院。所有的捐赠资金都会被计入哈佛募款运动中，其目标是截至2018年募集到65亿美元。当然，我捐赠的目的是为了支持自己的社团纪念安吉拉，该行为产生的一项"副作用"便是，我与此同时也为母校的募款运动作出了贡献（尽管在2013年末时，我已经通过给哈佛学院助学金和哈佛教育研究生院提供等量捐赠而对此表示过了支持）。

哈佛有动作

哈佛社群对此也同样予以了哀悼。《哈佛深红报》组织专题报道，刊载了好几篇关于安吉拉不幸事故的文章，其中包括哈佛学院代理院长、列文特楼（Leverett House）舍监[①]和哈佛模拟法庭协会的吊唁与慰问。事故当天（2月10日凌晨，刚过午夜），代理院长给全体本科生发出一封正式通告，也另行给家长们发出包含本科生信息在内的单独通告，以便父母能够适时地向儿女张开臂弯。同一天傍晚，列文特楼舍监在舍院里组织了一次悼念安吉拉的学生集会，设计制作出一本纪念册，让她的朋友、同学可以在上面分享他们的故事。第二天，《哈佛深红报》便登出悼文，采访了安吉拉的朋友们，倾听他们的想法。作为对她的影响力，以及她对哈佛社群的贡献所产生的力量的确证，她的朋友、同学

[①] 安吉拉曾是列文特楼的一员。

分享了她曾是什么样的人：

"绝对是非常非常出色的。"

"我知道我再也不会有她那样的朋友了。"

"她做每件事都全心全意、全力以赴。"

"她很无私。"

"她的个性是那么富有魅力。"

校友与在校本科生将自己的哀思张贴在文章下的评论区里，包括那些与安吉拉素昧平生的人。在我看来，这些陌生人发自肺腑的评论，折射出我们社群作为一个整体而感受到的哀悼之情。

2月13日，星期三，哈佛组织了全校范围的烛光守夜，以纪念安吉拉和我们哈佛社群的另一位成员——近期逝世的2006届毕业生史蒂文·罗斯。当校长德鲁·福斯特（Drew Faust）、纪念堂蒲赛牧师沃顿教士（Reverend Jonathan L. Walton）、本科生院代理院长唐纳德·H. 菲斯特（Donald H. Pfister）、列文特楼联席舍监霍华德·M. 乔治（Howard M. Georgi，哈佛1968届毕业生），以及凯蕾·N. 亨利（Kaleigh N. Henry，哈佛2015届毕业生，安吉拉的朋友）诉说对她的怀念时，巍峨的纪念堂几乎被挤得水泄不通。此时，纪念堂已与宗教、宗派无关，它向任何信仰（或者压根儿没有信仰）的人敞开大门，不管他们是虔诚的教徒抑或是无神论者、不可知论者——他们聚集于此只为缅怀安吉拉与史蒂文。5分钟的默哀与祷告使得学生们能够表达出对亡者的尊重；末了，沃顿教士以同学友爱的劝诫作为尾声："当丧钟为我们或我们所爱的人敲响时，我们中的任何一个都无法控制。

我们不可预知明天酝酿着什么，但我们能紧紧抓住眼下所拥有的每时每刻，让我们生命中那些特别的人知道，我们爱他们。"虽然言辞之间凝结着阴郁，这席话却提醒着每个人，我们还有存活于世的荣幸，而这是我们平常绝少会想到的。其后，社群成员被鼓励到纪念板上书写下自己的遐思与追忆，这些纪念板将在纪念堂里一直挂到2月末。

学生逝世不该讳莫如深

紧随安吉拉噩耗的传来，哈佛各个社群都立即有所动作，如同一台运转顺畅的机器。伴之而至的，没有尴尬的沉默。一名学生的逝去，不应讳莫如深，将其笼罩在神秘的迷雾中，给他/她的朋友、同学留下未曾言表的痛苦的伤疤。人类是社会动物，沟通是一种卸下情感重担的必需途径。关于困难，关于悲剧，如此话题的开放交流，一开始看上去或许显得令人却步，但这样的方式对学生情感健康而言是那么至关重要，不管他们属于学校哪个社群。哈佛并不是从来就这样精于解决悲剧之后的学生情感健康问题的：我上本科那会儿，同学们还在抱怨哈佛反应不及时，动作不够大，没有给哀悼中的学生提供充分的支持与劝导。如今我远远见证到的校方对安吉拉辞世所作出的一系列应对举措，确凿地证明了这所大学正在真挚地忧学生所忧。哈佛竭力在一切问题上聆听学生的声音，只要可能，只要恰当，便会予以回应。

正是在这样最艰难的时刻，哈佛的价值及其对我生命的冲击才最大程度地彰显出来，即便于我自身看来，亦复如是。为何我会对一个素未谋面的女孩这样关切，当一天得工作12到14个小时的时候，还发送一封封关于她的邮件？为何我会对一个学生社团这样关切，虽然自打毕业后我已"不做大姐好多年"？为何我会足够关切到查阅母校学生报纸上的一篇篇文章，以了解安吉拉逝世对同学们产生的影响？为何我会足够关切到写这篇文章？因为我将自己视作哈佛社群的一部分，即便远隔重洋，我也能感受到它的伤逝。因为哈佛鼓励我，并且让我与学生时代所关切的一切保持联系变得容易和可能。因为我们在那里的时光提醒着我，提醒着我的同学们，提醒我们关切超越自身的更大群体乃至世界有多么重要。我们不是无边海洋上的一座座孤岛，共通的人文关怀将我们联结在了一起。

（罗惠文　译）

职业篇

坐得学堂，混得职场

让拿着文科学位的人在求职市场上有销路，这是一项永恒的挑战。与其把人文科学教育"降格"到职业技能教育，为什么不在学术教育的基础上补充一些职业发展的机会呢？

大学该教些什么？

一场关于高等教育目标的争论最近在美国"复燃"。大学应该教人们如何思考，如何做事吗？理想主义者会提出，高等教育是一种富集纯净文学和科学的神圣传统，不应被传授"平庸技能"的教学所污染。他们的反对者则会抓住不断上涨的大学教育费用说事儿——家长们凭什么在不能找份体面工作的大学教育上浪费钱呢？我发现有些美国大学已经把这两种截然不同的观点协调在一起，融入到它们的教育中。基于我的亲身经历和观察，像哈佛这样的精英大学有本事既给学生打好卓越的学业基础，又提供有意义的职业发展机会。这对一些认为哈佛学生才华横溢但是——呃，书呆子气的美国人或中国人来说，似乎是一个意外。虽然每年都有那么一拨才子才女来到哈佛，但他们中的很多人与其说是传统意义上的天才，倒不如说是脑子灵活加上后天刻苦努力。

哈佛的长寿（算来已经 379 年）秘诀之一在于它对美国经济和社会飞速发展的适应能力。哈佛最早是男孩子学习古文、文学和神学以成为牧师的地方。学生掌握了哲学和神学经典著作后，最多只能成为一名教士。这与十七八世纪的美国教育和职业发展环境是一致的，那时教士被认为是智力导师和精神领袖。

19 世纪以来，随着美国工业化，专业的研究生院在哈佛应运而生；另一方面，本科培养仍然聚焦学术，而非塑造工业界领导人和企业管理者的职业技能教学。

今天，哈佛本科学院依然回避职业化的专业和课程，最接近于"职业"的专业是应用数学—经济学（将数学应用到经济学研究中）。学习这类专业的学生很多来自亚洲——他们的父母希望孩子能学点一技之长。然而，即便是应用数学—经济学专业，也不屑于教金融和会计类课程，为此，哈佛学生不得不跋涉到麻省理工学院蹭课。粗略一看，哈佛似乎还死死抱着传统教育方式不放，但"透过现象看本质"，这所学校在不丢失卓越的博学传承下，已然适应了今天的经济和社会发展。它是如何做到的呢？

"四大秘器"助你成功

正如我在上文中所述，哈佛相信教育的涵义比书本学习更加高远。教育是一种经历，包括与朋友相处，也包括发掘学生课堂之外兴趣的大量机会。每个学生都有根据自己的理想和雄心"定制"属于自己的教育的能力。如果你想获得分子生物学博士学位，又对中国历史有兴趣，你可以在学习生物学的同时选修关于中国的研究课程。如果你想成为一名神经外科医生，却又热爱俄国文学，你可以主修比较文学专业并且上医学预科课程，这样也有资格将来申请医学院。如果你不知道毕业后干哪行，但是喜欢设计和建筑，你可以学艺术与建筑史专业，多多参加哈佛的课外活动，抓住实习机会。

就我的经历而言，哈佛提供了四种不同途径帮助学生提升适用技能和选择毕业后的工作机会——这些途径没有一个会替代学术学习，而是作为学生课程学习的补充，有时还可以融汇其中、协调发展。这些途径包括：(1) 课外活动，(2) 哈佛组织的海外交流项目、勤工俭学和暑期短工，(3) 雇主举行的校园招聘，(4) 毕业生和校友的辅导。

秘器1：白手起家建社团

在哈佛，有超过400家注册的独立学生社团，并且还在发展壮大。这些组织涵盖了文化、学术、艺术、戏剧、公共服务、宗教、社会、传媒、政府与政治，等等。对某个事情有兴趣但是找不到相关的社团？自己开办一个吧！我就是这么干的。当我和另外九个女孩发现找不到一个让亚裔美国女性相互对话交流、鼓励她们从事社区服务的现成机构时，我们建立了"亚裔姐妹在服务"(OAASIS) 这个组织。

每个学生社团从寥寥几人发展到数百之众，大多会提供一些领导职位让学生竞选。例如，我在华裔学生联合会有四年会员资历，曾被选为新生代表、公共关系官员、副主席，最终当上代理主席。每一年，我的领导职责都在加重，最后我协同组织哈佛最大的文化活动——中国春节宴会，有几百名参会者和几十个赞助商。同样，参与组建OAASIS的经历，锻炼了我撰写报告并在哈佛的院长们面前演说、在多疑的大一女孩面前打广告、用有限的资源维持运营等方面的能力。

只凭着一个想法，"白手"建立起一个至今仍在哈佛繁荣发展、拥有超过百名会员的社团OAASIS，这是一段充满挑战和难以置信的经历。我同时还在招生办公室工作了四年，从少数族裔招生志愿者做到亚裔学生招生联合协调人。此外，我还为来自国外的参观者和高层人士提供正式的哈佛校园导游服务。

如果你觉得我值得钦佩的话，我还远远不够格呢！我的很多朋友在课外活动的领导才能和学业成绩方面要比我厉害得多。从始至终，我们的功课都是满负荷的，教授可不会在完成作业和测验的期限上给我们网开一面。

秘器2：揣上资助出国去

除了这种自发的社团活动，我们还有参加暑期工作、勤工俭学和哈佛组织的海外交流项目的机会。哈佛对学生每年6—9月该干什么并没有明确要求，不过大部分学生都会在大一结束之后把接下来的每个暑假都安排得满满的。为什么呢？因为哈佛学生不喜欢虚度时光。我们喜欢去探索、去行动、去学习。我们还知道，在四年泡沫般理想化的大学生活结束时，我们要在某种程度上思考出自己这辈子（至少在二十多岁的时候）要做些什么。

我写过一本 Let's Go in Paris（《我们去玩巴黎》），通过"Let's Go"（我们去玩）这家完全由哈佛学生经营管理的、美国首家学生旅游指南出版公司出版。在 2006 年的暑假，我独自去过上百家博物馆、餐厅、酒吧、俱乐部和历史古迹，通过详细调研，记下给那些囊中羞涩的学生客的旅行建议。在没有什么监管的情况下，我得一个人管好自己的时间、预算，还要找到新鲜的旅行地点，写进这本指南里去。

我的一些同学希望去国外工作，就去申请一笔由哈佛提供的、给那些找到有趣实习机会却没有薪资可拿的学生资助金。我的一位室友曾在伦敦一家无薪的科学实验室工作，但她拿着哈佛慷慨给予的暑期资助金，过得也挺滋润。另一位室友学了几年西班牙语，希望有机会在正宗的西班牙语环境里学习这种语言和文化，就去参加了哈佛组织的一个巴塞罗那暑期学习项目。

虽然国外的学习经历看似并不提升具体某方面的能力，但我相信接触国外的文化和习俗可以帮助我们在这个各国文化、经济关系愈来愈错综复杂的世界中，成为更加宽容、更具批判性的思考者。我曾在巴黎索邦大学学习了一个学期，这段经历帮助我集中思考未来目标，让我意识到我需要一种国际化的生活和工作，并以此作为生活方式。虽然并不是哈佛组织了这个海外学习项目，但它增加了对我的资助金额，直至足够支付索邦大学的学费。学校认识到了国外学习和工作在提升学生综合素质方面的作用后,现在就鼓励学生在任何可能的时候出国。我的很多同学都自认为不只是美国公民,也是全球公民,不仅有责任让美国变得更好,还要让我们共有的世界更加美好。这可不是通过读一本书或做一次测验就能学到的。

秘器3:哈佛"就业办"

哈佛最有组织的、最明显地帮助学生提升技能和找到工作的是职业服务办公室(Office of Career Services,OCS)举办的活动和校园招聘。哈佛有这么一间办公室,它致力于帮助学生找实习和工作机会——包括求职咨询、信息交流会,提供电子邮件地址,建设发布学生求职信息和雇主职位信息的内部网站。如果学生不知道人生何去何从的话,可以和职业服务办公室的咨询顾问约个时间见面。咨询顾问将会让学生做一次梅耶·布雷格斯性格测试,为学生解释测试结果,并和他们谈谈有可能的职业选择。这些都是免费的,你想什么时候去就什么时候去,想去多少次就去多少次——就算你已经毕业两年了都可以。

除此之外,职业服务办公室还每周主办各种类型的就业座谈会,邀请校友和企业代表与学生聊天:咨询岗位做什么?金融部门的职位有哪些?我如何能把自己对电影和戏剧的狂热转化为事业?我如何能在非洲或亚洲找到一份非营利的工作?本科毕业后如何申请到各种研究生奖助学金?还有关于如何做面试准备的讲座:怎么穿着打扮?如何和别人握手?如何描述自己的背景?如何写简历?哪些话不能对未来雇主说?等等。

职业服务办公室还会组织校园招聘会，邀请公司和其他机构来哈佛校园招聘实习生和全职员工，这样一来学生就能以一种集中又方便的方式来求职了。假如说我对管理咨询这一行有兴趣，我会查找在哈佛招聘的管理咨询公司名单（麦肯锡、波士顿咨询、贝恩、德勤，等等），参加它们的宣讲会（有免费食物和饮料哦），确定我要申请哪一家。我会在职业服务办公室的网站上注册，上传针对想去的每家公司专门撰写的个人简历和求职信。公司在网站上收到申请信息后，会通过网站通知申请者面试。

假设我收到某家公司让我参加第一轮面试的通知，我会在网上选择合适的"档期"，然后通过参加职业服务办公室的讲座以及和朋友一起练习来准备面试。如果第一轮面试过关，公司就直接联系我个人，约进一步的面试。从头到尾的面试过程也会告知职业服务办公室。办公室的职责是保护学生的权益，以免他们遭受公司的不公正对待。如果办公室收到关于求职过程中存在不合规矩现象的消息，他们就会插手干预。

校园招聘的目的是为了让学生更容易找到工作，让企业和其他机构更容易找到员工。尽管有很多学生并不借助职业服务办公室之力来找工作，它的存在也在向学生展示，你们在哈佛可以获得资源和支持来找到工作。

它的服务也是以学生为主导的——我的同学们过去常常抱怨，校园招聘来的都是一些咨询和金融机构，无形中把哈佛毕业生导向了一条狭窄的小路。针对学生的抱怨，并且为了适应

2008年后的金融危机，职业服务办公室开始提供艺术类、非营利组织和其他非企业机构的就业机会和求职支持。毕竟，它的使命是服务学生，而非雇主。

秘器4："一石三鸟"的导师制

哈佛支持学生职业发展的最后一部分是导师制。在校生可以通过各种正式和非正式的机会选择高年级生、毕业生甚至校友作为导师。

我的社团OAASIS把具有相似兴趣的在校女生和女性校友进行配对。在哈佛各个宿舍楼里住着的一些研究生"导师"，为在校生提供关于法律预科、医学预科、商科、博士生项目等方面的建议。学生可以在一个叫做"深红指南针"的网站上注册。这个网站可以让哈佛学生和校友从数以千计的校友档案中找到需要的人并与之联系，寻求建议。

当我从非营利机构向营利机构的工作过渡时，就使用"深红指南针"来向校友咨询，了解他们的职业经历，甚至还通过这些谈话获得了几个面试机会。

一开始，这种导师制看似只有利于那些寻求帮助的人，真相可不是这样！通过调动校友担任导师，哈佛让他们保持活跃并参与到学校活动中，积累起情感资本。校友联系越紧密，他们越会对学校作贡献。这是一种帮助学生、校友和学校三者之间互惠互利的状态。

正如你所见，哈佛不是仅仅给你教育，然后就把你丢进冷酷无情的世界，让你自生自灭。从你踏入校园那一天起，到你经过庄士敦门①走向现实世界，这里有丰富多彩的项目、服务、机会和体系，使你可以从中选择，来构建属于自己的学业、课余活动和求职经历。哈佛不会告诉你该选择什么，该做些什么。但它会为你提供几乎一切可能，让你梦想成真。让拿着文科学位的人在求职市场上有销路，这是一项永恒的挑战，因为他们并不具备某种具体的工作技能。然而，与其把人文科学教育"降格"到职业技能教育，为什么不在学术教育的基础上补充一些职业发展的机会呢？这样可以同时把崇高的学术传统和现代的职场需求中最好的部分留住。美国大多数精英大学不仅仅"出产"一些学术天才，还能培养出各行各业的职场高人，就不足为奇了。这是一种值得学习的模式。

（马妍　译）

---

① 庄士敦门是进入哈佛校园的一扇大门，是通往哈佛园的主要路口。在哈佛有个传说，哈佛学生就读期间只能经过这扇门两次，一次入学，一次毕业；如果中途经过的话，那么这个学生就无法毕业了。好在哈佛大大小小的入口有好几处，大家也不必"冒险"去挑战这个传说。

学霸做苦力

六成以上的哈佛学生在学年中每周平均工作8—12小时,这是鲜为外界所知的事实。大部分哈佛学生都为母校打过工,工作内容包括刷马桶、当服务生、陪送其他人走夜路……难道是哈佛压榨、盘剥自己的学生吗?

一入哈佛就刷马桶?!

有这么一个故事,因其新鲜有趣,兼具"骇人听闻"的神效,"荣升"为我最爱讲的故事之一。或许列位看官中,有些已经在先前的故事里领略过了这桩奇闻:当我还是哈佛本科新生时,我选择参与了一项新生入学前的热身活动,叫作"宿舍工作团队"(Dorm Crew)。当然那时也有其他项目可供挑选,像新生艺术项目(FAP)啦,新生户外项目(FOP)啦,或者是新生国际项目(FIP)。毫无疑问,这些都比"宿舍工作团队"显得魅力四射多了;但它们中的哪一个也不会像我挑中的这个项目一样,能在仅仅一周的时间里付给我大约800美元的"劳务费"。那到底是什么样的"劳务"呢?跟梦幻差事一点儿也不沾边儿,这是肯定的。洗马桶,掸扫一层又一层的尘土,清理一网又一网的头发，还得搞掉不堪入目的墙渍——秋季学期开始之前，我们在哈佛宿舍楼里辛勤劳作。噢，没错，体力劳动，纯粹而又简单，每天干足9个小时。一周里我卖力刷过的马桶数量，绝对足以让我够格胜任专业的家政服务。"奉箕拥帚，洒扫秽尘"①的过程中，我与同学们也建立起了深厚的"战地"友谊，这些"患难之交"陪伴我度过了整个新生年以及之后的岁月。谁在共同面临看似永无止境、令人反胃的学生宿舍打扫任务时，不会成为能够相互依赖的朋友呢？哈佛这样安排真的相当聪明：一则以合理的价钱让新生将宿舍收拾得整洁一新，二则新生积极交往，已经彼此熟稔了。

大学四年的"劳工"生涯

后来的事实表明，那次我和同学们在宿舍楼里初试身手，不过是大学四年给哈佛"打工"的序曲——大部分哈佛学生都有过这样的"劳工"生涯（Student Labor，按中国的说法，这叫"学生社会劳动实践"或"勤工俭学"）。引我入门的这份差事并不算学生工作生活的常态，因为大多数学生工作并非体力劳动，但"为外快而战"的中心思想万变不离其宗。六成以上的哈佛学生

---

① 语出唐代宋若莘、若昭姐妹《女论语·营家》，教导女子做好贤妻良母。没想到哈佛超出理论阶段直接走向实践啦。

在学年（9月至次年6月）中每周平均工作8—12小时[1]，这是鲜为外界所知的事实。我们有课要上，我们有课外活动，我们有自己的社交生活，除此以外，我们中的大多数还会有过几份"勤工俭学"的工作。对有些学生而言，这样的工作所得至关重要，它们可以为自己父母负担不起的课本和必需品买单；对另一些学生而言，就好比我啦，这份收入可以作为额外花费的来源，而不必隔三岔五地腆着脸向爹妈张口要钱。无论哪种情况，在校工作已经深深地嵌入了我们的文化，成为其中不可分割的部分。

"是啊，今晚我在图书馆轮班，没法跟你吃晚饭了，不好意思哦。"

"下周太疯狂了，我有三篇论文要交，还得替我打工的实验室搞定这么一大项研究计划。"

"我周日要去辅导SAT，薪水真的相当丰厚——你也应该来干这个！"

如同哈佛一贯的风格，我们被雇用的机会不可思议地多样和灵活，如此便赋予了我们选择适合自己特殊经济情况与时间安排的岗位的自由。我们可以选择到哈佛附属机构做校内工作，也可以选择为哈佛以外的雇主做校外工作。大部分学生会去哈佛附属机构，虽然挣得少是少点儿，但更加安全可靠。

---

[1] 根据麦可思对部分中国本科高校2012级新生适应性调查，新生每周参加勤工俭学的平均时间是4小时。

学校从哪儿搞钱开工资？

哈佛如何有足够的资源来资助数千名学生做兼职呢？

首先，学校里有许多跟学生打交道的岗位，无需很高的专业资质要求，与学生体验又紧密相连，这样的空缺由学生来填补便合情合理了。譬如，当学生们遭遇电脑问题时，谁来帮忙呢？用户助理，有技术背景的学生。当学生要在图书馆找书、还书时，谁来帮忙呢？学生，受过图书馆编目系统培训的学生。当学生们夜间要走挺长一段路时，谁来陪伴他们同行，以作为一项安全防护措施呢？还是学生，受过自卫训练的学生。诸如此类，都是哈佛雇用学生来提供的学生服务——真可谓一石二鸟之举。作为福利，我们学生则会拿到高于法定最低工资的报酬（在我上大学时，本科生的薪水通常徘徊在每小时 10 美元左右），这个价钱对哈佛来说也还算比较便宜。

其次，哈佛受益于一项由联邦资助的名叫"联邦工读计划"（Federal Work-Study Program，FWSP）的项目。该项目希望通过对大学施加一定的财政影响，来帮助学生获得勤工助学的机会：联邦政府承担符合条件的学生薪资的 50%—100%，而雇主（也就是大学）则支付余下的部分。学生符不符合条件，完全由其经济需求决定，他们从勤工助学中所获得的收入将计入其经济资助"大礼包"（Financial Aid Package）内。我那时得到的经济资助里就包括每年从 FWSP 获取的 2000 美元。这就意味着，如果选择在校工作的话,我从一份完全或部分由联邦政府资助的工作中,最多可以挣到2000美元。赚足这2000美元FWSP配额后,假使我还想继续工作,那就得跑去跟自己的督导人协商,看能否由哈佛而非联邦政府开工资。当然不是所有学生勤工助学的薪资额度都跟我一样,它基于不同学生的不同需求,不过FWSP有规定:任何工读生的工作时间均不能超过每周20小时。除学年中的资助以外,由于我还符合FWSP暑期工作的资格要求,因此当我选择暑期为"我们去玩巴黎"旅行指南打工做"写手"时,我额外又拿到了1000美元的报酬。另外,联邦政府特别喜欢给做数学和科学家教的学生提供FWSP资助,这两样是永恒的需求重点。

学生打工都干啥?

我们在哈佛所做的工作,无论是由大学单独资助还是由联邦政府共同资助的,性质都非常多样。研究岗位是数量最多也是最受欢迎的选项之一,只需到哈佛学院勤工助学办公室(Harvard College Student Employment Office)的网站上看一眼,便可发现诸多研究机会:助教助研计划(Faculty Aid Program)鼓励教授们雇用本科生当研究助理,帮助学生一展治学宏图;哈佛学院科研项目(Harvard College Research Program)在学年中及暑假期间支持"在教师指导下开展的由学生发起的学术研究及创造性活动";梅隆·梅斯本科奖学金计划(Mellon Mays Undergraduate

Fellowship Program)①每年选拔 10 名学生在大三、大四时加入一个"紧密的科研社群，同由教员担任的导师密切合作，开展独立研究"。我在大一春季学期时，就曾做过一个发展心理学实验室的研究助理，并由此认识到：第一，发展心理学令我兴味索然；第二，历经将口头访谈转录为文字的无数个小时后，我简直想找把枪崩了自己。虽然最后我没有走上研究心理学的道路，这样的机会却非常可贵，它可以帮我排除"我以为"的学术与职业兴趣。

除了研究岗位，学生还可以去办公室干行政工作，去食堂做"帮工"，去各部门网站搞设计，或者像前面提到的那样，去做图书馆或技术支持工作。也许它们听上去不像是最富吸引力的活动，但却让我们学会了如何对别人付钱购买的专业服务负责，不管是像订购办公用品这样简单的事情，还是像为指导老师写研究计划这样复杂的任务。我们学会了怎样与他人共事，怎样同主管打交道，以及高效地管理自己的工作流程。

另外，学生们也会选择校外工作，有时这是作为校内工作的补充，因为校外兼职收入更为可观。我有好些同学就给剑桥、波士顿地区的家庭（通常是校友或哈佛老师家）做保姆。还有些为私人家教公司工作（有的实际上也是由哈佛学生所创办）。有技

---

① 美国梅隆基金会在多所大学设立了以本杰明·以利亚·梅斯（Benjamin Elijah Mays）命名的奖学金项目。梅斯博士是著名的教育家、学者与社会活动家，曾任莫尔豪斯学院（Morehouse College）校长，引导了包括马丁·路德·金在内的大批青年投身社会公平与正义事业。

术背景的则会接点儿类似自由职业者、兼职数据库开发人员或者网站管理员的"私活儿"。我还听说过有同学当了服务生、调酒师，这些工作虽然底薪不高，但给的小费可能不菲。在服务业干这样的兼职工作没什么丢人的，它们并不会埋没大学生的才能——有一位曾在哈佛广场一家不错的比萨店当服务生的女孩，之后便击败数百个对手，稳坐到羡煞旁人的迪斯尼公司业务分析师宝座上。我敢打赌，她工作中一定很好地运用了自己在当服务生时锻炼起来的人际关系管理技能。

关于在校工作的话题，并不能说是多么引人入胜吸引人，看起来也折射不出什么崇高理想。我之所以还拿来与您分享，是因为曾遭遇过某些对哈佛学生的偏见：我们是被宠坏的孩子；我们是除了学习啥都不会的"学霸"，窝在漂亮的寝室里；我们成天无忧无虑。不可否认，我们那时以及现在都拥有难以置信的种种特殊待遇，但那种优待并不意味着我们就会软弱、娇惯，或者变成书呆子。兼职经历教给了我们为薪水而工作的价值，以及什么是职业责任，什么是自力更生，并为我们最终步入成人职业世界作了平稳过渡。我很感激哈佛有如此的远见将在校工作引入其非正式教育之中。如今的哈佛毕业生都是"三面手"：学术上学有所成，课堂之外通过社团活动练就了领导力，工作方面借由专业培训已然成为职场老手。

（罗惠文　译）

找份工作，做中学

"没有调查就没有发言权"，没有实习也很难明白真实的工作会是什么样。我的暑期工作感悟是：哈佛教给我如何在同样的精英高等教育背景下懂得欣赏多样性，"我们去玩"的工作经历则教会我如何将其推及至真实生活之中。

我的工作简历上有一项能抓住绝大多数面试官眼球的"杀手锏"，那便是我作为调研者兼作者在"我们去玩"（Let's Go）旅行指南出版公司"打工"的经历。"我们去玩"誉满全球，从写作、编辑到运营完全由哈佛学生一手包办。这家创办于1960年的机构在世界上最早推出了"穷游型"（Budget Travel）旅行指南，其目标锁定学生群体与保持"赤子之心"的人。截至2015年，它已持续发行覆盖六大洲（南极洲不包括在内的原因是：它没法便宜！）的七十多本指南，拥有用户活跃的大流量网站及广受好评的手机应用。我碰到的几乎每一位面试官都听说过或者使用过"我们去玩"，并对我如何能做上这样一份不同寻常的工作充满好奇。

这是一份当真的工作！

我跨入"我们去玩"的大门，既有"冥冥之中天注定"的机缘巧合，也有自身实际技能的因素。2006 年，那是一个春天，当时我正在巴黎索邦大学[①]海外学习。尽管被关在校门外将近两个月——罪魁祸首是一场大规模的学生罢课（如果你的同学们劫持了教学楼，并不断把电脑抛出窗外时，你真的很难挺到教室去上课），我还是拼了小命想找个路子在法国多逗留一阵。亏得我那时也许有些鲁莽的选择，即从头到尾用法语做一场口头阐释性报告[②]。当你直面一位脸上始终没有笑容、枯燥乏味的教授连同 50 名显得厌倦的法国大学生，讲了整整一个小时的 18 世纪法国工业后，真的没啥可以再让你惊慌失措了。我对自力更生在巴黎畅游感到自信满满。这项活动最坑人的是，它还让我们去找工作，这在当时看来是非常难的（其实到现在也是）——无论是对美国还是法国青年均是如此，更别提一份有薪水的实习了，何况还是在高失业率的法国！由于开支不菲，我爹我娘也没打算为我

[①] 巴黎索邦大学即巴黎第四大学，是法国最大的教授人文科学、社会科学和人类学的著名大学，与其他 12 所大学一起被统称为巴黎大学（Université de Paris，被誉为"欧洲大学之母"）。

[②] 这是一个声名狼藉的大学机构"口头阐述"（exposé oral）的活动。它要求学生就一个特定主题准备 45-60 分钟的详尽分析，期末在教授与同学们面前口头表述。参与陈述的学生包括你所在年级的绝大多数人。

提供在巴黎再待一个暑假的盘缠。就在我快要放弃的时候，我接到了哈佛名录服务站发来的一封公开招聘函，上面描述的工作让我眼前一亮："我们去玩"，一家学生运营的旅行指南出版公司，正在寻觅会讲法语的人到巴黎度过这个夏天，编写其最畅销的指南之一——"我们去巴黎玩"。我想，住在巴黎还写东西，这不是开玩笑吧？做我最喜欢的两件事还有钱可拿？！签了我吧！

估计他们之前已经对能用法语流利沟通的人感到绝望了，我和一个声称外婆是法国人的英籍大二哈佛女孩很快便被雇用。呃，好吧，我的确是通过了一场写作测验和一场地图注记考试，但不管我有什么不足之处，我的语言流利性都弥补了那些缺憾。"我们去玩"甚至让我飞去见了我的编辑，为我培训"我们去玩"的写作风格、安全提示，以及如何调节、管理自己的工作量。我曾幻想自己只要写出漂亮的散文，然后扔给编辑去格式化就万事大吉。多 naiveté（法语，意为"天真"）啊！我不是想写什么就能写什么的。我的工作由许多"部件"组成：核查现有的指南条目；调研新开的有趣餐厅、博物馆、夜店、酒吧以及其他娱乐场所；从独特的角度写关于巴黎的原创专题短文；确保我们的巴黎地图准确无误，是最新版本（请记得这是在 2006 年"前智能手机时代"，我得手工在地图上标注出一家家饭馆的位置）；将文本按模版编辑、格式化并录入软件系统；协调我在巴黎的合作者以及我在哈佛"大后方"的文字编辑、地图编辑，以保证最终产品内容精准、语气一致；还有最重要的一点，使支出保持在预算之内。我的编辑不断提醒我，成千上万的青年旅行者将阅读我的指南，我有责任最大可能地准确、有趣，云云。这是一份当真的工作！

不做不知道

虽然可以预见的忙得发疯的暑假令人心惊胆战，但得到一个像成年人那样在巴黎生活的机会，还是让我非常心存感激。我跟合作者奥利维亚得自己解决住房问题，完成工作职责，我们所有的后援力量都在波士顿的剑桥镇。很幸运的是，由于"我们去巴黎玩"是最受欢迎的旅游指南之一，所以它的预算也属于最高水平。搜寻了无数租房启事，被数不清的房东回绝以后（巴黎的租房市场是我遇到过的竞争最激烈、事儿最多的租房市场），我在靠近埃菲尔铁塔的舍韦尔街（rue Chevert）找到一间通风良好的大公寓，作为我们"我们去玩"调研者兼作者"二人转"的大本营。这间公寓是我们节俭的夏天最奢侈的一笔开销，接下来的其他花费都得跟"穷游"理念相符。我和奥利维亚分别有一个持续整个暑期的、固定却有限的预算，如何再去花预算内的钱便属于我们各自的决定权了。一旦开支超出预算，我们便得自掏腰包，因此这也成为让我们对财务负责的一项强烈诱因。

夏天开始得并不顺遂。我的笔记本电脑恰恰在我们搬进公寓的第一天"死去"，我近乎疯狂地订了一台新的苹果笔记本送到巴黎，并在上面安装编辑软件。与此同时，我必须开始调查指派给我的区（arrondissements）[1]。当我着手考察需要我核实和编辑的成百上千的条目后，我意识到，八周的时间看来是极其短暂的。我决定列出一个暑期工作计划，规划好每周要去哪儿，什么时候写我的文章，留出哪些时段去编辑地图、记载每周体验过的地方。虽然我的编辑设定了一些章节的截稿期，但如何调控工作节奏完全取决于我自己。没人告诉我去做什么；同时我又得对编辑和出版商负责，需在他们给出的严格的截稿日期前上交初稿。

刚开始，我以为写出引人入胜的条目会是我的工作中最困难的部分。我是说，去确认博物馆、餐厅、酒吧、夜店等等的信息，能有多难呢？结果事实证明：相当有挑战性。举个例子来说，对于指派区里的每一家餐厅，我都得一一确认它们的营业时间，食物的价格范围，具体某道菜品要花多少钱（对"穷游"者来说不能太贵），以及它们的整体氛围究竟如何。倘若你以为我会啜着香槟，细细品着鱼子酱，倾听《玫瑰人生》(*La vie en rose*)的钢琴演奏……那么，很遗憾，那不是真的。"我们去玩"里囊括的餐厅在"非常便宜"到如今我会称作"平均水平"的价格区间内。我每点一道菜，都得在脑子里浮现一遍整个暑期的预算；如果某天"挥霍"了，第二天就得"节衣缩食"。我在餐厅里吃东西时，通常会装成好奇的食客，问服务员一些特定的问

---

[1] 巴黎分为 20 个行政区或郡。

题,并且偷偷摸摸地从菜单上抄下各种价格。在"前智能手机时代",这些都靠自己双手和纸笔在桌子底下完成。完成所有这一切之后,才是我的一餐,只有我一个人的孤独一餐。当然,我之前也独自吃过饭,但想象一下,整个暑假 80% 的时间都是自己一个人吃饭。我成了自己的好伙伴,也练就了一双善于"窃听"的"千里耳",以便让自己还有点儿乐子可取。我最喜欢的餐厅都是极富当地特色的,在这些地方,我能观察并感受到街坊文化。在观光客眼中的眩目与浪漫背后,巴黎其实是另一座不同的城市,这里住着许许多多与我认识的任何一位美国或中国人一样斤斤计较、一样善良、一样迷茫的当地人。巴黎人也许曾派生出或正面或负面的各种整体刻板印象,但究其核心,他们都有同我们一样去恨、去爱的人性倾向,也有同样的人性缺点与优点。从根本上来说,他们与美国人、中国人没什么区别。

我借此也学会了对其他食客更加友好,这让我度过了一些难忘的时光。在一间餐厅里,两位法国中年人与我侃过一阵大山后,坚持替我买单,并在我无力的"酒精耐受差"的推辞下,给我买了一杯口感相当糟糕的 digestif(法语,即"餐后酒")。他们说自己是艺术家,并不断试图让我去参观他们的工作室。我推说自己行程安排得太满,然后逃到一家最近的杂货店里,咕嘟咕嘟喝下了 1 加仑(约 3.8 升)的水。这两位先生是发起不合我意的"进攻"的许多人里的"冰山一角",我很快意识到,我的礼貌与羞怯是行不通的。到那个暑期结束时,我已经学会了如何高效并不失礼节地摆脱不必要的男士关注,如何在那种情况下自信地维护自己。人们一般能够感觉到，你是否容易被占便宜。既然没人帮我出头，我就得为自己出头。打那以后，这份坚持自己及自己喜恶的自信对我的个人生活及职业生涯助益极大。

工作还让我得到什么？

那个夏天，我也学会了如何做一名好演员。旅行指南需要我在巴黎不同价位的宾馆确认房间的费用与状况，而当时大部分宾馆都还没在网上张贴出自己的价格。奈何我不能亮出自己旅行指南作者的身份，因为如此一来，可能会有一些宾馆给我看的房间就不具代表性。于是，我的一贯做法便是，假装我是为国外来的朋友进行宾馆实地勘察的"先锋"。我会要求看几个房间，问一些关于空调、暖气、设施、价格等尽可能不冒犯的问题。如果宾馆经营者产生怀疑，我便会假装我的朋友特别挑剔，对自己不得不问这些麻烦的问题翻翻白眼。虽然最初我对编故事心里还有些不舒服，但我意识到，这是一个很棒的发挥自己创造力的机会。创作出一个个不同的故事变得越来越有意思——有时候来巴黎旅游的是我父母，有时候这些访客来自中国，诸如此类。即便需要的信息在网上发布了，实地探访还是必不可少，毕竟宾馆的环境很可能已经发生改变——我从指南上撤了一些条目，就是因为那些宾馆早已年久失修了。

在我的工作中，最具挑战性的部分是一项将我逼出安全区的活动。由于年轻的"穷游客"喜欢"寻欢作乐"，旅行指南中有很大一块是娱乐版块，专门介绍各个酒吧、夜店和节庆。然而，我不算是"派对动物"，之前很少去酒吧和夜店——尤其是，我从没孤身闯荡过这些地方！问题在于，不去就不大可能获得大多数店家的准确信息，我没有任何有效的捷径可走。刚开始时还容易些，因为我的两位大学室友跟我待了一个星期，陪我在巴黎四处逛了好些地方。有一次，我甚至把她们拖到一个黑漆漆、令人毛骨悚然的桥墩下找一个蹩脚的"船吧"；她俩吓得要死，生怕我们遭到不明身分的歹徒袭击。

她们走后，我对将要独自去各式酒吧的前景忧心忡忡。回顾这段往事，我想起当时自己一走进这些地方便战战兢兢，牢牢攥着我的记者证，如今简直想要发笑。指南上的地方经过了一代又一代哈佛前辈的鉴定，理智看来，其实我根本没什么可害怕的。重要的是，我得增强自信，把这份工作当作同其他任何一份工作一样，职业地对待它。我不想自己的个人喜好影响到收集准确信息的工作。有的人暑期实习是做 Excel 运算，我的实习碰巧需要研究夜生活；我也意识到，对待这项工作任务应该跟做学校布置的功课一样认真。一旦我跟"我们去玩"签约，也就是签订了一份职业责任，得尽最大可能地让工作完成得最好。此外，正如我的编辑所言，成千上万的人依靠我的信息来策划他们的旅行，这极大地唤起了我的社会责任感。尽管总的来说，我不能谎称在访视夜间娱乐场所时非常享受，却发现自己有极大的灵活性，善于调整自己以适应陌生情境；并且，在这个过程中，唤醒了我对"职业精神"含义的新的领悟。

正如你可能已经注意到的那样，我在"我们去玩"的那段暑期工作经历中，最难忘的回忆跟城市的"罗曼蒂克"或宏伟壮丽完全沾不上边儿，和实用技能如写作（虽然我确信我的写作技巧得到了提高）也没多大关系。不，我最喜欢和最苦涩的回忆全都与这份工作如何将我赶出自己狭小的安全区有关，与如何去考验我的创新思维能力和独立自主解决意料之外问题的能力有关。我能够在处境困难时保护自己，与讨厌的人打交道，也建立起作出自己职业选择的那份自信。最重要的是，我学会了如何打开心扉，以开放的心态去跟形形色色不同的人接触。

巴黎并不仅仅是 LV、埃菲尔铁塔、卢浮宫、塞纳河、鹅肝酱和法式长棍面包。巴黎也有生活着世界各地移民的城郊贫民区，有摩洛哥炖菜和越南河粉，有终其一生处于低就业状态、谋求一份终身劳动合约的大学毕业生，还有真心不二的朋友。哈佛教给我如何在精英高等教育的背景下懂得欣赏多样性，"我们去玩"的工作经历作为一次远比我想象中更为艰难、回报也极为丰厚的现实操练，教会我如何将其推至真实的生活中。

（罗惠文　译）

学不以致用

哈佛毕业生说，母校"赋予了学生选择自己兴趣所在的任意专业的自由"——到底有什么样的底气，敢放开让学生自由选专业？并且选的还是真正有兴趣而不是就业热门的专业？

我，专业不对口，名校生惨遭鄙视

不管在中国还是美国，人们普遍对哈佛、斯坦福、耶鲁、普林斯顿之流存在有一种高山仰止的敬畏感。但我时常注意到，许多人在对这些精英大学教育本质的理解上，存在着一个"黑洞"。这在长辈们试图将我的本科专业（哈佛俚语称之为"concentration"，相当于"主修"major）与现在所做的工作之间建立起一种简单联系时表现得尤为明显。长辈们打头的问题永远是："你学什么专业的呀？""心理学，辅修法语。"于是，我的回应十有八九会招致接下来的问题："那你知道怎么诊断心理障碍喽？"甚至打趣："你能说出我现在正想什么吗？"如果考虑到在中国我父母那代人及至我爷爷、外公，职业总是理所当然地与他们的大学专业相关的事实，那便说得通了。美国也是类似的情形，老爷爷们也会问差不多的问题，会假定我的工作和专业必定脱不了干系。

　　首先,哈佛其实并没有"专业"或者"主修"一说——只是我们会沿用这样的说法。作为一名"主修"心理学、"辅修"(citation)法语的毕业生,离开大学后,我从事过以下职业:(1)将法语译为英语的翻译,(2)NGO项目助理,(3)NGO运营经理,(4)NGO咨询专家。由于我做过的工作相当庞杂,与我的专业也不直接相关,因此,我对原本一片善意关心我的叔叔阿姨的回答,便可能引来他们困惑——这还是最好的情况,最不济时可能遭遇对我专业和职业的有礼貌的双重鄙视。亲爱的叔叔阿姨们搞不明白,为什么一个学心理学的人,后来不当心理学家或者精神病专家,却成为了八竿子打不着的领域的专业人士。他们的思路通常是这样的:如果你压根儿没打算把学到的心理学知识用到实处,当初在哈佛干吗要读这个专业?而那些还有几分客套的鄙夷则源于对心理学的严谨性缺乏认识,甚至觉得在NGO工作职业声望低、只能拿到民工都同情的薪水,并且认为我一个哈佛毕业生,白白把自己接受过的优质教育浪费在了没有前途的工作上。到现在,我已经数不清向别人解释过多少次我为什么选择现在的职业了,这只是为了"自卫",为了在完完全全的陌生人(包括美国人和中国人)眼中努力维持一点尊严。

哈佛如何让学生选专业只为兴趣,不为就业?

　　咱们再回头细细玩味一下那些叔叔阿姨一头雾水的反应:为

什么哈佛主修心理学的毕业生没变成研究心理学的学者？为什么主修比较文学的毕业生不去教比较文学，或者留在出版界、写作圈？我想，解释的最好方式便是分享一下在哈佛怎样看待教育的本质：哈佛不是特定职业的训练营；其目标也不是为了将知识内容灌注给学生，尽管我们理所当然地学习了大量知识。你一睹过哈佛人文社科类课程开出的阅读书单的真容吗？① 哈佛对自身使命的理解是，引导学生发展批判性思维，帮助学生搭建起一个合理的认知框架来看待大学毕业后生活中将遇到的各种问题、情境、对象与观点。让我们以打结来进行类比。如果每个专业是一种特定类型的绳结，按照传统观念，你就只知道如何去解开你这个专业的那一种结。而哈佛会教给你解开自己从没遇到过的复杂绳结的方法，让你学会：(1) 怎样把"一团乱麻"分解成能被解开的一个个小节；(2) 怎样把一个个小节各个击破，直至解开整个大结。可以说，哈佛教育最绝的就是这一点——你不会为从没见过眼前某种形态的绳结而犯愁，因为你无需有人从旁指点，便已拥有了瓦解它并逐一征服各个环节的方法。说到底，生活中不管什么，都能被拆成一个个更加简单的"零件"，无论是从身体

---

① "仅仅就本科和文理学院的课程表及课程的简单介绍（一般3—5行的介绍），哈佛就一口气列了1000多页。我估计，把哈佛全校的课程名单一一排列出来，是不是得绕上赤道一周两周啊。以前在哥大听课，我就觉得自己已经见过世面了。现在，捧着这个庞然大物，我有种金轮法王突然路遇萧峰的悲凉感，过去六年建立起来的牛校感当即化作片片飞屑，随风而逝。"——刘瑜在《送你一颗子弹》一书中描述她见到哈佛课程清单时的心情。

到细胞，还是从复杂问题到简单问题。

也许文至此处，你已经明白缘何如此之多的哈佛毕业生选择了与本科专业不沾边儿的职业；明白为什么我的一位室友当初学的是政府管理，现在却在高盛投资公司做股权销售；明白为什么有同学主修天体物理学，却热爱眼下这份管理咨询工作。的确，他们是没把专业知识的内容应用于当前的工作中，但他们绝大多数实实在在地将在哈佛学到的思维方式和分析方法运用到了工作中需要解开的形形色色的"结"上。这样的教育，赋予了哈佛学生选择自己兴趣所在的任意专业的自由，无论这个专业是艺术与建筑史、视觉与环境研究，还是进化生物学，我们很幸运最后都获得了双赢：既学到了吸引自己感兴趣的学科知识，又发展了能够适用于许多职业的批判性思维技能。

落魄"凤凰"不如"鸡"，我找工作的那些日子

我碰到过最负面的那些反应，总与不同文化和代际之间对我所学的心理学学科、所做的NGO职业选择的不同看法联系在一起。在中国尤其如此。中国的大学专业不可避免地和高考分数挂钩，哪些热门、哪些冷门有着泾渭分明的"等级"划分。而在哈佛，你得知道，理论上所有专业对任何一名学生都是完全开放的。我原本可以选择主修数学、工学、物理学、化学或者生物学——只要我愿意。这里没有对分数、成绩要求更高的"首选"专业。当然，确实有些专业学起来会容易点，但这和自己选

的课有关；当然，也会有人选自己能够轻松掌握的专业；但问题在于，没有专业会被拿来当"笑柄"。事实上，我们这些就读于"畅销"专业（如心理学、经济学、生物学）的人，时常还嫉妒那些进了更小、更非主流的专业的同学，像科学史啦，女性研究、性别与性研究啦，民间传说与神话啦，等等。得益于高生师比，这些小专业的泰斗级老师通常更容易亲近，团队协作精神更强，整体学习经历和体验更棒。它们的培养项目也一般更趋严格，因为其期待始终如一，并且更少的学生意味着老师对学生作业、出席情况与努力程度的更多关注。再加上，像经济学这样的专业，世上已经太多太多了，谁还真非取哈佛这一瓢饮？

我也发现，有时候我会陷入不得不解释自己职业选择的境地。我想，如果我真愿意，本来是可以去干金融或银行类工作的，就像哈佛许多别的孩子一样。实际上，我三心二意地申请过一堆管理咨询公司，但仅仅是随大流之举。这条其他人眼中的"坦途"实在不是我要走的路，尽管此类工作收入不菲、社会声望高。在我看来，哈佛为我思考人生的种种可能已经开拓了广阔得多的眼界，我为什么还要把自己圈禁在极其狭隘、为精英服务的行业里呢？作为哈佛毕业生，我选择"另类"人生道路可能导致的损失是最小的。即使我失败了，与普通人相比，还有教育和学历作为从头再来的资本。正如《哈利·波特》的作者 J. K. 罗琳在哈佛 2008 届毕业典礼上所说的那样，"生命中有些错误是不可避免的。人不可能从不失败地活着，除非你总是处处如临深渊、如履薄冰，但那样的苟延残喘还不如从没活过——在这种情况下，你因为对生活弃权已经失败了。"她的话总是回响在我的脑海里，留存在我的心中，尤其是仅因我没选最负盛名的专业、没成为财源滚滚的私募股权分析师而被不断提醒自己在别人眼中是如何"失败"的时候。平心而论，肖复兴在《年轻时去远方漂泊》一文中曾说：人的一生，如果真的有什么事情叫作无愧无悔的话，在我看来，就是你的童年有游戏的欢乐，你的青春有漂泊的经历，你的老年有难忘的回忆。我真的很享受从二十出头那阵开始，徜徉在巴黎、北京，然后回到波士顿继续晃悠的那几年。我干过的事、我见过的东西，以及我的生活方式，这些都是我在纽约金融界"卖命"的同学们拿六位数的薪水买不到的。我不想用自己的教育血统去定义我的职业发展路径，因此，我几乎是有些倔强地选择了一条看起来飘忽不定的道路。不错，我在交友、恋爱、工作方面都失败过。不止一次，我与心仪的工作失之交臂。不止一次，我接受低薪去做热爱的NGO工作，结果发现别人不可理解而拒绝。

也许，最艰难的日子是我刚到芝加哥时。那时我基本上不认识什么人，仅有三两个朋友；我立志要找一份NGO的工作，而哈佛学历在这座城市的非营利圈子里不仅不吃香，反而起了负面作用。我极其沮丧地看到，几十封投出去应聘很小的NGO最底层的行政助理的工作申请，全部石沉大海。音信全无啊，甚至连个拒绝都没有！我开始反复去想，也许我有什么问题，也许在我的职业生涯和教育经历中作了什么错误决定，每个去应聘的机构都让我吃闭门羹，这背后一定有什么道理。但无论如何，我还是幸运的，我有一个小小的亲友团在背后支持着我——我的父母、我的男友，还有几个非常好的朋友；我也幸运地找到一份全职工作：管理我朋友刚刚启动的非营利组织，当然，这是没有薪水的。在这期间，我仍然锲而不舍地申请了芝加哥事实上几乎所有给工资的 NGO 职位，最后，这份恒心终于守得云开见日出。我被一个咨询公司雇用，它虽然是营利的，但它的服务对象是非营利组织和基金会，它为这些机构提供资金筹措服务。即便如此，我的朋友们没一个知道我是干什么为生的，他们从没听说过我所在的公司——CCS。许多人，不管是在美国还是在中国，都认为我在为不重要的 NGO 工作，因为他们从没听说过这家公司。至少我在为克林顿基金会工作时，还有那么些人知道它的名字！不过这些对我来说都无关紧要，我忘情地投入工作，通过努力脱颖而出——幸好这些工作对我而言还不算太难。在 CCS，我很快为自己赢得了好名声，头半年里便实现了在高层中"尽人皆知"。与此同时，我在工作之外也与自己钦佩的前辈（其毕生事业和人生哲学我都非常倾慕）建立起了师徒情谊。

学不致用也有春天

一旦开始做现在这份工作后，再后面的事情便一帆风顺了。当我真想在北京工作时，便休了三个月的假。回到美国后，老板就游说我加入公司最受瞩目的项目：帮世界上最有名的另类投资管理公司美国黑石集团的创始人之一、主席兼行政总裁苏世民（Stephen A. Schwarzman）募款。这一项目已于2013年4月21日在北京的人民大会堂宣布启动，它将以吸引全球最顶尖的学生到清华进行研究生阶段的学习、研究并理解中国的形式，成为苏世民先生留给慈善事业和中美关系的不朽遗产。这些学生被期望对中国产生深刻理解，并作为各国未来的政治、社会与企业领袖，将其运用于职业生涯之中。"苏世民学者项目"的募款目标是3亿美元，其中苏世民先生出资1亿，另外2亿将通过向企业、基金会及个人慈善募捐。我们公司仅在半年之内便已帮它募集到了2亿目标中的1亿。在这半年里，我和同事们与苏世民先生并肩作战，也得到与他个人接触的机会。他对我们的工作从不吝惜赞美，对团队如此，对我个人也是如此。到这个时候，我早已从挣扎与低谷中走了出来，有了足够的自信，不再需要外部评价来肯定自己；但谁又能拒绝一位世界上最成功、最有影响力的企业家的表扬呢？随着项目的公开推出，朋友们终于明白了我到底在做什么工作，这在某种程度上让我产生一种"天不负我"的感觉。尽管我之前从事的工作跟许多混迹金融业的朋友相比，收入低，又"默默无闻"；如今这些朋友却嫉妒起我跟苏世民先生的"零距离"，羡慕起我所负责的"酷"项目。虽说我的职业选择最后获得了社会认可，但我最终意识到，这样的认可不过是镜花水月。自上大学以来，最大的收获和回报从来都不是可以被具体量化的或者博得一片喝彩的什么成就，而是通过奋斗与挣扎对自己性格的捶打与磨炼。我实现那一切，不是单单依赖教育"血统"的结果，靠的是从在校时就"捡"起来的软技能与职业精神。生活很有意思，对吧？

　　现在，我肯定你们一定不想再听到我喋喋不休地解释我的职业选择了，不过我希望你们对哈佛教育的多元化结果已有了一定体会。它不像通常所假定的那样，只单单是为了给学生提供高薪工作，尽管这一结果的出现频率很高；它要提供的，正如向我所提供的，是应对美国及各国当代生活与职业的重要工具。我的专业精神、我管理项目与难题的方法、我与形形色色的人沟通的能力……这些技能许多都萌芽于我的哈佛年代。我可能学的不是一门艰深的科学，我可能没记住变态心理学课上教过的所有判断精神分裂症的标准；但这些其实真的不重要，重要的是高水平的批判性思考与行动能力，是独立找到机会、建立人脉的能力，是即便失败也有自信去追寻自己兴趣的能力，使"我"能够再次成功。这些经验与机会，正是哈佛教育为我带来的最大益处，也是能伴我一生的财富。

（罗惠文　译）

就业发愁？愁啥？

　　我没畏惧过毕业后会找不着工作。这并不仅是因为我有"哈佛"二字摆在简历上"傍身"，而且是源于职业知识与技能所赋予我的底气，我知道在形形色色的环境下如何走向"成功"。我很感激哈佛提供了大量的非学术机会，让我们去学习许多课堂之外的实际的东西，让我最终跨出大学那道保护着我们的神圣大门之后不至于踌躇不前。

　　自打迈出哈佛门槛后，我时不时地发现，人们会把我们这群哈佛毕业生圈进他们心目中的哈佛"泡影"里。在中国，许多人会因为我到本科毕业时已做了四份实习和工作而大感诧异；我得承认，刚开始我也挺诧异的。我诧异的是他们的"大惊小怪"——对近年来的哈佛毕业生来说，这真的不过是个平均数嘛！我们通常就带着如此的期望在学习：大部分学生就得靠打点"零工"来支付自己的学费，为休闲活动买单；我们也惯于利用三个半月的暑假去延伸、拓展自己的职业生涯、课外活动与学术兴趣。离校之日来临时，这些经历已经成为披在我们身上的"第二层皮"（Second Skin）。"如何找工作"这样的概念在历经大学四年沧桑后，于我们也不再陌生。我们早就申请过好些职位，接受过数场面试洗礼，小有"江湖经验"了。咦，哈佛明明不是一所职业院校，这是怎么办到的呢？

暑假≠假期

美国及海外许多大学都有为学生提供的职业服务，但哈佛有的不仅仅是基本的"必需品"，还有超越其上的"上层建筑"——一种强调从课堂之外习得技能与知识的文化。正如我以前在一篇篇故事中所提到的那样，我们的课外活动提供了打造领导力、管理与理财能力以及战略运筹技能的机会。除此以外，我们还通过暑假实习来获得规范与系统化技能的发展。我记得在大一时听过这样的说法：只有新生年结束的那个暑假，是我们唯一一个可以"啥也不干"的"放羊期"。

当然，哈佛学生完全可以选择每个暑假都"放羊"，毕竟实习没有写进大学章程里。但"啥也不干"的想法与从课外获取技能这一流行于哈佛的强势文化太格格不入，少有人真的会大学四年无所事事，过着闲云野鹤的日子。实际上，即便是新生年，就我所知，大部分同学也都安排了实习或科研，还有人在家干"暑期工"；拿我自己来说，便跑到成都做上了西南财经大学 MBA 的口语教师，还在成都地铁办公室实习过一阵。在大二那年暑假，我认识的人里同样没一个待在家里"束手待毙"的。我参加了香港的科研交换项目，许多同学则找了公司、政府或 NGO 实习，还有些参加了海外学习项目。大三暑假时，我们又展开了最具挑战性和专业性的实习工作——好些人拿到了薪水，并且薪水还相当高；也有好些人每周工作60小时以上。尽管企业实习生不似全职雇员那般有着疯狂的加班表，但也难得有晚上七八点前离开办公室的，甚至有些还会工作到更晚。我曾为一家由哈佛学生运营的、叫做"我们去玩"（Let's Go）的旅行指南出版公司工作。我花了整整两个月的时间，每天全天去调研、实地考察，详尽地描述巴黎的"犄角旮旯"——连我的周末也搭进去了。当然，我对这些奉献也不能抱怨太多，毕竟我身处巴黎又有报酬可拿，在提高自己销售性写作技能的同时，还为履历添上了浓墨重彩的一笔。

要么做，要么死

我们非常幸运，哈佛把与诸多企业和各种组织建立招聘关系定为重中之重。

每个秋季，学校都会在篮球馆组织招聘会。会上学生们能跟所有类型的雇主面对面接触，可以与代表各个机构的哈佛校友谈话。那些想进公司实习的人，只要将他们的简历通过哈佛职业网站往高盛或麦肯锡一塞，便可"守株待兔"、坐等是否跻身面试的回音了；那些想获得科研实习的人，则可以占尽老师的人脉及学校职业服务资源的"便宜"；而那些想去NGO实习的人，就需更多发挥自己的"神通"了，因为哈佛与非营利组织之间的联系显然不如跟企业家那么紧密。

哈佛学生通常会自己做一番研究，或者向社团、同学及校友征询推荐建议。如今，作为对学生需求的回应，哈佛已经笼络了比以往更多的非营利和社会责任型实习机会。总而言之，这里的学生通常可以获得任何他们想要的实习或科研机会，只要他们足够勤勉去做适当的前期调研，充分地利用哈佛全面优良的职业服务。

写简历需要帮助？没问题！准备面试需要帮助？没问题！职场礼仪方面需要"小贴士"？没问题！多亏了哈佛每学期举办的那无数场干净漂亮的宣讲会，以及发送的大量关于职业的邮件，学生们知道这样的问题应该去哪里找谁。

截至毕业时，我们中的大多数已经至少有过两个夏天的实习、科研或者"暑期工"资历了，有时这个数还可能是"三"。这是对我们于学年中干兼职、做研究、整理图书馆、当家教等以外的补充。虽然这些当时在我看来很正常，但毕业后才意识到，哈佛这种文化相当不一般。纵然最让人玩味的一点是，在那个环境中我觉得这一切很自然。从进哈佛第一年，我们便被鼓励去大量参与课外活动，去咨询职业服务办公室，去跟顾问聊假期的各种机会。要避开过多地分散精力，你得挖个坑才行。我们被鼓励去探索自己感兴趣的领域，哪怕这些领域跟专业或者职业期待没任何关系；也被鼓励去找作为过来人的高年级学生"摆龙门阵"，去利用丰富的校友网络"矿藏"。我唯一可以吹毛求疵的，就是哈佛的资源太多了，以致不得不靠层层筛选来从中选择、制定策略——而这个过程本身，事实上也是授予我们的关于如何独立进行自我组织管理的非常有益的一课，哈佛在整个过程中并没有束缚我们的手脚，好像我们还是小孩。要么做，要么死；要么游，要么沉，对吧？

雇主究竟看什么？

在这样的暑期活动安排下，我们学会了拥抱职业精神与道德操守，学会了对自己的工作负责，学会了融入职场、为新工作作出调整，也学会了如何将我们的分析能力运用于实际工作中。这些工作不是由泡泡咖啡、上上网组成的，我们有特定的、复杂的任务，它们将为雇主所用并接受其考评；有时我们做的是一个大项目中的一环，有时是一份单独的"功课"。我跟同学一起合写的那本旅游指南就在全球发行过，成千上万的旅行者有赖于我给出的资料去作决定——由此，我的工作靠不靠谱便关系重大了。做咨询和金融实习的同学也曾工作至夜深人静之时，以作出市场规模或投资机会方面的研究。

在诸如此类的例子中，实习生的表现与能力将得到评估，最优秀的人毕业后会拿到全职工作邀请。我们在复杂的社会与职场环境中"摆平"工作的能力，对我们未来求职所起到的用处比从课堂上甚至课外活动中能学到的任何东西作用都要大。到大四时，我们已在纷繁复杂的专业职场世界（这个世界与之前身处的"象牙塔"截然不同）筑起导航系统。因此，对我们而言，找到工作并不是问题；问题是，我们会找到哪种类型的工作？

你现在可能在想，那好吧，"职业技能"很好很强大，但就业能力里是不是应该还包括专业技能呢？这是我最喜欢的问题了！哈佛是一所实施博雅教育的大学，这意味着，我们强调的是基础的教育，而非职业培训。即便我们学的是历史专业，也要修读数学和科学课程，以成为"全面发展"的人。这基本上也表明，我们中的大多数并不能把从哈佛学到的知识直接运用于工作中。

就美国精英大学毕业生的情况来看，相当多都进了专业服务业（咨询、金融、工业）或公益业（非营利组织、基金会、智库）。要在这些行业立足，技术性的专业背景并非必需。许多岗位只需我们够聪明、有够强的定量分析技能便"达标"了，而这些在此前的学业生涯与专业实习中已不断得到磨炼。文学专业的毕业生进投资银行已是屡见不鲜之事；数学、科学或者工程专业的毕业生到公益世界工作也不是什么新闻。对雇主而言，最具价值的是"原料"，即这个头脑如何，而不是这一头脑在大学四年里灌注了些什么样的知识内容，通晓些什么样的事实。哈佛不只向我们供给知识，也教会了我们如何思考。因此，虽说课堂本身并没有教我们怎样找工作或者发展某项特定职业技能，却帮助我们生长出自己的批判性思维与理智洞察力——作为这些的补充，还有我们通过形形色色的实习与工作培养起来的就业能力优势。内化的能力让我们得以高效地理解并传播知识，帮助我们在工作中学习新的技能。

不是名校也有春天

我清楚地明白，哈佛学生在获取优质高等教育资源方面享有无可比拟的"特权"；同时我也深信，我们"二元教育"（Dual Education）系统下的指导思想同样可用于提高毕业生的就业能力。

我亲眼目睹过这样的例证。那是一所中西部的小规模地方大学，其学生最大化地利用了当地的农业社区。当地雇主高度认可这所大学的工科毕业生，认为他们受过良好的训练，为走上工作岗位作好了职业准备。我曾对此感到好奇：为什么这样一所"麻雀"大学的工科毕业生，会比本州数所更大规模的大学更受青睐呢？与许多校友、教授谈话之后，我发现，该大学工科的最大优势之一，在于其超乎寻常的职业发展项目。学生不仅在课内得到教授充分的教导与培养，还有到本地和全州企业实习的各种机会。在实习中，他们既萌生出将课堂上学到的知识应用于实际产品的能力，也能够学会如何在真实的职场背景下工作。学校的工程系鼓励学生在学期中及暑假进行实习，系里也备好了强大的职业发展与实习系统。也许，中西部这所小规模地方大学的情况与哈佛并没有多大相似性，但你可以从中窥见二者共通的基本理念，即对学术卓越和课外职业发展的双重关注，而这两方面由规范化与系统化的大学基础架构加以支撑。

如你所见，虽然我接受的是博雅教育，拿着心理学与法语这样算不上"热销"专业的文科学位，但我没畏惧过毕业后会找不着工作。这并不仅是因为我有"哈佛"二字摆在简历上"傍身"，而且是源于职业知识与技能所赋予我的底气，我知道怎么去下事前"功夫"，怎么去申请工作，怎么去应付面试，我知道在形形色色的环境下如何走向"成功"。我很感激哈佛提供了大量的非学术机会让我们去学习许多课堂之外的实际的东西，以前我从没想过要在哈佛学这些很实际的东西，但让我最终走出大学那道保护着我们的神圣大门后不至于踌躇不前，我很感激除了学位之外，我还学到了所有这一切。

（罗惠文　译）

教育：促进公平？

如果把高等教育视为一项投资，投入时一视同仁，不管是男是女、录取自哪个生源地、文化背景如何……收费统统平等；可是产出呢？产出平等吗？

人们通常假定，精英大学的毕业生一出校门就自然而然地能挣更高的薪水。像从哈佛这样的"名门"跨出来的佼佼者，便会从母校的品牌认同度、准入高薪行业和知名雇主的便利性，以及"私人定制"式的求职与职业咨询中受益匪浅。另外，倘若教育真像人们所宣称的那样，是"促进公平的利器"，那么，接受同样的精英教育相互之间便不会存在差异：不管你来自什么样的家庭，生源地在何方，由什么样的文化哺育长大，性别为何，一旦你戴着学位帽迈出哈佛、耶鲁、普林斯顿等高校的大门，便都能在就业市场上获得同样的"结局"，对吗？

两个猜想孰真孰假

第一个假设一般情况下是成立的。《哈佛深红报》对大四学生的一项非正式调查显示，2013届哈佛本科毕业生的平均起始年薪约为6万美元，显著高于美国同届本科毕业生的平均起始年薪——45327美元。很好，从哈佛本科毕业挣的钱比美国本科毕业生平均水平要高不少，还有啥新鲜的？第二个假设呢，也就是哈佛教育为毕业生提供了平等的竞争环境，就很难得出一个简单明了的答案了，尤其是在性别方面：在444位被调查者中，56%为女性，但女性在最高收入群体中所占的比例却小得多。

陷入性别论战之前，且让咱们往前回溯一些。最受追捧的行业不出意外地依次为：咨询业、金融业、工程技术业。近50%的哈佛学子在本科毕业时进入了这少数几个行业，并且与其他行业选择（教育、非营利/公共服务、工商、卫生健康、政府/政治、传媒/出版等）相比，这些行业正是高薪行业——这恐怕并非"纯属巧合"吧？咨询业的年薪高于哈佛平均线，为7—9万美元；金融业收入更为丰厚，据调查，从事该行业的毕业生中，近四分之一年薪高于11万美元；然而，更胜一筹的是技术业，约半数就业于此行业的毕业生一出校门就能拿到9—11万美元。对于一个初出茅庐的毕业生而言，赚同届美国本科毕业生平均水平的两倍甚至更高，还不算太寒碜吧？

可是，再深入挖掘一下，便会从数字中发现明显的性别失衡。在年薪最高（高于11万美元）的本科毕业生中，有四分之三为男性；下一收入梯次（9—11万美元）里，则有约三分之二为男性。事实上鉴于参与该调查的多数是女性，那么，现实情况会更加"畸形"。为什么？为什么在高等教育的最顶层，仍然是女性的毕业后起始薪资低于男性？从这样的苗头来看，前景愈加黯淡：毫无疑问，早期收入的差距随着时间的推移只会越来越大。对此最容易给出的解释是行业选择，或者说行业准入：比女性多得多的男性毕业生进入了咨询业、金融业和技术业这些"土豪"行业；女士则更多聚集到了教育业、传媒业以及卫生健康业。就是这样，对吧？

未必如此。如果我们假设只在行业准入上存在性别倾斜，那同一行业内的女性便应与男性所拿的薪资大抵相当。但这与现实相去甚远。真实情况是，从事金融业的哈佛男性本科毕业生年薪超过11万美元的可能性几乎是女性本科毕业生的4倍，年薪在9—11万美元的可能性是女性本科毕业生的3倍。咨询业，同上。工程和技术业？据调查显示，79%的男性以及仅仅44%的女性年薪高于9万美元。在大家变得情绪激昂、开始"指点江山"之前，请容我重申一遍，这个调查是由校报而非专业测评机构发起，并且其职业部分的样本量为444个——这只占应届生总数的四分之一。但无论如何，即便问题可能没那么触目惊心，分析也许算不上最科学，事实依旧是：统计数据所展示的性别歧视已足以令我们侧目。

女人凭啥挣得少？

既然真相已经赤裸裸地躺在那里了，就让我们来推测一下出现行业准入及行业内薪资性别歧视的可能原因吧。一件有趣的事是，在问及近十年想从事的行业时，无论男女，毕业生都把那些高薪行业诸如咨询业和金融业在愿望清单上排得非常垫底。很讽刺的是，最合意的行业是起初收入较低的行业，如教育、非营利、卫生健康和政府/政治。这或许表明，男性选择工作时，并不一定要符合他们个人的兴趣，而是要能赚更多钱、更具声望；他们指望再晚些时候会有决心、有胆量，或者在更"称心如意"的境况进入符合理想但薪酬较低的行业。反之，更多女性也许会抓住当下，立即追求她们心中所想。这样的假设合理吗？对此我要问一系列"挑衅性"问题：是否男人身负供养家庭的社会期望，因而在做自己真正想做的事情之前，先得建设"小金库"，攒足财务资源？是否女人在收入稳定性上所遭遇的社会压力比男人小，因此会被她们喜欢但薪酬较低的行业所吸引？是否女人在如此花样年华的时节，会被平衡未来个人生活与职业生涯的潜在压力所牵制，由是选择了那些有着更加灵活的工作时间和压力更小的行业，譬如教育？这便是被雪莉·桑德伯格（Sheryl Sandberg）①描述为"甚至在选择加入之前便已选择退出"的一种现象——换言之，一个女人还没开始一展职业宏图之前，她就已经被未来事业与家庭的角力带来的挑战吓退了；毕竟在我们的社会里，职场妈咪的日子仍旧不好过，由于缺乏适当的"后勤保障"和孕产假等工作机构的政策，她们要实现与自己旗鼓相当的男性所能达到的工作效率和产出结果还是困难重重。尽管这些未必是出现性别倾斜的真正原因，但我们作为社会共同体，作为大

---

① Facebook 首席运营官，哈佛大学毕业生。

学，理应思考这样具有挑战性、基本的大问题。

行业内的歧视问题严苛，并且存在于所有行业中，即便是那些有更多女性在毕业时倾向就业的行业。谁坐在了教育业、卫生健康业、传媒业的领导宝座上？一半的公立和私立学校校长都是男性。仅 18% 的医院首席执行官是女性。根据妇女传媒中心发布的《2013 美国传媒业妇女状况报告》(*The Status of Women in the U.S. Media 2013*)，在印刷、数码、广播和其他媒体中，女性持续并且显著地在领导职位及权力上落后于男性。为什么近年来被精英大学女性毕业生青睐的行业，最后还是落到了男人手中，为男人所左右？不仅如此，还有那些被如今精英大学男性毕业生所偏爱的行业（咨询、金融、技术），其中领导岗位上存在的性别鸿沟更加让人"伤不起"。据彭博社（Bloomberg）的统计，50 位全球金融界最具影响力的人物里，只有 5 位是女性。美国顶尖的 10 家管理咨询公司中，没有一位女性总裁。至于科技公司，我想咱们都没必要去数了，您懂的。雪莉·桑德伯格和玛丽莎·梅耶尔（Marissa Mayer）[1]的名字可能人人都可以脱口而出，但她们的男性同行——拉里·佩奇（Larry Page）[2]、谢尔盖·布林（Sergey Brin）[3]、马克·扎克伯格（Mark Zuckerberg）[4]、埃里

---

[1] Yahoo 董事长、总裁，原 Google 副总裁，斯坦福大学毕业生。
[2] Google 联合创始人、总裁，密西根大学和斯坦福大学毕业生。
[3] Google 联合创始人、董事兼技术部总监，马里兰大学和斯坦福大学毕业生。
[4] Facebook 创始人、董事长、总裁，哈佛大学辍学生。

克·施密特（Eric Schmidt）[①]、杰克·多西（Jack Dorsey）[②]以及前段时间去世的史蒂夫·乔布斯（Steve Jobs）[③]——在数量上远远胜过女性领导者，并且整体而言地位更为尊崇。数不清有多少研究已经揭示，在美国大多数行业里，女性的收入显著低于做同样工作的男性；虽然女性本科毕业生的数量多于男性本科毕业生，本科以上学历的女性数量更是远胜同等学历的男性。我想，已无需再继续引证数据来表述我的观点。

大学应做什么？能做什么？

如您所见，哪怕是哈佛，女性也面临双重的挑战：行业选择的性别差异（或者应该说"倾斜"）和行业内的性别歧视。如果说走出大学后，精英女性挣的钱不如她们的男性同侪多，并且在职位升迁上也达不到她们应有的高度，那教育就真不是我们一厢情愿以为的那样，是促进公平的"伟大均衡器"了。于是，这个问题便进行了自我重新校准：一个教育机构是否应当致力于防止在职场中产生性别不平等？或者，是否把这个问题留待雇主解决更好？在我看来，为不同性别的人营造公平的竞争环境，需要大学和雇主双方发挥重要作用。雇主有能力和力量去制定职场上支

[①] Google 执行董事长，普林斯顿大学和加州大学伯克利分校毕业生。
[②] Twitter 联合创始人，纽约大学辍学生。
[③] 苹果联合创始人，里德学院（Reed College）辍学生。

持女性的规则与框架，尤其是当她们建立家庭时。不过，有权力制定这些框架的人，需要好好学习女性所面临的挑战，这既包括生理的，也包括社会的。这就是教育机构能发挥重大影响的地方了。在大学，女性应得到鼓励将更多行业纳入考虑范围。她们应得到更多来自校方的支持，并且被鼓励互为"后援团"，不必顾虑行业或者所谓的未来"灵活性"，去追求事业机会。男性则应接受关于女性在职场中所面临的重重挑战的教育，以便他们某天身居高位后，能够更好地理解并努力解决那些困难。应该让他们意识到，"妇女能顶半边天"；比起因性别歧视而遭到稀释的人力资源，有人口中的一半的完全参与，社会和经济会更好。我们为啥要把宝贵的资源浪费在教育占到整个社会一半的人口上面，如果这一半人的成就注定因能够并且应该被消除的性别不平等而受到限制？

您瞧，在现实中，我们无法夸夸其谈，一口咬定哈佛毕业生处于公平竞争的就业市场。没错，总体来看哈佛本科毕业生比全美本科平均水平多拿33%的薪水，最高能挣到平均水平的两倍以上。话虽如此，但哈佛女性毕业生首先进入的更多为低报酬领域，并且在相应的行业里赚得更少。假使我们将教育看作投资，那么，哈佛教育（不包括助学金）四年里要花费23万美元以上，收钱时可没管你是男的还是女的；而如果女性的职业"钱"景因性别歧视注定走低，对学生总体中占到更大比例的这个群体来说，投资的回报便不那么合算了。于大学而言，花力气去解决性别不平等问题是符合自身利益的；因为如果一所大学把为青年人步入社会、成为有责任和有生产力的公民作准备，以及把为世界未来培养领袖作为目标的话，为社会半数人口确保一个公平的未来就是非常根本和关键的了。

（罗惠文　译）

冷酷的低期望

随着国家的继续发展与不断革新,它无法承担对一半以上拿高等教育文凭的青年人口投资失败,也不能承受折损过半智力资源之"重"。

"那更适合女人"

自打我到北京以后,一年来我注意到在中国有许多男士,还有不少女士,喜欢挂在嘴边的一个说法是:"那(更)适合女人。"譬如:

"那种工作更适合女人……"(引自一位中国一流大学毕业生及一位美国顶尖大学毕业生)

"那种生活方式更适合女人……"(引自一位"的哥")

"那种事儿更适合女人去做……"(引自一位同事)

刚开始,我还不以为然地认为,诸如此类的表述——居高临下地对女性表现出低期望——不过是个别人的个别看法,然而,随着时间的推移,这几个字浮浮沉沉,在同男男女女各色人物的交谈中反反复复出现：从出租车司机到精英大学学生再到职场白领。我不安地意识到，这些不经意间频频流露的"宣言"，折射出跨越社会经济背景与教育水平的一整套对于女性社会角色所持有的"反动"假定。遗憾的是，这些于我而言，却并不陌生。

千里之堤，溃于蚁穴

几年前，我跟一位女性朋友，同时也是我的导师聊天。她是人们心目中那种高学历精英——普林斯顿本科，哈佛博士。她完全有千万个理由为自己的成就自豪，也曾相信自己就是社会鼓励有抱负的聪慧女性成才的明证。可是，她告诉我，让她备感失望的是，虽然女性在受教育程度和职场能力方面已经大大提升，但社会和职场并未适应这种变化，从而也没有作出应有的调整。她给我举了一个例子：在"该死的"哈佛商学院上学的管理者很好地勾勒出一幅美国社会如何轻视对女性投资的冷酷图景，尽管他们都表达了对家庭的同样渴望，但勉勉强强仅有一半的女性管理者能够搭建和维系家庭，七成以上的男性管理者却成功地做到了这一点。很多女性工作时间至少不比自己的另一半短，下班后还得继续挑起繁重的家务，担负起照料下一代的"神圣职责"。手持大学和研究生学历证的女性从劳动力市场隐退或转型为兼职的比例达到令人触目惊心的地步。第一个从我脑子里冒出来的念头是：从社会角度来看，我们浪费了多少宝贵的资源啊！35年来，美国女性一直在高等教育阶段以数量优势压倒男性。在哈佛及其他一度被男性垄断的精英名校里，性别天平也已获得平衡。政府、家庭、大学都砸了数百万，也许数亿的美金，去培养男人以及女人。不曾想，投资的"千里之堤"，却溃于落后僵化的性别观念这一"蚁穴"——如是观念不论从心理上还是事实上，都侵蚀、掏空了我们女性。

黑暗中的一点亮光是，对话已开放多年，并逐渐聚集了越来越多的目光。我们这一代接受过高等教育的女性更加敏锐地捕捉、意识到这种失衡，它如同恋爱生活一般，自然而然地成为我们话题的一部分。

大学时代，我们有机会接触到"女强人"，也经常被鼓励通过参与课外活动和关注女性社团（女性商会、女性文化组织，不计其数的聚焦成功专业女性的座谈、研讨、会议）来拓展自己。我遇到一些年轻男士，他们喜欢约会自信、敢于发声的女人，并且关心性别公平问题。在哈佛，我从未被告知，因为我的性别而受到某种制约或束缚。这种静默无华的启示所赋予我的自信，比先前18年都多。许多亚裔美国女性成长于传统家庭，我们的成长经历塑造了我们相对于其他女性和男性，应当如何去言谈举止、如何看待自己在社会中所扮演角色的看法。在此之前，我都接受、顺应了"众望所归"的未来，以为我将按照预期的方式，早早结婚生子，然后将我的事业让位于我的家庭。我接受了，但未曾质疑这是我自己的抉择，还是别人以家庭和社会期望的方式强加在我身上的。

双重标准的暴政和低期望

在哈佛见识过众多作出各种个人与职业选择的女性后,我开始明白,对自己所持有的这种特定期望,源自从成长环境中条件反射般习得的对于女性的一种特定假设,它看似无害,实则包藏"祸心"。生命中很长一段时间里,我打磨自己,养成特定观念里的所谓"女性气质",而这种观念正是扎根于局限的性别期望之土壤:我理应知道怎样炊羹造饭、奉箕拥帚;我理应仪态娇柔、甜美可人;我理应于二十来岁花样年华画上句点之前赶紧嫁人(讽刺的是,这按照中国标准已经算"太晚"了);我理应成为照料一大家子人的主心骨;我的丈夫理应挣钱比我多。诸如此类的期望,早已是女性获得高水平教育还不司空见惯的旧时代的"古董";彼时还认为并预判女性在才智和决断力上劣于男性的预判,并不适用于教育上占据优势的女性。在美国,在中国,内嵌着偏见的社会期待远远滞后于今日女性的受教育程度。

瞧瞧,当一个男人说朝九晚五且无需出差的办公室工作"适合女人"时,我从中实际听到的是:"女人是柔弱的,不应工作太辛苦。"当一个女人说,等有了孩子后将只做兼职工作,因为这样的生活方式"适合女人"时,我从中实际听到的是:"女人应当让她们千辛万苦获得的学位和可能的职业发展靠边儿站,因为这些都不如男人未来的成就重要。"当有人说送孩子去学校"更适合女人去做"时,我从中实际听到的是:"带孩子是女人的工作，男人有更好的事情要做。"在我看来，所有这些相当于就是"双重标准的暴政和低期望"（Tyranny of double standards and low expectations）。如今中国 51.35% 的大学本科生和 51.46% 的硕士研究生为女性这一事实，意味着女人的受教育程度越来越高，并且比男人接受着更好的教育。随着国家的继续发展与不断革新，它无法承担对一半以上拿高等教育文凭的青年人口投资失败，也不能承受折损过半智力资源之"重"。

你很难去改变父母和祖父母根深蒂固的观点，但你可以去改变一位年轻女性对自己的信心，帮助她相信，凭借自身的能力与决心，她可以走得更高更远；你可以去改变一位年轻男性的认知，关于他应该如何对待自己生命中的女人和身边的女性同事。没有什么能比大学更有效地影响年轻人，让他们在社会上、职场中致力于促成受过教育的女性抛开顾虑、全力以赴。在当今世界，一所大学仅仅提供如同字面意义上最简单、最严格的"教育"还不够。倘若待到毕业时，这些年轻男女还被"双重标准的暴政和低期望"绑架，那么，被扯住后腿的并不单单是作为个体的他们，还有他们所身处的社会和我们整个世界的发展。大学必须要做的是：影响并形塑它的学生，让他们超越周遭那些长期教导他们要给自己生命和生活划定各种条条框框的环境条件，去思考，去行动。那正是教育的真正价值所在。

（罗惠文 译）

都市诱惑

你希望生活在这样一个地方——它将你当作独立个体培养,除工作环境之外,还提供给你一个充实而富有激情、可以让你栖身的环境。这才是作为人类的我们终究无法抗拒的都市诱惑。

别小瞧"城市软实力"

最近,社交新闻网站 BuzzFeed 上的一篇文章在 Facebook 和 Gmail 邮件系统上被疯狂转发。这篇文章将两位分别住在得克萨斯州的韦科(Waco)和纽约市的布鲁克林(Brooklyn),但年薪同为32000美元[①]的22岁女性的生活条件和生活方式进行对比。虽然把和未婚夫住在一起的小城市女孩与住在世界上最棒的城市(呃,至少在纽约市居民眼中是这样)的单身姑娘放在一起比较并不公平,这篇文章却揭示出人们为了感受一星半点的纽约生活愿意作出多大牺牲。答案显而易见:她们愿意牺牲很多。那位生

[①] 根据美国大学与雇主协会(National Association of Colleges and Employers)数据显示,2013届毕业生的平均年薪为45327美元。

活在纽约的单身姑娘，住在一套被改建成三间卧室的两居室公寓的一个单间里，要做两份兼职，花很长时间在上下班的交通上，几乎没有什么存款，并且还在使用父母的医疗保险。她接受过高等教育，人大概也足够聪明，本可以在其他城市找到一份薪资更高的工作，但何必舍弃纽约这座城市释放出的魅惑，去换取其他城市未知的吸引力呢？

实际上，要探究纽约的诱惑，我们根本不必像这个既不公平又有点可笑的对比那样想得这么复杂。最近三年，我一直住在芝加哥——美国人口密度第三大的城市（仅次于纽约和洛杉矶）。我观察到，尽管都市的诱惑客观存在，但是来芝加哥的哈佛毕业生远比到纽约的少。当我第一次搬到芝加哥时，一位哈佛校友讽刺地说："哈佛毕业生来到芝加哥有三个原因：(1) 他们在中西部长大，这种情感驱使他们回到故乡；(2) 他们来读研究生，主要去读西北大学或者芝加哥大学；(3) 为了追随男朋友或者女朋友（我那时就属于这一类）。"但是这是为什么呢？和纽约相比，芝加哥有更好的戏剧氛围，有世界级交响乐、歌剧、芭蕾舞和顶尖的艺术学院；这里是美国第二棒的就餐选择（仅次于纽约）；有美得让人窒息的20世纪美国建筑。最重要的是，这里有买得起的房子和负担得起的生活花销。所有理性的人都应该把握机会，毕业后来到芝加哥工作，对吧？

我们不要低估了城市的软实力，这种软实力是不由人均收入、GDP、生活成本或者就业市场的大小来衡量的；反而是一些看似不可测量的因素，比如城市的文化、阶层和魅力，能够改变人们的"理性"决定，决定了城市对毕业生的吸引力。在美国，纽约和旧金山有着难以置信的软实力，尽管它们看起来走在了两个极端。咱们一起来看看吧。

纽约：快节奏的"上流社会"

大家总是告诉我，我的行为举止很像纽约人，连血液里也像溶进了东海岸的元素。我走路很快，说话很快，我不反对积极主动争取属于自己的东西。就像我朋友说的那样，我总是注重个人卫生，对自己的形象很挑剔，总是努力让自己看上去优雅而整齐。我额头上可能就写着"纽约客"！这里的人走路快，语速快，急匆匆地总像是要赶着去投胎。如果有短暂的停留，是因为在东村（East Village）喝酒，在中城（Midtown）的著名牛排店品尝牛排，在上东区（Upper East Side）的法国蛋糕店吃甜品，或是在威廉斯堡（Williamsburg）一处不接受预订的餐馆吃早午餐。每次我来到纽约，走下飞机、进入地铁或是行走在街道上时，我总能感觉到我仍有时差的身体里总有积聚的能量在搏动，就快要爆发了。凌晨两点，我在格林尼治村一边漫步一边思考：为什么会有这么多人在这里恋爱、喝酒、吃饭、吸烟？早上七点，当我拦下一辆出租车赶往机场时，街道上已空无一人，但是前一夜残留的持久而疯狂的街景印象依然鲜活。纽约是真实袒露的四海一家的至臻之境。

在纽约生活着形形色色的人。你能看到油滑的金融家和自私自利的银行家，卓越的艺术家和神经质的艺人，当然还有偏激的狂热分子、瘾君子和行为古怪的嬉皮士。没错，他们并不稀有，但是只有在纽约，你才能在城市的每个角落都见到这些形象。在这里，无论你立志要做什么，这件事也许已经存在，并成为某种职业了。无论你是谁，无论你的品味如何，无论你是什么性格，别人都会包容你。不论你是一名典型的雄心勃勃的常青藤毕业生，即将在金融机构开始第一份低端的数据处理工作，还是一位艺术院校的毕业生，打算在博物馆工作，纽约都是一个开始你的职业生涯的好地方。在这个过程中，你会享受到无尽乐趣。当然，还有数不清的恋爱和分手，周而复始。

上流的人和华丽的物品（或者说是有钱人和奢侈品），对很多年轻人而言，这样的文化和带给人的冲动无与伦比。它们由让人兴奋的，充满了探索、新奇和繁杂世故国际化的生活构成。所有事情都充满激情——你可能每周在高盛投资银行工作80小时，但是你肯定会在周五晚上来到肉食天堂的俱乐部豪饮。你努力工作，也尽情玩乐，享受人生。

旧金山：慢节奏的美丽都市

另一座城市旧金山，给人的第一印象则是"昏昏欲睡"。街上人很少，城市"横向"延展着，而不是兴建更多高楼大厦。在这里，你更可能看到的是老掉牙的包包，而不是香奈儿或LV；你更可能看到的是平底鞋，而不是4英寸的高跟鞋。总之，这座城市给人的感觉就是"冷清"。没人在街上东奔西跑,没人想要挤到队伍的最前面。即便是在8月暖和的码头上,优雅的跑步者也无需推开闲庭信步的游人。在这里,我能明显地感受到我的生活节奏过快,应该本能地放慢步伐,来享受这座城市的山色与海景。

在美国诸多城市中,旧金山是一朵"奇葩"。虽然它的人口数只在城市中排名第14位,但在很多大学毕业生心里,它是仅次于纽约的选择,而且正在不断地赶超纽约。旧金山因为淘金热、地震、种族骚乱和1960年代的极端自由的反传统文化而广为人知。现在,它越来越多地因为其临近的硅谷而被重新定位。当我向大学毕业生问起他们想要做什么时,很多人回答"科技"。最近《纽约客》发表的一篇文章对此作了漂亮的总结:"在今天,科技意味着所有和电脑、网络、数字媒体、社交媒体、智能手机、电子数据、集资或者新商业设计有关的事物。从某种程度上来说,科技不再是一种产业,而是转变为许多在都市文化中不断改变的事物的培养皿。"

从本质上说,旧金山的城市文化站在了纽约城市文化的对立面。这一点,从工作环境就能看出。在旧金山流行这样一句话:工作中重要的不是"抛头露面的时间",而是要你拿出的成果。大家嘲笑那些因为不想第一个离开办公室,而硬要在公司加班到深夜的人,即便他们自己的工作效率也并不高(纽约,你看看人家!)。这是重要的生活质量问题,也是越来越多年轻人踏入职场时考虑的重要因素。哎呀,真见鬼!我那些原本在纽约的朋友，有半数搬到了旧金山，就是因为厌倦了那里受压迫、被折磨和不停抱怨的生活。

我还没有说到旧金山靠近拥有自然美景的加利福尼亚海岸呢！大瑟尔（Big Sur）①、红树林、太平洋，这些比大西洋乏味的海浪和纽约工业化的海岸线强太多了。更不用说你只要花一个小时驱车前往索诺马（Sonoma）和纳帕（Napa），就能在田园般的景致中品尝世界级的葡萄酒和美食，而不是和一群人挤在狭小永远满是垃圾的曼哈顿东村酒吧里对饮。别忘了还有好天气！哦，好天气！没错，这里有时起雾，7月时反常的冷（"我所经历的最寒冷的冬天是旧金山的夏天。"——这句被误认为引自马克·吐温的话有些言过其实），但是这里不下雪！没有飓风！全年温和的天气是旧金山给在这里工作的大学毕业生的额外福利。作为纽约的对立面，旧金山是一个好去处，它可以让你逃离"极度国际化"的需求，逃离升职，逃离为了和别人保持一致而要按规矩着装、吃饭和玩乐。

纽约和旧金山的城市风格完全不同，尽管它们都有很强的软实力和吸引力。还要如何解释全世界的人们都涌去一些竞争激烈、生活费高昂的城市的原因呢？我还没有说到波特兰，它被认为是美国低质量就业最多的城市，因为毕业于名校的大学生很多从事着酒吧招待、咖啡店员和幼儿看护等工作，但就是因为这样，他们才能享受放松、自然，更"波特兰"的生活方式。抱

---

① 美国加利福尼亚州西部风景区。

歉，我跑题了。事实上，美国年轻的毕业生选择纽约这样的城市，不只是因为这里有工作机会和可以预见的事业成果，还因为有极大的都市诱惑。这是为什么呢？因为尽管你可能不停地超时工作，或者努力赚钱谋生，但你仍希望生活在这样一个地方——它将你当作独立个体培养，除工作环境之外，还提供给你一个充实而富有激情、可以让你栖身的环境。这才是于职业机会之上，大学毕业生成群结队地前往纽约和旧金山，而不是芝加哥、休斯敦、费城、圣安东尼奥或者圣地亚哥的原因——尽管这些城市都是美国人口数排名前十位的城市并且生活成本更低。数字不会说谎，但是数字终归只是数字。作为人类的我们终究无法抗拒这深不可测的都市诱惑。

(于娜　译)

后　记

　　我有太多理由心怀感激。此时，我正坐在西雅图的一家咖啡馆里———一个特别有意义的地方。它距离奥林匹亚市一小时车程：在那里，我度过了大学前的青少年岁月，带着理想主义与乐观主义奔向大学，奔向新的人生。想当初，我被年轻人共有的一种动力驱使：一心想要远离自己成长的地方。那时我未曾想到，"离开"并不只是意味着去美国的东海岸，还有法国、中国。我13年前离开，如今回到这里，不再有昔日的乐观了，但理想主义没有褪色；世事了解了许多，但离智慧还相去甚远。我不晓得当下的我算不算一个"更好"版本的王可：我想要明白自己的事业方向，但迷茫不比当初离开大学时少；现在的我，不过是刚刚开始处理那些自己成年后逃避的问题而已。

　　可是，岁月（与冲我摇头的长辈相比真不算长）的磨炼和砥砺，黯淡了年轻时想法中那些自私的光芒，激发了对自己短板的认识。我强烈感受到际遇对于成长的重要意义，也体会到与他人共患难生发出同理心的宝贵价值。我不再认为自己有何不同，其实每个人都以某种独特的方式度过自己的人生。我感谢来自世界各地的朋友们，以如此多样的形式令我的无知浮出水面，他们的帮助让我对人与人之间的差异更能感同身受。毫无疑问，是大学让这一切成为可能。当初我上大学时，原本是想获取知识，拿一个名校的学位。在毕业后的这些年里，我才意识到，高等教育的真正成果是试图将我塑造为一个完整的人，或者按时下流行的说法是"全人"。

我的经历并不特殊，我的观察也非异于常人。我是幸运的，因为我喜欢与人交谈，喜欢写作，并且显然编辑喜欢我的口若悬河，喜欢到要把它们拿来出版，以娱诸位看官。这本书只是对我有幸经历的生活和思考的点滴呈现，我希望它能在某处说到你的心坎上。如果你读完这本书，哪怕只是喜欢我的写作，我也会感到高兴。当然，我还是希望自己的思考可以激发你——敬爱的读者，激发你的好奇心，对高等教育目标的好奇心，对受过教育的人能为社会作出何种贡献的好奇心。一所大学最起码的要求，是向它的学生提供更高深的知识和更高水平的技能，但真正使其脱颖而出、卓尔不群的，是这所大学培育和滋养学生的人性、同理心，以及渴求并获取新知的能力。你看，我们的世界正在以人类历史上空前的速度发生着变化。科技、商业、医疗保健、高等教育……原本的界线正在模糊，颠覆性的变化仍将继续。流动性改变着我们对边界的看法；通过联姻、移民和专业合作实现的文化交流，重塑着我们对身分的感知。我到现在还一直努力想弄明白这事儿——这是一个持续终生的任务。感谢母校激发我的这种饥渴感，让我不只是要"知道"，还会去"探索"，去"提问"，去"质疑"别人告诉我和教给我的东西。最重要的是，哈佛教会了我不拘泥于知识的对错，培养了我去批判性地思考自己生活中的跌宕起伏、世界的时移事迁。它教会了我不仅仅从一己之私去思考问题，而且要站在他人的立场上看待自身利益——以一双理性的眼睛和一颗慈悲的心去思量社会，永远提醒自己是否以及如何做到共同进步。在这里，我想不恰当地引用一句托马斯·潘恩（Thomas Paine）的话，那就是："我相信人人平等，我相信公平以待、爱与怜悯、造福于人（构成了我们的人生责任）。"

回到那句开场白。为什么我要心怀感激？感谢大学让我睁开双眼，大学之后的生活让我意识到，我必须不以自己的天赋和成就来定义自己，而是充满感激地将它们视为工具——可以用来塑造和改善周遭世界的工具。我万分感激我的教育经历给自己生命带来的不可衡量的人文影响。

感谢亲爱的朋友和家人容忍了我那么多年，教导我在此分享的那些道理，从而使得这本书成为可能。我尤其要感谢我的父母——王伯庆和刘国蓉，他们以爱和勇气，在一个对他们而言完全陌生的文化中，养育我这么个任性、自我的女儿。如同天下父母为自己所爱的孩子所做的那样，他们做出了多少牺牲和奉献！

感谢我的大学室友——克莉丝汀（Christine）、戴安娜（Diana）、乔（Jo）、玛雅（Maya）和吴逸洋（Yaya），感谢我的亲密校友浦雅波（Apollonia）、柯建文（Ashwin）、权悟经（Ohkyung）、王丁丁（Tina）和维玛（Winmar），感谢他们与我分享他们的人生，也让我在校及之后的生活愈加美好——他们与我的友谊始于哈佛，但远远延伸至庄士敦门（Johnston Gate）之外。

特别感谢我在中国遇到的朋友们，挑战和扩展了我对社区、对家庭的定义。陈龑（Yan）和黄可仁（Keren），她们给了我这个独生女一份珍贵的礼物———姐妹情谊，她们美好到不可思议的德性与心灵给我以极大慰藉，也让我自愧弗如。感谢本书最主要的译者罗惠文，她对我的文字表达的了解程度不亚于任何人，将我的英文漫谈转化为一篇篇神采飞扬的中文随笔；还要感谢胡馨月、李惠普、马妍和于娜，他们翻译了书中部分文稿，使得本书能够完整地呈现在读者面前。由衷感谢麦可思的同事，与他们的朝夕相处，让我得以深入了解许多他们生活的细微之处。

最后，我要感谢你，亲爱的读者，你愿意来探寻另一个人的教育经历和想法，将其视为自己旅程中的一部分，视为自己人生路上的一块踏脚石，这是我的殊荣。

王可

西雅图，2016年11月25日